PIENSE Y HÁGASE RICO

Edición Original de 1937

~ ※ ~

Por primera vez, el libro revela la famosa fórmula de Andrew Carnegie para obtener dinero, basada en trece pasos comprobados hacia la riqueza. Este conocimiento se ha organizado a lo largo de 25 años de investigación, en colaboración con más de 500 hombres distinguidos de gran riqueza, quienes han demostrado con sus propios logros la practicidad de esta filosofía.

Escrito por

Napoleon Hill

Traducido por Carlos Gil
Los derechos de autor de la traducción son propiedad de Innovative Eggz LLC, © 2024
Se pueden proporcionar comentarios sobre esta edición en InnovativeEggz.com

~ ※ ~

CONTENIDO

¿QUÉ ES LO QUE MÁS DESEAS? 3
CAPÍTULO 1: INTRODUCCIÓN 10
CAPÍTULO 2: DESEO 19
CAPÍTULO 3: FE 32
CAPÍTULO 4: AUTOSUGESTIÓN 45
CAPÍTULO 5: CONOCIMIENTO ESPECIALIZADO 50
CAPÍTULO 6: IMAGINACIÓN 61
CAPÍTULO 7: PLANIFICACIÓN ORGANIZADA 71
CAPÍTULO 8: DECISIÓN 100
CAPÍTULO 9: PERSISTENCIA 108
CAPÍTULO 10: EL PODER DE LA MENTE MAESTRA 120
CAPÍTULO 11: EL MISTERIO DE LA TRANSMUTACIÓN DEL SEXO 125
CAPÍTULO 12: LA MENTE SUBCONSCIENTE 139
CAPÍTULO 13: EL CEREBRO 144
CAPÍTULO 14: EL SEXTO SENTIDO 149
CAPÍTULO 15: CÓMO BURLAR A LOS SEIS FANTASMAS DEL MIEDO 156

¿QUÉ ES LO QUE MÁS DESEAS?

¿Es Dinero, Fama, Poder, Satisfacción, Personalidad, Paz Mental, Felicidad?

Los Trece Pasos hacia la Riqueza, que se describen en este libro, ofrecen una filosofía breve y confiable para lograr el éxito individual. Están dirigidos a hombres y mujeres que buscan alcanzar metas definidas en la vida.

Es importante tener en cuenta que este libro *no está destinado a ser una lectura de entretenimiento*. Su contenido requiere tiempo para ser asimilado adecuadamente; no se puede comprender en una semana o un mes.

El Dr. Miller Reese Hutchison, un ingeniero consultor reconocido a nivel nacional y ex colaborador de Thomas A. Edison, comentó después de leer detenidamente el libro: "Esto no es una novela. Es un manual sobre el éxito personal, basado en las experiencias de muchos de los hombres más exitosos de Estados Unidos. Debe *estudiarse, reflexionarse y digerirse* lentamente. No se recomienda leer más de un capítulo por noche. Es útil subrayar las frases que más resuenen y luego volver a ellas para una reflexión adicional. *Un verdadero estudiante no solo leerá este libro*, sino que lo interiorizará. Debería ser parte del plan de estudios de todas las instituciones educativas, y ningún estudiante debería graduarse sin haber pasado un examen sobre su contenido. Esta filosofía no pretende reemplazar las materias escolares, sino que busca ayudar a *aplicar y organizar* los conocimientos adquiridos en la vida diaria, convirtiéndolos en un servicio útil y una recompensa justa, sin perder tiempo".

El Dr. John R. Turner, decano del College of The City of New York, luego de leer el libro, expresó: "El mejor ejemplo de la solidez de esta filosofía es tu propio hijo, Blair, cuya historia impactante has detallado en el capítulo sobre el Deseo".

El Dr. Turner se estaba refiriendo al hijo del autor, quien, a pesar de nacer con una capacidad auditiva limitada, no solo evitó ser sordomudo, sino que convirtió su discapacidad en una ventaja invaluable aplicando la filosofía descrita en este libro. Después de leer su historia, comprenderás que estás a punto de adquirir una filosofía que puede transformarse en riqueza material o brindarte tranquilidad mental, comprensión y armonía espiritual. En algunos casos, como el del hijo del autor, esta filosofía puede incluso ayudarte a superar una aflicción física.

El autor descubrió, al estudiar personalmente a cientos de hombres exitosos, que todos ellos compartían el hábito de intercambiar ideas mediante lo que comúnmente se llama *conferencias*. Cuando enfrentaban problemas, se reunían y discutían libremente hasta encontrar un plan que sirviera a sus objetivos, a partir de las ideas aportadas por todos.

Si estás leyendo este libro, puedes sacarle el máximo provecho aplicando el principio de la Mente Maestra que se describe en él. Puedes hacerlo, al igual que otros con éxito, formando un club de estudio con personas amigables y armoniosas, en el número que desees. El club debería reunirse regularmente, preferiblemente una vez por semana.

El procedimiento consistiría en leer un capítulo del libro en cada reunión, seguido de una discusión abierta por parte de todos los miembros. Cada miembro debería tomar notas, registrando *TODAS LAS IDEAS PROPIAS* inspiradas por la discusión. Además, cada miembro debería leer y analizar detenidamente cada capítulo varios días antes de la reunión del club. La lectura en el club debería ser realizada por alguien con habilidades de lectura y expresión adecuadas.

Siguiendo este plan, cualquier lector obtendrá de sus páginas no solo la combinación de los mejores conocimientos organizados a partir de las experiencias de numerosos hombres exitosos, sino que también *abrirá nuevas fuentes de conocimiento en su propia mente. Además, adquirirá conocimientos invaluables DE TODAS LAS DEMÁS PERSONAS MENCIONADAS.*

Si se sigue este plan con perseverancia, es altamente probable que se descubra y se asimile la fórmula secreta que permitió a Andrew Carnegie acumular su inmensa fortuna, como se menciona en la introducción del autor.

Reconocimientos De Prominentes Líderes Estadounidenses Al Autor

"PIENSE Y HÁGASE RICO" es el más reciente libro de Napoleon Hill, basado en su renombrada Filosofía de la Ley del Éxito, tras 25 años de preparación. Sus escritos han sido elogiados por líderes en Finanzas, Educación, Política y Gobierno.

Tribunal Supremo de los Estados Unidos, Washington, D.C.: Querido Sr. Hill: He concluido la lectura de sus libros sobre la Ley del Éxito y quiero expresarle mi reconocimiento por su excelente trabajo en la organización de esta filosofía. Sería de gran beneficio que todos los políticos del país asimilaran y aplicaran los 17 principios que sustentan sus lecciones. Contiene un material muy valioso que todos los líderes, en cualquier ámbito de la vida, deberían entender. Me siento afortunado de haber contribuido, aunque mínimamente, a la organización de este magnífico curso de filosofía "de sentido común". Atentamente, (Expresidente del Tribunal Supremo de los Estados Unidos).

Rey de las Tiendas de 5 y 10 Centavos: "Aplicando muchos de los 17 fundamentos de la filosofía de la Ley del Éxito, hemos construido una exitosa cadena de tiendas. No exagero al decir que el edificio Woolworth puede considerarse un testimonio de la solidez de estos principios". F. W. WOOLWORTH.

Un Importante Magnate de los Barcos de Vapor: "Estoy enormemente agradecido por el privilegio de haber leído su Ley del Éxito. Si hubiera tenido esta filosofía hace cincuenta años, creo que habría logrado todo lo que he hecho en la mitad del tiempo. Sinceramente espero que el mundo la descubra y lo recompense". ROBERT DOLLAR.

Famoso Líder Obrero Estadounidense: "Dominar la filosofía de la Ley del Éxito equivale a tener una póliza de seguros contra el fracaso". SAMUEL GOMPERS.

Expresidente de los Estados Unidos: "Permítame felicitarle por su persistencia. Cualquier persona que dedique tanto tiempo... sin duda, hará descubrimientos de gran valor para los demás. Me impresiona profundamente su interpretación de los principios de la 'Mente Maestra' que ha descrito tan claramente". WOODROW WILSON.

Un Príncipe Mercader: "Sé que sus 17 fundamentos del éxito son sólidos porque los he aplicado en mi negocio durante más de 30 años". JOHN WANAMAKER.

El Mayor Fabricante de Cámaras del Mundo: "Estoy seguro de que su Ley del Éxito está haciendo un mundo de bien. No dudaría en ponerle un valor monetario a esta formación, ya que aporta al estudiante cualidades que no se pueden medir solo con dinero". GEORGE EASTMAN.

Un Jefe de Negocios Nacionalmente Conocido: "Todo éxito que haya alcanzado se lo debo completamente a la aplicación de sus 17 principios fundamentales de la Ley del Éxito. Creo que tengo el honor de ser su primer alumno". W. M. WRIGLEY, JR.

Prefacio Del Editor

ESTE libro comparte la experiencia de más de 500 hombres que, partiendo desde cero, lograron alcanzar grandes riquezas solo con sus PENSAMIENTOS, IDEAS y PLANES ORGANIZADOS.

Aquí encontrarás la filosofía completa para ganar dinero, basada en los logros reales de los hombres más exitosos de los últimos cincuenta años en Estados Unidos.

Te enseña QUÉ HACER y CÓMO HACERLO, incluyendo instrucciones detalladas sobre CÓMO VENDER TUS SERVICIOS PERSONALES.

Además, ofrece un sistema de autoanálisis que revela lo que te ha impedido alcanzar "el gran dinero" en el pasado. Se describe la famosa fórmula de superación personal de Andrew Carnegie, que le ayudó a acumular una inmensa fortuna y a convertir en millonarios a varios de sus discípulos.

Quizás no necesites absorber todo lo que se menciona en el libro, ya que ninguno de los 500 hombres cuyas experiencias se relatan lo hizo, pero es posible que encuentres una IDEA, PLAN O SUGERENCIA que te impulse hacia tus metas. En algún punto del libro, hallarás este estímulo necesario.

El libro fue inspirado por Andrew Carnegie después de acumular sus millones y jubilarse. Fue escrito por el hombre al que Carnegie reveló el sorprendente secreto de su riqueza, quien a su vez recibió la misma revelación de los 500 hombres adinerados sobre la fuente de su riqueza.

En este volumen, se detallan trece principios esenciales para hacer dinero, cruciales para aquellos que buscan asegurar su independencia financiera.

Se estima que la investigación realizada en la preparación de este libro, que abarcó más de veinticinco años de esfuerzo continuo, no podría replicarse por menos de 100.000,00 dólares.

Además, los conocimientos contenidos en el libro no podrán ser duplicados, ya que más de la mitad de los 500 hombres que proporcionaron la información han fallecido.

¡*La riqueza no siempre se mide en términos de dinero!*

Si bien el dinero y los bienes materiales son importantes para la libertad física y mental, algunos considerarán que la mayor riqueza se encuentra en amistades duraderas, relaciones familiares armoniosas, simpatía y comprensión entre socios comerciales, y una paz mental que solo se mide en valores espirituales.

Todos aquellos que lean, comprendan y apliquen esta filosofía estarán mejor preparados para atraer y disfrutar de estos estados superiores, los cuales siempre han sido y serán inaccesibles para *aquellos que no estén preparados para ellos.*

Por lo tanto, prepárate para experimentar un CAMBIO DE VIDA al exponerte a esta filosofía. Esto te ayudará no solo a navegar por la vida con armonía y comprensión, sino también a prepararte para la acumulación de abundante riqueza material.

El Editor

Prefacio Del Autor

EN CADA capítulo de este libro, se menciona el secreto para ganar dinero que ha llevado a la fortuna de más de quinientos hombres extremadamente ricos, a quienes he estudiado detenidamente durante muchos años.

Este secreto me fue revelado por Andrew Carnegie hace más de veinticinco años. El astuto y encantador escocés lo compartió conmigo cuando era apenas un niño. Luego, con una chispa en sus ojos, se sentó y me observó para ver si era lo suficientemente perspicaz para entender su significado completo.

Cuando vio que yo había captado la idea, me preguntó si estaría dispuesto a dedicar veinte años o más de mi vida a compartir este conocimiento con el mundo, ayudando a hombres y mujeres a evitar una vida de fracasos. Acepté, y con la colaboración de Carnegie, he cumplido mi promesa.

Este libro contiene el secreto, probado por miles de personas en diferentes ámbitos de la vida. Carnegie creía firmemente que esta fórmula mágica, que le trajo una gran fortuna, debía ser accesible para aquellos que no tienen tiempo para investigar cómo ganan dinero otros. Esperaba que yo pudiera demostrar la solidez de esta fórmula a través de las experiencias de hombres y mujeres de todas las profesiones. Además, creía que este conocimiento debería enseñarse en todas las escuelas y universidades públicas, y que podría revolucionar el sistema educativo reduciendo considerablemente el tiempo dedicado a la educación formal.

La experiencia de Carnegie con Charles M. Schwab y otros jóvenes similares convenció al empresario de que gran parte de lo que se enseña en las escuelas no tiene valor en el mundo real de los negocios y la acumulación de riqueza. Carnegie había observado cómo muchos jóvenes, con poca educación formal pero entrenados en el uso de esta fórmula, desarrollaron *un liderazgo excepcional y obtuvieron fortuna siguiendo sus instrucciones*.

En el capítulo sobre la Fe, descubrirás la increíble historia detrás de la formación de la enorme United States Steel Corporation. Esta historia fue concebida y ejecutada por uno de los jóvenes a través de los cuales el Sr. Carnegie demostró que su enfoque funcionaría para todos aquellos que estuvieran *preparados para ello*. Esta única aplicación del secreto, realizada por ese joven, Charles M. Schwab, le llevó a acumular una enorme fortuna, tanto en dinero como en OPORTUNIDADES. En resumen, el valor de esta aplicación específica de la fórmula ascendía a *seiscientos millones de dólares*.

Estos hechos, ampliamente conocidos por aquellos familiarizados con el Sr. Carnegie, ofrecen una visión clara de lo que la lectura de este libro puede proporcionarte, siempre y cuando *SEPAS LO QUE QUIERES*.

Incluso antes de que el secreto fuera sometido a veinte años de pruebas prácticas, fue compartido con más de cien mil hombres y mujeres, quienes lo utilizaron en beneficio personal, tal como había planeado el Sr. Carnegie. Algunos amasaron fortunas con él, mientras que otros lo emplearon exitosamente para fomentar armonía en sus hogares.

Un clérigo lo utilizó tan efectivamente que generó ingresos superiores a los 75.000 dólares al año.

Arthur Nash, un sastre de Cincinnati, empleó su negocio, que estaba al borde de la quiebra, como campo de pruebas para la fórmula. El negocio renació y sus propietarios amasaron una fortuna. Aunque el Sr. Nash ya no está, el negocio sigue prosperando. El experimento fue tan exitoso que atrajo más de un millón de dólares en publicidad elogiosa de periódicos y revistas.

El secreto llegó a Stuart Austin Wier, de Dallas, Texas, quien estaba preparado para ello y abandonó su profesión para estudiar Derecho. ¿Tuvo éxito? Esa historia también se cuenta.

Entregué el secreto a Jennings Randolph el día de su graduación universitaria, y lo ha utilizado con tanto éxito que ahora está en su tercer mandato como miembro del Congreso, con una excelente oportunidad de llegar a la Casa Blanca.

Mientras servía como Director de Publicidad en La-Salle Extension University, tuve el privilegio de ver cómo J. G. Chapline, Presidente de la Universidad, utilizaba la fórmula con gran eficacia, convirtiendo a La-Salle en una de las principales escuelas de extensión del país.

El secreto al que me refiero ha sido mencionado varias veces en este libro, aunque nunca se ha nombrado directamente. Parece funcionar mejor cuando se descubre por uno mismo y se deja a la vista, para que AQUELLOS QUE ESTÁN PREPARADOS y LO BUSCAN puedan encontrarlo. El Sr. Carnegie me lo mencionó de manera sutil, sin darle un nombre específico.

Si estás LISTO para ponerlo en práctica, notarás este secreto al menos una vez en cada capítulo. Desearía poder decirte cómo sabrás si estás preparado, pero descubrirlo por ti mismo es parte del beneficio que obtendrás.

Mientras estaba escribiendo este libro, mi propio hijo, que estaba a punto de graduarse de la universidad en ese momento, tomó el manuscrito del capítulo dos, lo leyó y descubrió el secreto por sí mismo. Utilizó esa información de manera tan efectiva que consiguió un puesto de responsabilidad con un salario inicial más alto que el promedio.

La historia de cómo lo logró se cuenta brevemente en el capítulo dos. Cuando la leas, es posible que cualquier escepticismo que hayas sentido al principio del libro se disipe. Además, si alguna vez te has sentido desanimado, has enfrentado dificultades abrumadoras, has intentado y fracasado, o te has visto limitado por una enfermedad o una aflicción física, la historia del descubrimiento y uso de la fórmula Carnegie por parte de mi hijo podría ser el rayo de esperanza que has estado buscando en medio de la desesperación.

Este secreto fue utilizado ampliamente por el presidente Woodrow Wilson durante la Primera Guerra Mundial. Se transmitió a todos los soldados que lucharon en la guerra, cuidadosamente integrado en su entrenamiento antes de ir al frente. El presidente Wilson me dijo que fue un factor crucial para recaudar los fondos necesarios para la guerra.

Hace más de veinte años, Manuel L. Quezon, quien en ese entonces era Comisario Residente de las Islas Filipinas, se inspiró en un secreto para obtener la libertad para su pueblo. Logró la independencia de Filipinas y se convirtió en su primer Presidente del Estado libre.

Este secreto tiene una característica peculiar: aquellos que lo adquieren y lo aplican, suelen alcanzar el éxito casi sin esfuerzo y nunca vuelven a experimentar el fracaso. Si tienes dudas al respecto, simplemente observa los nombres de aquellos que lo han utilizado. Dondequiera que se les mencione, verifica por ti mismo sus historias y convéncete.

¡Es importante destacar que NO PUEDES OBTENER UNA COSA SIN DAR ALGO A CAMBIO!

Este secreto, al que me refiero, no se obtiene sin un costo, aunque este sea bastante inferior a su valor real. Aquellos que no lo buscan de manera intencional no pueden adquirirlo, ya que no se puede regalar ni comprar con dinero. De hecho, está dividido en dos partes, y una de ellas ya está en posesión de aquellos que están preparados para ello.

Este secreto beneficia por igual a todos aquellos que están listos para recibirlo, independientemente de su nivel educativo. Incluso mucho antes de mi nacimiento, este secreto había llegado a manos de Thomas A. Edison, quien lo utilizó con tanta astucia que se convirtió en el inventor más destacado del mundo, a pesar de haber estudiado solo tres meses.

El Sr. Edison compartió un secreto con un socio comercial, quien lo aplicó con gran eficacia. A pesar de ganar solo 12.000 dólares al año en ese entonces, logró acumular una gran fortuna y retirarse joven. Esta historia, que encontrarás al inicio del primer capítulo, debería convencerte de que las riquezas no están fuera de tu alcance. Puedes ser quien desees ser y alcanzar el éxito financiero, la fama y la felicidad si estás decidido a lograrlo.

¿Cómo sé esto? La respuesta la descubrirás antes de terminar este libro, quizás en el primer capítulo o en la última página.

Durante veinte años de investigación, a petición del Sr. Carnegie, analicé a cientos de hombres exitosos, muchos de los cuales admitieron haber acumulado sus fortunas gracias al secreto de Carnegie. Estos hombres incluyen a:

HENRY FORD	WILLIAM WRIGLEY JR.	JOHN WANAMAKER
JAMES J. HILL	GEORGE S. PARKER	E. M. STATLER
HENRY L. DOHERTY	CYRUS H. K. CURTIS	GEORGE EASTMAN
THEODORE ROOSEVELT	JOHN W. DAVIS	ELBERT HUBBARD
WILBUR WRIGHT	DR. DAVID STARR	JORDAN J. ODGEN
CHARLES M. SCHWAB	HARRIS F. WILLIAMS	DR. FRANK GUNSAULUS
DANIEL WILLARD	DANIEL WILLARD	KING GILLETTE
DANIEL T. WRIGHT	JOHN D. ROCKEFELLER	THOMAS A. EDISON
FRANK A. VANDERLIP	E. W. WOOLWORTH	COL. ROBERT A. DOLLAR
EDWARD A. FILENE	EDWIN C. BARNES	ARTHUR BRISBANE
WOODROW WILSON	EDWARD W. BOK	FRANK A. MUNSEY
ELBERT H. GARY	JOHN H. PATTERSON	JULIUS ROSENWALD
STUART AUSTIN WIER	DR. FRANK CRANE	GEORGE M. ALEXANDER
	CLARENCE DARROW	

Estos nombres son solo algunos ejemplos entre cientos de estadounidenses conocidos cuyos éxitos, tanto financieros como en otros ámbitos, demuestran que aquellos que entienden y aplican el secreto Carnegie logran alcanzar altas posiciones en la vida. Nunca he conocido a alguien que se haya inspirado para utilizar este secreto y no haya logrado un éxito notable en su campo. Tampoco he conocido a ninguna persona que se haya destacado o haya acumulado riquezas significativas sin poseer este secreto. De estos dos hechos concluyo que el secreto es más importante como parte del conocimiento esencial para el éxito personal que cualquier cosa que uno pueda aprender a través de lo que comúnmente se conoce como "educación".

¿Y qué es la EDUCACIÓN? Esta pregunta ya ha sido respondida con detalle.

En lo que respecta a la educación formal, muchos de estos hombres tenían muy poca. Por ejemplo, John Wanamaker me dijo una vez que la educación que tenía la adquirió de manera similar a como una locomotora moderna recoge agua, "mientras avanza". Henry Ford ni siquiera completó la educación secundaria, y mucho menos asistió a la universidad. No estoy tratando de menospreciar el valor de la educación formal, pero expreso mi sincera creencia de que aquellos que comprenden y aplican este secreto lograrán alcanzar altas posiciones, acumular riquezas y manejarán la vida según sus propios términos, incluso si su educación formal fue limitada.

En algún momento mientras lees, descubrirás un secreto importante que saltará de la página y te confrontará, ¡SI ESTÁS LISTO PARA ÉL! Sabrás cuándo aparezca. Ya sea en el primer capítulo o en el último, toma nota cuando ocurra, ya que será un punto crucial en tu vida.

Ahora pasemos al Capítulo I, donde conoceremos la historia de mi querido amigo, quien ha admitido haber visto la señal mística y cuyos éxitos empresariales son prueba de haber rechazado el fracaso. Al leer su historia y las demás, ten en cuenta que tratan temas importantes de la vida, como los que enfrentan todas las personas.

Estos temas incluyen los desafíos de ganarse la vida, encontrar esperanza, valor, satisfacción y paz mental, así como acumular riquezas y disfrutar de la libertad tanto física como espiritual.

Recuerda que este libro trata de hechos reales, no de ficción. Su objetivo es comunicar una verdad universal a través de la cual aquellos que estén LISTOS puedan aprender no solo *QUÉ* HACER, SINO TAMBIÉN *CÓMO* HACERLO, y recibir el ESTÍMULO NECESARIO PARA COMENZAR.

Como preparación antes de comenzar el primer capítulo, ¿te puedo ofrecer una sugerencia breve que pueda darte una pista sobre el secreto de Carnegie? Aquí está: *¡TODOS LOS LOGROS, TODAS LAS RIQUEZAS GANADAS, TIENEN SU ORIGEN EN UNA IDEA!* Si estás preparado para este secreto, ya tienes la mitad de él. Por lo tanto, reconocerás fácilmente la otra mitad en el momento en que llegue a tu mente.

Napoleon Hill, 1937

Capítulo 1: Introducción

El Hombre Que "Pensó" En Cómo Asociarse Con Thomas A. Edison

EN VERDAD, "los pensamientos son poderosos" y lo son especialmente cuando se combinan con un propósito claro, persistencia y un DESEO ARDIENTE de convertirlos en riqueza u otros bienes materiales.

Hace más de treinta años, Edwin C. Barnes aprendió de primera mano que es cierto que los PENSAMIENTOS PUEDEN HACER QUE LAS PERSONAS SE VUELVAN RICAS. Su comprensión no llegó de repente, sino gradualmente, a partir de su FUERTE DESEO de convertirse en socio comercial de Thomas Edison.

Una característica fundamental del deseo de Barnes era su determinación *definitiva*. No quería trabajar *para* Edison, sino *con* él. Al observar detenidamente cómo logró hacer realidad su DESEO, se pueden entender mejor los principios que conducen a la riqueza.

Cuando este DESEO, o impulso de pensamiento, surgió por primera vez en su mente, no tenía los medios para llevarlo a cabo. Se enfrentaba a dos obstáculos principales: no conocía a Edison y no tenía suficiente dinero para pagar el billete de tren a Orange, Nueva Jersey. Estas dificultades habrían desanimado a la mayoría de las personas, pero Barnes no era una persona común. Estaba tan decidido a encontrar una manera de cumplir su deseo que decidió viajar "a ciegas", antes que rendirse. (Esto significa que viajó a East Orange en un tren de carga).

Se presentó en el laboratorio de Edison y anunció que había venido a hacer negocios con el inventor. Al hablar años más tarde sobre el primer encuentro entre Barnes y Edison, este último dijo: "Se presentó ante mí con la apariencia de un vagabundo, *pero había algo en su expresión que mostraba su determinación para obtener lo que quería*. Después de años de experiencia con personas, yo aprendí que cuando alguien DESEA algo tan profundamente que está dispuesto a arriesgar su futuro para conseguirlo, seguramente lo logrará. Le di la oportunidad que buscaba porque *vi que él estaba decidido a no renunciar hasta alcanzar su objetivo*. Los eventos posteriores demostraron que no me equivoqué".

Lo que el joven Barnes le dijo al Sr. Edison en aquella ocasión fue mucho menos importante de lo *que él pensó*. Edison mismo lo reconoció. La apariencia del joven no fue lo que lo llevó a empezar en la oficina de Edison, ya que eso estaba en su contra. Lo que realmente importaba era lo que él PENSABA.

Si pudiéramos transmitir este mensaje a todos los que lo leyeran, no necesitaríamos el resto de este libro.

Barnes no logró asociarse con Edison en su primera entrevista. Sin embargo, consiguió trabajar en las oficinas de Edison con un salario simbólico, realizando tareas que no eran importantes para Edison pero que sí lo eran para él, ya que le daban la oportunidad de mostrar su valía donde su potencial "socio" pudiera verla.

Pasaron meses sin que pareciera acercarse a su PROPÓSITO MAYOR de asociarse con Edison. Pero algo crucial estaba ocurriendo en la mente de Barnes. Su DESEO de convertirse en socio comercial de Edison se intensificaba constantemente.

Los psicólogos dicen acertadamente que "cuando uno está verdaderamente preparado para algo, ese algo aparece". Barnes estaba preparado para asociarse con Edison y estaba DECIDIDO A MANTENERSE PREPARADO HASTA LOGRARLO.

No se dijo a sí mismo: "Bueno, ¿para qué seguir intentándolo? Quizás debería cambiar de objetivo y buscar otro trabajo". En cambio, se dijo: "He venido aquí para hacer negocios con Edison, y lo lograré, incluso si me lleva el resto de mi vida". *¡Lo dijo en serio!* Qué diferente sería la historia de los hombres si adoptaran un PROPÓSITO DEFINITIVO y se aferraran a él hasta que se convirtiera en una obsesión que dominara todo.

Quizás en ese momento Barnes no lo sabía, pero su determinación férrea, su persistencia en seguir un único DESEO, estaba destinada a superar cualquier obstáculo y brindarle la oportunidad que buscaba.

Cuando llegó la oportunidad, se presentó de una manera inesperada y desde un ángulo diferente al que Barnes había anticipado. Así las oportunidades juegan con nosotros, pues, tienen la hábil tendencia de aparecer por sorpresa, a menudo disfrazada como dificultad o contratiempo temporal. Es posible que por eso muchos no la identifiquen.

El señor Edison había desarrollado recientemente un nuevo dispositivo de oficina llamado en aquel entonces la Máquina de Dictado de Edison (ahora conocida como Ediphone). Los vendedores no estaban emocionados con el producto. Dudaban de su capacidad para venderse sin un gran esfuerzo de ventas. Barnes vio una oportunidad en esto. Entró discretamente, oculto entre una máquina de aspecto peculiar que no interesaba a nadie más que a él y al inventor.

Barnes tenía confianza en su capacidad para vender la Máquina Dictadora de Edison. Se lo planteó a Edison y pronto obtuvo la oportunidad que buscaba. Vendió la máquina con gran éxito, lo que llevó a Edison a otorgarle un contrato para distribuirla y comercializarla en todo el país. Esta colaboración empresarial dio lugar al eslogan: "Fabricada por Edison e instalada por Barnes".

Esta asociación comercial ha perdurado por más de treinta años. Barnes acumuló riqueza, pero más importante aún, demostró que es posible "Pensar y Hacerse Rico".

No puedo determinar el valor exacto en dinero que Barnes obtuvo con su DESEO original. Tal vez haya ganado dos o tres millones de dólares, pero en realidad, la cantidad no importa mucho. Lo más importante es que descubrió que un *simple deseo puede convertirse en realidad* mediante la aplicación de principios conocidos. Esto es mucho más valioso que cualquier cantidad de dinero que haya ganado.

Barnes realmente *pensó* que era socio de Edison, que estaba destinado a una gran fortuna. Aunque comenzó sin nada más que la habilidad de SABER LO QUE QUERÍA Y LA DETERMINACIÓN DE PERSEGUIR ESE DESEO HASTA LOGRARLO.

Él no tenía dinero, educación avanzada ni influencia, pero contaba con iniciativa, fe y una voluntad inquebrantable. Con estas fuerzas intangibles se puso a la altura del mayor inventor que jamás haya existido.

Ahora, veamos una situación diferente, y estudiemos a un hombre que tenía muchas pruebas tangibles de riqueza, pero la perdió, *porque se detuvo* a un metro de la meta que buscaba.

A Un Metro Del Oro

Una de las razones principales por las que la gente fracasa es porque tiende a renunciar cuando enfrenta una *derrota temporal*. Esto es algo con lo que todos nos hemos sentido culpables en algún momento.

Un pariente de R.U. Darby se vio atrapado en la "fiebre del oro" durante la época de la fiebre del oro y decidió dirigirse al oeste para BUSCAR FORTUNA EXCAVANDO. Es famoso el dicho de que *se puede extraer más oro del cerebro de las personas que de la tierra*. Este hombre buscó una mina y comenzó a trabajar duro con su pico y su pala. Aunque el camino era difícil, su determinación por encontrar oro era sólida.

Después de semanas de arduo trabajo, finalmente encontró el preciado mineral brillante. Sin embargo, necesitaba equipo especializado para extraerlo. En silencio, cerró la mina y regresó a su hogar en Williamsburg, Maryland. Compartió la noticia del hallazgo con sus familiares y algunos vecinos, quienes se unieron para reunir fondos y enviar la maquinaria necesaria. Entonces, junto con su tío, regresó a la mina y comenzaron a trabajar nuevamente.

El primer cargamento de mineral fue enviado a una fundición, revelando que poseían una de las minas más ricas de Colorado. Con unos cuantos cargamentos más, podrían saldar todas sus deudas y cosechar grandes ganancias.

La esperanza de Darby y su tío se elevaba con cada avance. Sin embargo, de repente, la veta de mineral de oro desapareció. Habían llegado al final del arco iris solo para descubrir que la olla de oro ya no estaba allí. A pesar de sus esfuerzos desesperados por encontrarla perforando más, resultó ser en vano.

Finalmente, decidieron RENUNCIAR. Vendieron la maquinaria a un chatarrero por unos cientos de dólares y tomaron el tren de vuelta a casa. Algunos "chatarreros" pueden no ser muy inteligentes, ¡pero este definitivamente lo era! Contactó a un ingeniero de minas para que inspeccionara la mina y realizara algunos cálculos. El ingeniero señaló que el proyecto había fracasado porque los propietarios no estaban familiarizados con las "líneas de falla". ¡Sus cálculos revelaron que la veta estaría a SOLO UN METRO DE DONDE LOS DARBYS HABÍAN DETENIDO LA PERFORACIÓN! ¡Y justo allí fue donde se encontró!

El "chatarrero" se llevó millones de dólares en mineral de la mina porque tuvo la sabiduría de buscar el consejo de un experto antes de rendirse. La mayor parte del dinero invertido en la maquinaria fue obtenida gracias a los esfuerzos de R.U. Darby, quien en ese entonces era muy joven. El dinero provenía de sus parientes y vecinos, quienes confiaban en él. Aunque tardó años, devolvió hasta el último dólar.

Después de un tiempo, el Sr. Darby logró recuperarse de sus pérdidas *al descubrir* que el DESEO puede convertirse en oro. Este descubrimiento ocurrió mientras trabajaba vendiendo seguros de vida.

Aunque había sufrido una gran pérdida al estar cerca de encontrar oro pero DETENERSE a un metro de la veta, Darby aprendió de esa experiencia y se comprometió a nunca rendirse, incluso si la gente *rechazaba* su oferta de seguro.

Darby formaba parte de un grupo pequeño de menos de cincuenta hombres que cada año vendían más de un millón de dólares en seguros de vida. Su capacidad para persistir se debía a la lección que aprendió de su renuncia anterior en el negocio minero del oro.

Antes de que el éxito llegue, es probable que uno enfrente derrotas temporales y tal vez algún fracaso. Cuando uno se enfrenta a la derrota, lo más fácil suele ser RENDIRSE, y eso es lo que hace la mayoría de la gente.

Sin embargo, más de quinientos hombres exitosos han compartido con el autor que su mayor éxito llegó justo después de enfrentar la derrota. El fracaso puede ser engañoso, ya que a menudo aparece cuando el éxito está casi al alcance de la mano.

Una Lección De Cincuenta Centavos En Persistencia

Poco después de obtener su "título" de la "Universidad de la Vida", el Sr. Darby decidió aplicar su experiencia en minería de oro. En una ocasión, aprendió que un "no" no siempre significa negación.

Una tarde, mientras ayudaba a su tío en un molino antiguo, una niña negra, hija de uno de los arrendatarios de la granja de su tío, entró tímidamente y se ubicó junto a la puerta. El tío, al verla, le preguntó bruscamente qué quería. La niña, humildemente, dijo que su mamá le pidió que le llevara cincuenta centavos.

El tío respondió firmemente: "No lo haré. Ahora ve directo a casa".

"Sí, señor", contestó la niña, aunque *no se movió de su lugar*.

El tío siguió ocupado con su trabajo y apenas notó que la niña aún estaba allí. Cuando finalmente la vio, la reprendió: "¡Te dije que te fueras a casa! ¡Hazlo ahora mismo o te castigaré con un interruptor!"

La niña repitió "sí, señor", *pero no dio ni un paso hacia la salida*.

El tío dejó caer un saco de grano que estaba a punto de verter en la tolva del molino, cogió una duela de barril y se dirigió hacia la niña con una expresión en el rostro que indicaba problemas.

Darby contuvo la respiración. Estaba seguro de que iba a presenciar un asesinato. Sabía que su tío tenía un carácter feroz. Sabía que los niños de color no debían desafiar a los blancos en aquella parte del país. Cuando el tío llegó al lugar donde estaba la niña, ésta se adelantó rápidamente un paso, le miró a los ojos y gritó con voz estridente: *"MI MAMÁ TIENE QUE TENER ESOS CINCUENTA CENTAVOS"*.

El tío se detuvo, la miró durante un minuto, luego dejó lentamente la duela de barril en el suelo, se metió la mano en el bolsillo, sacó medio dólar y se lo dio.

La niña tomó el dinero y retrocedió lentamente hacia la puerta, manteniendo la mirada fija *en el hombre al que acababa de conquistar*. Después de que ella se fuera, el hombre se sentó en una caja y miró por la ventana en silencio durante más de diez minutos. Estaba sorprendido y reflexionaba sobre lo sucedido.

El señor Darby también reflexionaba. Era la primera vez que veía a un niño de color *dominar* a un adulto blanco de esa manera. Se preguntaba cómo lo había logrado y qué había sucedido para que el hombre perdiera su autoridad y se volviera sumiso. ¿Qué tipo de poder inusual tenía esa niña para dominar a su superior? Estas preguntas rondaban la mente de Darby, pero no encontró respuestas hasta años después, cuando compartió la historia conmigo.

Curiosamente, el Sr. Darby me contó esta historia en el viejo molino, el mismo lugar donde ocurrió el incidente. Me sorprendió que yo hubiera pasado casi un cuarto de siglo estudiando el poder que permitió a una niña de color, ignorante y analfabeta, superar a un hombre inteligente. Mientras estábamos en el molino, el Sr. Darby repitió la historia de la extraordinaria victoria y luego preguntó: "¿Qué opinas de todo esto? ¿Qué tipo de poder extraño usó esa niña para someter completamente a mi tío?"

La respuesta a su pregunta está en los principios que este libro describe. Es una respuesta completa y detallada, con instrucciones suficientes para que cualquiera pueda entender y aplicar la misma fuerza que accidentalmente ayudó a la niña.

Mantén tu mente alerta y verás exactamente qué extraño poder intervino para salvar a la niña; esto se explorará en el próximo capítulo.

En algún punto del libro, encontrarás una idea que potenciará tu capacidad receptiva y te dará acceso, para tu propio beneficio, a ese mismo poder irresistible. Puedes tener conciencia de este poder desde el primer capítulo o puede surgir en algún capítulo posterior. Puede venir en forma de una sola idea o como un plan o propósito. También puede hacer que reflexiones sobre tus experiencias pasadas de fracaso o derrota y extraigas lecciones que te permitan recuperar lo perdido.

Después de explicarle al Sr. Darby cómo la niña de color había usado su poder sin darse cuenta, él reflexionó sobre sus treinta años como vendedor de seguros de vida y admitió que gran parte de su éxito se debía a la lección que aprendió de la niña.

El Sr. Darby compartió: "Cada vez que un posible cliente intentaba rechazarme sin comprar, recordaba a la niña desafiante en el viejo molino y me decía a mí mismo: 'Debo cerrar esta venta'. La mayoría de mis ventas se realizaron después de que la gente dijera 'NO'".

Recordó también su error de haberse detenido a un metro del oro, "pero", dijo, "esa experiencia fue una bendición disfrazada. Me enseñó a seguir adelante, por muy duro que fuera el camino, una lección que necesitaba aprender antes de poder triunfar en algo".

Esta historia del Sr. Darby y su tío, el niño de color y la mina de oro, sin duda será leída por cientos de hombres que se ganan la vida vendiendo seguros de vida, y a todos ellos, el autor desea ofrecer la sugerencia de que Darby debe a estas dos experiencias su capacidad para vender más de un millón de dólares de seguros de vida cada año.

La vida es sorprendente y a veces inescrutable. Tanto los triunfos como los fracasos tienen sus orígenes en experiencias simples. Aunque las vivencias del Sr. Darby eran comunes, estas encerraban la clave de su destino, por lo que eran tan vitales para él como la vida misma. Él supo aprovechar dos experiencias cruciales *al analizarlas* y aprender de ellas. Pero, ¿qué sucede con aquel que no tiene ni el tiempo ni el deseo de estudiar el fracaso en busca de lecciones que lo lleven al éxito? ¿Dónde y cómo puede aprender a convertir la derrota en oportunidad?

Este libro fue escrito para responder a esas preguntas.

La respuesta radica en trece principios, pero ten presente que la solución que buscas, ante las incertidumbres de la vida, podría encontrarse en *tu propia mente*, a través de ideas, planes o propósitos que surjan mientras lees.

Una idea sólida es todo lo que se necesita para alcanzar el éxito. Los principios descritos en este libro contienen lo mejor y más práctico de lo conocido sobre cómo generar ideas útiles.

Antes de adentrarnos en estos principios, creemos que mereces esta sugerencia crucial... CUANDO LAS RIQUEZAS COMIENCEN A LLEGAR, LO HARÁN TAN RÁPIDAMENTE Y EN TAL ABUNDANCIA, QUE TE PREGUNTARÁS DÓNDE ESTABAN DURANTE LOS AÑOS DE ESCASEZ. Esto puede parecer sorprendente, especialmente considerando la creencia popular de que las riquezas solo llegan tras años de arduo trabajo.

Cuando comiences a PENSAR Y VOLVERTE RICO, notarás que la riqueza comienza con una mentalidad adecuada, con la definición de un propósito, y con poco o ningún trabajo duro. Tú, al igual que cualquier otra persona, deberías estar interesado en aprender cómo cultivar esa mentalidad que atrae la riqueza. Pasé veinticinco años investigando, analizando a más de 25.000 personas, porque también quería entender "cómo se hacen ricos los hombres".

Sin esa investigación, este libro no existiría.

Es importante notar que la Gran Depresión comenzó en 1929 y alcanzó niveles récord de devastación hasta que el presidente Roosevelt asumió el cargo. Luego, gradualmente, la depresión disminuyó. Así como un técnico de luces en un teatro aumenta la iluminación tan sutilmente que la oscuridad se transforma en luz antes de que te des cuenta, el miedo en la mente de la gente se disipó lentamente, convirtiéndose en fe.

Presta mucha atención: cuando domines los principios de esta filosofía y comiences a aplicarlos, tu situación financiera mejorará y todo lo que hagas se convertirá en un activo para ti. ¿Imposible? En absoluto.

La humanidad a menudo se enfrenta a la debilidad de considerar la palabra "imposible" como un límite. Muchos están familiarizados con las reglas que NO funcionan y las cosas que se consideran IMPOSIBLES. Este libro está dirigido a aquellos que buscan las reglas del éxito y están dispuestos a *seguirlas sin reservas.*

Hace muchos años, adquirí un buen diccionario. Lo primero que hice fue buscar la palabra "imposible" y recortarla del libro. Sería beneficioso si tú hicieras lo mismo.

El éxito llega a aquellos que son CONSCIENTES DEL ÉXITO.

El fracaso llega a aquellos que permiten indiferentemente ser CONSCIENTES DEL FRACASO.

El propósito de este libro es ayudar a todos los que lo deseen a aprender el arte de cambiar su mentalidad, DE SER CONSCIENTES DEL FRACASO a SER CONSCIENTES DEL ÉXITO.

Otra debilidad común es el hábito de juzgar todo y a todos *según nuestras propias impresiones y creencias.* Algunos de ustedes pueden creer que nadie puede PENSAR Y VOLVERSE RICO. No pueden concebir la riqueza porque sus hábitos de pensamiento están arraigados en la pobreza, la necesidad, la miseria, el fracaso y la derrota.

Me recuerdan a un destacado chino que vino a Estados Unidos para estudiar al estilo estadounidense en la Universidad de Chicago. Un día, el presidente Harper se topó con este joven oriental en el campus, se detuvo a conversar con él brevemente y le preguntó qué había encontrado más impresionante del pueblo estadounidense.

El chino exclamó: "La extraña inclinación de sus ojos. Sus ojos están desviados".

¿Qué pensamos de los chinos?

Nos negamos a creer lo que no entendemos. Pensamos ingenuamente que nuestras propias limitaciones son la medida adecuada de las limitaciones. Claro, los ojos del otro están "desviados" PORQUE NO SON IGUALES A LOS NUESTROS.

Millones de personas admiran los logros de Henry Ford y lo envidian por su buena fortuna, suerte o genio, atribuyendo su éxito a diversas causas. Sin embargo, pocos conocen el secreto detrás de su triunfo, y aquellos que lo conocen suelen ser modestos o renuentes a hablar de él *debido a su simplicidad.* Una anécdota ejemplifica este "secreto".

Hace unos años, Ford tomó la decisión de fabricar su ahora famoso motor V-8. Optaron por construir un motor con los ocho cilindros fundidos en un solo bloque. Para llevar a cabo esta ambiciosa tarea, Ford encargó a sus ingenieros el diseño del motor. Aunque el diseño fue plasmado en papel, los ingenieros enfrentaron un desafío: coincidieron en que era prácticamente *imposible* fundir un bloque de ocho cilindros en una sola pieza.

Ante la incredulidad de los ingenieros, Ford respondió con determinación: "Prodúzcanlo de todos modos".

Ante esta orden desafiante, los ingenieros replicaron: "Pero, ¡es imposible!" Sin embargo, Ford no se dejó disuadir y ordenó: "Adelante, y permanezcan en el trabajo hasta que lo consigan, sin importar el tiempo que sea necesario".

Los ingenieros se lanzaron a la tarea con tenacidad. Sabían que no tenían otra opción si querían conservar sus puestos en la planta de Ford. Pasaron seis meses sin avances significativos. Otros seis meses transcurrieron, y aún no se vislumbraba una solución. Los ingenieros exploraron todas las estrategias imaginables para cumplir con las órdenes, pero el desafío parecía insuperable; ¡era una situación verdaderamente *imposible*!

A finales del año, Ford consultó a sus ingenieros y, una vez más, le informaron que no habían encontrado la manera de cumplir con sus órdenes.

"Adelante", dijo Ford, "lo quiero y lo conseguiré".

Continuaron trabajando y entonces, como por arte de magia, se descubrió el secreto. La DETERMINACIÓN de Ford había triunfado una vez más.

Aunque esta historia puede no estar descrita con precisión detallada, su esencia es correcta. Deduce de ella, tú que deseas PENSAR Y ENRIQUECERTE, el secreto detrás de los millones de Ford, si puedes. No tendrás que buscar muy lejos.

Henry Ford tuvo éxito porque comprendía y aplicaba los principios del éxito. Uno de ellos es el DESEO: saber lo que uno quiere. Recuerda esta historia de Ford mientras lees y selecciona las líneas que describen el secreto de su grandioso logro. Si puedes hacer esto, si puedes identificar el conjunto particular de principios que hicieron rico a Henry Ford, podrás igualar sus logros en casi cualquier vocación para la que seas apto.

Eres "El Amo De Tu Destino, El Capitán De Tu Alma", Porque...

Cuando Henley escribió las memorables palabras: "Soy el Amo de mi Destino, Soy el Capitán de mi Alma", debió habernos enseñado que tenemos el control de nuestro destino y el liderazgo sobre nuestras propias vidas *porque* podemos moldear nuestros pensamientos.

Él debería habernos explicado que el éter que envuelve nuestra pequeña tierra, en el cual nos movemos y existimos, es una energía que vibra a una frecuencia increíblemente alta. Este éter está impregnado de una fuerza universal que se AJUSTA según la naturaleza de nuestros pensamientos, INFLUENCIÁNDONOS de manera natural para convertir esos pensamientos en su manifestación física equivalente.

Si el poeta hubiera expresado esta revelación, comprenderíamos POR QUÉ somos los Amos de nuestro Destino y los Capitanes de nuestras Almas. Habría destacado que este poder no hace distinción entre pensamientos negativos y positivos; sino que nos impulsa a convertir en realidad tanto los pensamientos de carencia como los de abundancia, con la misma prontitud.

También debería haber señalado que nuestros pensamientos predominantes tienen un efecto magnético en nuestros cerebros, atrayendo hacia nosotros fuerzas, personas y circunstancias que están alineadas con la *naturaleza* de esos pensamientos. Antes de acumular riquezas en gran medida, es crucial magnetizar nuestra mente con un DESEO intenso de riqueza, llegar a ser conscientes del dinero hasta que ese deseo nos impulse a crear planes definidos para adquirirlo.

Sin embargo, Henley, siendo poeta y no filósofo, optó por expresar una gran verdad poéticamente, dejando a sus seguidores interpretar el significado filosófico de sus versos.

Con el tiempo, la verdad se ha ido revelando, y ahora parece claro que los principios descritos en este libro contienen el secreto para dominar nuestro destino económico.

Estamos listos para explorar el primero de estos principios. Mantén una mente abierta mientras lees y recuerda que estos principios no son invenciones humanas. Se derivan de las experiencias de más de 500 hombres que realmente acumularon grandes riquezas, comenzando desde la pobreza, con poca educación y sin influencia. Estos principios funcionaron para ellos y tú también puedes ponerlos en práctica para tu propio beneficio a largo plazo.

Te resultará fácil de hacer, sin complicaciones.

Antes de que continúes leyendo el próximo capítulo, quiero destacar que contiene información objetiva que podría tener un impacto significativo en tu situación financiera. Ha sido testigo de cambios extraordinarios en la vida de dos personas que describo aquí.

Es importante que sepas que mi relación con estos dos hombres es tan estrecha que no podría permitirme distorsionar los hechos, incluso si quisiera. Uno de ellos ha sido mi amigo más cercano durante casi veinticinco años, mientras que el otro es mi propio hijo. El éxito excepcional que han logrado, y que atribuyen al principio que se detalla en el próximo capítulo, respalda mi referencia personal para resaltar la importancia transcendental de este principio.

Hace aproximadamente quince años, tuve el honor de pronunciar el discurso de graduación en el Salem College, en Virginia Occidental. En ese discurso, enfaticé el principio que se detalla en el próximo capítulo con tanta intensidad que uno de los graduados lo adoptó como parte fundamental de su filosofía de vida. Este joven ahora es miembro del Congreso y desempeña un papel significativo en la administración actual.

Justo antes de que este libro fuera enviado a la editorial, recibí una carta de este joven, en la cual expresaba claramente su apoyo al principio que se presenta en el próximo capítulo. Decidí incluir su carta como introducción al capítulo, ya que ofrece una visión sobre las recompensas que pueden surgir.

Querido Napoleón:

> Después de mi servicio como miembro del Congreso, he ganado una perspectiva sobre los desafíos que enfrentan hombres y mujeres, lo que me lleva a escribirte con una sugerencia que podría beneficiar a miles de personas dignas.
>
> Aunque debo señalar que esta idea requeriría varios años de trabajo y responsabilidad de tu parte, me siento motivado a proponerla debido a tu compromiso con el servicio útil.
>
> Recuerdo claramente tu discurso de graduación en el Salem College en 1922, cuando yo era parte de la promoción. Aquellas palabras sembraron en mi mente una idea que

ha sido fundamental para mi oportunidad actual de servir a mi Estado, y que probablemente influirá en cualquier éxito futuro que pueda alcanzar.

La sugerencia que tengo en mente es que recopiles en un libro la esencia de aquel discurso en el Salem College. Esto permitiría al pueblo de Estados Unidos beneficiarse de tus años de experiencia y de tu asociación con hombres cuya grandeza ha contribuido a hacer de Estados Unidos la nación más próspera del mundo.

Recuerdo especialmente la inspiradora narración que hiciste sobre cómo Henry Ford, a pesar de carecer de educación formal, dinero o contactos influyentes, logró alcanzar grandes alturas. Aquellas palabras me impulsaron a trazar mi propio camino, sin importar las dificultades que se presentaran.

Miles de jóvenes terminarán sus estudios este año y en los próximos años. Cada uno de ellos buscará precisamente un mensaje de aliento práctico como el que recibí de ti. Querrán saber adónde dirigirse, qué hacer, para empezar en la vida. Tú puedes decírselo, porque has ayudado a resolver los problemas de muchísimas personas.

Si pudieras permitirte ofrecer este servicio, te sugiero incluir en cada libro una de tus Tablas de Análisis Personal. Esto permitiría a los lectores realizar un autoinventario completo, identificando los obstáculos que enfrentan en su camino hacia el éxito, tal como tú me lo señalaste hace años.

Un servicio así, que brinde a los lectores una visión imparcial de sus fortalezas y debilidades, podría marcar la diferencia entre el éxito y el fracaso para ellos. Su valor sería incalculable.

Hoy en día, millones de personas luchan por reconstruir sus vidas debido a la depresión económica. Hablo desde mi propia experiencia al decir que estas personas agradecerían sinceramente la oportunidad de compartir sus problemas contigo y recibir tus consejos para resolverlos.

Tú conoces de cerca los desafíos que enfrentan aquellos que deben comenzar de nuevo. En Estados Unidos, hay miles de personas que desearían saber cómo convertir sus ideas en éxito financiero, personas que han perdido todo y necesitan recuperarse. Si alguien puede ayudarles, eres tú.

Si decides publicar este libro, me encantaría ser el orgulloso propietario del primer ejemplar que salga de imprenta, firmado personalmente por ti.

Con todo mi respeto y mejores deseos,

Cordialmente,
JENNINGS RANDOLPH

Capítulo 2: Deseo

El Punto Inicial De Todo Logro

El Primer Paso Hacia La Riqueza

Hace más de tres décadas, CUANDO Edwin C. Barnes desembarcó del tren de mercancías en Orange, Nueva Jersey, podría haber parecido un vagabundo, pero su *mente* estaba llena de ambiciones regias.

Mientras caminaba desde las vías del tren hacia la oficina de Thomas A. Edison, su mente estaba en pleno funcionamiento. Se visualizaba a sí mismo *frente a Edison*, escuchándose pedirle una oportunidad para perseguir la única PASIÓN QUE HABÍA CONSUMIDO SU VIDA: el FERVIENTE DESEO de convertirse en socio comercial del gran inventor.

El anhelo de Barnes no era simplemente una *esperanza*, ¡ni siquiera un simple *deseo*! Era un DESEO agudo y palpitante que superaba todo lo demás, era DEFINITIVO.

Este deseo no era nuevo cuando Barnes se acercó a Edison. Había sido el deseo *dominante* de Barnes durante mucho tiempo. Al principio, cuando surgió por primera vez en su mente, pudo haber sido, probablemente lo fue, solo un deseo común, pero no era simplemente un deseo cuando lo llevó ante Edison.

Unos años más tarde, Edwin C. Barnes se encontraba nuevamente frente a Edison, en el mismo despacho donde lo conoció por primera vez. Esta vez, su DESEO se había hecho realidad. Ahora tenía negocios con Edison. El SUEÑO QUE HABÍA DOMINADO SU VIDA se había hecho realidad. Hoy en día, la gente que conoce a Barnes le envidia por el "respiro" que la vida le ha dado, sin tomarse la molestia de investigar la *causa* de su éxito.

Barnes logró triunfar gracias a su enfoque definido y su dedicación total hacia un objetivo específico. Desde el momento en que comenzó a trabajar para Edison, no aspiraba a ser socio de inmediato, sino que estaba dispuesto a empezar desde abajo, sabiendo que cada paso lo acercaba a su meta deseada.

Pasaron cinco años hasta que finalmente surgió la oportunidad que Barnes tanto ANHELABA. Durante ese tiempo, enfrentó desafíos y careció de señales alentadoras, pero nunca perdió de vista su deseo. A pesar de que para los demás solo era un engranaje más en la maquinaria de los negocios de Edison, él mismo se veía como EL FUTURO SOCIO DEL SR. EDISON en cada momento de su jornada laboral.

Este caso ilustra el poder transformador de un DESEO DEFINIDO. Barnes alcanzó su objetivo porque su deseo de convertirse en socio de Edison era insuperable. No solo lo deseaba fervientemente, sino que también trazó un plan para lograrlo y se comprometió por completo, QUEMANDO TODOS LOS PUENTES A SUS ESPALDAS.

Mantuvo su DESEO hasta que se convirtió en la obsesión dominante de su vida y, finalmente, en un hecho.

Cuando fue a Orange, no se dijo a sí mismo: "Trataré de inducir a Edison para que me dé un trabajo en su empresa". Más bien, pensó: "Iré a ver a Edison y le presentaré una propuesta comercial".

Él no se planteó: "Trabajaré allí unos meses, y si no me animan, lo dejaré y buscaré trabajo en otro sitio". En cambio, afirmó: "Comenzaré desde cualquier posición. Seguiré todas las indicaciones de Edison, *pero al final, seré su socio*".

Tampoco consideró: "Mantendré los ojos abiertos para otra oportunidad, en caso de que no consiga lo que quiero en la organización de Edison". En lugar de eso, afirmó: "Sólo hay UNA cosa en este mundo que estoy decidido a tener, y es una asociación empresarial con Thomas A. Edison. Quemaré todos los puentes a mis espaldas y apostaré TODO MI FUTURO para alcanzar mi objetivo".

No dejó espacio para la retirada. Su única opción era triunfar o perecer.

Eso es todo lo que hay que decir sobre la historia de éxito de Barnes. Hace mucho tiempo, un valiente guerrero se encontró frente a una situación que lo obligó a tomar una decisión crucial para asegurar su victoria en el campo de batalla. Estaba a punto de enfrentarse a un poderoso enemigo cuyas fuerzas eran superiores en número. Entonces, embarcó a sus soldados en barcos, navegó hacia el territorio enemigo, desembarcó a sus hombres y equipo, y ordenó que los barcos que los habían llevado fueran incendiados. Dirigiéndose a sus soldados antes de la batalla, les indicó: "Observen cómo los barcos arden. Esto significa que no tenemos escapatoria, no podemos retroceder a menos que ganemos. Ahora no nos queda más opción: ¡*vencer o morir*!" Y ganaron.

Todo individuo exitoso debe estar dispuesto a quemar sus barcos y eliminar todas las rutas de escape. Solo de esta manera puede mantener ese estado mental conocido como DESEO ARDIENTE DE TRIUNFO, crucial para alcanzar el éxito.

Por otro lado, la mañana siguiente al gran incendio de Chicago, un grupo de comerciantes se encontraba en State Street, contemplando los restos humeantes de lo que solían ser sus almacenes. Se reunieron para decidir si reconstruir o abandonar la ciudad y comenzar de nuevo en un lugar más prometedor. La mayoría optó por abandonar Chicago, excepto uno.

Este comerciante, decidido a quedarse y reconstruir, señaló los restos de su tienda y afirmó: "Señores, en este mismo lugar construiré la tienda más grande del mundo, sin importar cuántas veces se queme".

Más de cincuenta años después, su tienda se erige como un imponente monumento al poder del DESEO ARDIENTE. La mayoría habría seguido el ejemplo de los demás comerciantes, pero este hombre, al igual que Marshal Field, optó por enfrentar las dificultades en lugar de huir hacia lo más fácil.

Esta diferencia de mentalidad entre Marshal Field y los demás comerciantes también distingue a Edwin C. Barnes de otros miles de jóvenes que trabajaron en la organización Edison. Es la misma diferencia que separa a los triunfadores de los fracasados.

Cada persona que aspira al éxito debe tener un deseo ardiente y estar dispuesta a tomar medidas decisivas para alcanzarlo. Simplemente *desear* el éxito no basta; es necesario obsesionarse con ese deseo y trazar un plan definido respaldado por una persistencia *inquebrantable*.

El método para convertir el DESEO de riqueza en su equivalente financiero implica seis pasos definidos y prácticos:

Primero. Es importante establecer con precisión la cantidad de dinero que deseas. Simplemente decir "quiero mucho dinero" no es suficiente. Debes definir claramente la cantidad *exacta*. (Más adelante en el libro se explicará la razón psicológica detrás de esta definición).

Segundo. Es crucial que determines con precisión qué estás dispuesto a ofrecer a cambio del dinero que deseas. Recuerda que no hay algo así como obtener algo a cambio de nada.

Tercero. Establece una fecha límite para *adquirir* la riqueza deseada.

Cuarto. Crea un plan definido para llevar a cabo tu deseo, y empieza de una vez, estés preparado o no, a poner este plan en *acción*.

Quinto. Redacta una declaración clara y concisa de la cantidad de dinero que pretendes adquirir, nombra el plazo para su adquisición, indica lo que pretendes dar a cambio del dinero y describe claramente el plan mediante el que pretendes acumularlo.

Sexto. Te recomiendo que repitas esta declaración dos veces al día: una vez antes de acostarte por la noche y otra después de levantarte por la mañana. MIENTRAS LA LEES, CONCÉNTRATE EN VISUALIZAR, SENTIR Y CREER QUE YA POSEES LA RIQUEZA QUE DESEAS.

Es crucial seguir detenidamente las indicaciones que se describen en estos seis pasos. Especialmente, presta atención y sigue las instrucciones del sexto paso. Puede que al principio te resulte difícil visualizarte "poseyendo dinero" antes de tenerlo en realidad. Aquí es donde un DESEO ARDIENTE jugará un papel fundamental. Si verdaderamente DESEAS el dinero con tanta intensidad que se convierte en una obsesión, no tendrás problemas para convencerte de que lo alcanzarás. El objetivo es desear el dinero y estar tan decidido a obtenerlo que te CONVENZAS de que será tuyo.

Solo aquellos que desarrollan una "conciencia del dinero" logran acumular grandes riquezas. Esta conciencia del dinero implica que la mente esté completamente saturada del DESEO de obtenerlo, al punto de poder visualizarse a uno mismo ya en posesión de esa riqueza.

Para quienes no están familiarizados con los principios de la mente humana, estas instrucciones pueden parecer poco prácticas. Sin embargo, es útil saber que estos principios fueron transmitidos por Andrew Carnegie, quien pasó de ser un obrero ordinario en fábricas de acero a acumular una fortuna de más de cien millones de dólares gracias a estos mismos principios.

Es importante destacar que los seis pasos que se presentan aquí fueron minuciosamente evaluados por el difunto Thomas A. Edison, quien los respaldó como fundamentales no solo para la acumulación de riqueza, sino también para alcanzar cualquier *objetivo definido*. Hay que darse cuenta de que todos los que han acumulado grandes fortunas, primero hicieron una cierta cantidad de sueños, esperanzas, DESEOS y PLANIFICACIONES antes de adquirir el dinero.

También puedes saber, aquí mismo, que nunca podrás tener riquezas en grandes cantidades, A MENOS QUE puedas trabajar en un calor blanco de DESEO por el dinero, y realmente CREER que lo poseerás.

Desde los albores de la civilización hasta nuestros días, todos los grandes líderes han sido, sin excepción, soñadores. Una verdad palpable es que el cristianismo, en la actualidad, ostenta el mayor poder potencial en el mundo. Esto se debe a que su fundador fue un soñador apasionado, dotado de la visión y la imaginación necesarias para visualizar realidades en su forma mental y espiritual, incluso antes de que se manifestaran físicamente.

Es crucial comprender que si no puedes percibir la posibilidad de alcanzar grandes riquezas en tu mente, es improbable que las veas reflejadas en tu saldo bancario. Este principio es fundamental y trasciende generaciones.

Nunca antes en la historia de Estados Unidos se ha presentado una oportunidad tan monumental para aquellos que son, a la vez, soñadores y prácticos. El reciente colapso económico, que se prolongó durante seis largos años, niveló significativamente el terreno de juego para todos los hombres. Ahora, nos encontramos al borde de una nueva competencia, donde las oportunidades abundan y las posibilidades son vastas. El escenario económico ha sufrido una transformación radical, y nos encontramos en un MUNDO CAMBIADO. Esta nueva realidad indiscutiblemente favorece a las masas y ofrece una oportunidad sin precedentes para aquellos que anteriormente habían sido marginados. Durante la depresión, el miedo paralizaba el crecimiento y el desarrollo.

Aquellos de nosotros que nos embarcamos en la búsqueda de la riqueza deberíamos sentirnos alentados al saber que el mundo en el que vivimos ha experimentado cambios significativos, demandando nuevas ideas, enfoques innovadores y líderes visionarios. Este cambio de paradigma no solo abarca la manera en que hacemos las cosas, sino también la creación de nuevos inventos, métodos de enseñanza, estrategias de marketing, literatura fresca y formas de entretenimiento, como películas y programas de radio. Detrás de esta búsqueda constante de innovación y mejora, yace una cualidad esencial: la CLARIDAD EN LOS OBJETIVOS, el conocimiento claro de lo que uno desea y un ardiente DESEO de alcanzarlo.

El declive en el ámbito empresarial no marca el fin, sino más bien el comienzo de una nueva era. Este mundo en constante evolución demanda la presencia de soñadores prácticos: aquellos que *tienen la capacidad* y la *voluntad* de transformar sus visiones en acciones concretas. Históricamente, son estos soñadores prácticos quienes han impulsado el progreso y han dado forma a nuestra civilización mediante la implementación de nuevas ideas y conceptos.

Para aquellos de nosotros que aspiramos a la acumulación de riqueza, es importante recordar que los verdaderos líderes son aquellos que han sabido aprovechar las oportunidades invisibles e intangibles y convertirlas en realidades tangibles, como rascacielos, ciudades, fábricas, medios de transporte modernos y toda forma de comodidad que haga la vida más agradable.

La tolerancia y una mente abierta son necesidades prácticas del soñador de hoy. Los que temen las nuevas ideas están condenados antes de empezar. Nunca ha habido una época más favorable a los pioneros que la actual. Es cierto que no hay un Oeste salvaje y lanudo que conquistar, como en los días de la Carroza Cubierta; pero hay un vasto mundo empresarial, financiero e industrial que remodelar y redirigir a lo largo de líneas nuevas y mejores.

Cuando planees cómo alcanzar tu parte de la riqueza, es crucial no permitir que nadie te desanime respecto al poder de los sueños. Para tener éxito en este mundo en constante cambio, es fundamental adoptar el espíritu visionario de aquellos pioneros que forjaron nuestro pasado. Son ellos quienes, con sus sueños, han enriquecido la civilización con todo lo valioso que posee. Este mismo espíritu es el motor que impulsa el progreso de nuestra nación, brindándote a ti y a mí la oportunidad de desarrollar y comercializar nuestros propios talentos.

Recordemos siempre el ejemplo de Colón, quien soñó con un mundo desconocido, arriesgó su vida en pos de ese sueño ¡y lo descubrió!

Copérnico, el ilustre astrónomo, vislumbró la posibilidad de múltiples mundos y los desveló ante la humanidad. *Después* de su éxito, nadie lo tachó de "poco práctico". Por el contrario, fue aclamado en todo el mundo, demostrando así que EL ÉXITO NO REQUIERE EXCUSAS, MIENTRAS QUE EL FRACASO NO ADMITE PRETEXTOS.

Si estás *convencido* de que tu meta es la correcta, ¡adelante, persíguela! No permitas que las opiniones ajenas te desanimen si te encuentras con obstáculos temporales, ya que CADA FRACASO LLEVA CONSIGO LA SEMILLA DE UN ÉXITO EQUIVALENTE.

Henry Ford, sin grandes riquezas ni educación formal, imaginó un carruaje sin caballos y se puso manos a la obra con los recursos a su alcance, sin esperar que la fortuna le sonriera. Hoy en día, su sueño se materializa en todas partes del mundo. Ha revolucionado más vidas con sus inventos que cualquier otro hombre, porque no temió perseguir sus sueños.

Thomas Edison anhelaba una lámpara alimentada por electricidad y comenzó su búsqueda desde donde se encontraba. A pesar de enfrentar más de *diez mil contratiempos*, persistió en su sueño hasta hacerlo realidad. Los verdaderos soñadores NUNCA RENUNCIAN.

Whelan tuvo un sueño: abrir una cadena de tiendas de cigarros. Convirtió su sueño en realidad, y ahora las United Cigar Stores ocupan las mejores esquinas de Estados Unidos.

Lincoln soñó con la libertad de los esclavos negros. Puso su sueño en acción y, aunque falleció poco tiempo después, observó cómo un Norte y un Sur unidos hacían realidad su visión.

Los hermanos Wright soñaron con una máquina voladora. Hoy en día, la evidencia de su profundo sueño se ve en todo el mundo.

Marconi tuvo el sueño de aprovechar las fuerzas invisibles del éter, y este sueño se materializó en los dispositivos inalámbricos y de radio que usamos hoy en día. Su visión acercó a personas de todos los rincones del mundo, independientemente de su posición social, y transformó al Presidente de los Estados Unidos en alguien capaz de comunicarse con todo el país al instante. Sin embargo, cuando Marconi anunció su descubrimiento de enviar mensajes a través del aire sin cables, fue cuestionado e incluso internado en un hospital psiquiátrico por sus "amigos". Afortunadamente, los soñadores de hoy en día enfrentan un panorama más alentador.

El mundo ha aceptado los nuevos descubrimientos y está dispuesto a recompensar a quienes aportan nuevas ideas.

"El mayor logro, al principio, no era más que un sueño".

"El roble duerme en la bellota. El pájaro espera en el huevo, y en la visión más elevada del alma se agita un ángel despierto. LOS SUEÑOS SON LAS SEMILLAS DE LA REALIDAD".

¡Despierten, levántense y háganse valer, soñadores del mundo! Su momento ha llegado con la oportunidad que trajo consigo la depresión mundial. Esta crisis enseñó humildad, tolerancia y amplitud de miras.

El mundo rebosa de OPORTUNIDADES que los soñadores del pasado nunca imaginaron.

UN INTENSO DESEO DE SER Y DE HACER marca el comienzo para cualquier soñador. Los sueños no surgen de la indiferencia, la pereza o la falta de ambición.

Hoy en día, el mundo no se burla del soñador ni lo tacha de poco práctico. Si alguien piensa lo contrario, debería visitar Tennessee y ver lo que un presidente soñador logró al aprovechar la gran fuerza hidráulica de Estados Unidos. Hace veinte años, tal sueño habría parecido una locura.

Todos hemos experimentado momentos de decepción y derrota, momentos en los que sentimos que nuestro espíritu es aplastado hasta el punto de sangrar. Pero, debemos recordar que estas experiencias no son más que pruebas que fortalecen nuestro carácter y nos preparan para enfrentar los desafíos con valentía.

Incluso aquellos que alcanzan el éxito en la vida a menudo tienen un comienzo difícil y pasan por numerosas luchas antes de alcanzar sus metas. La mayoría encuentra su punto de inflexión durante momentos de crisis, donde descubren su verdadero potencial.

John Bunyan escribió "El Progreso del Peregrino", considerada una de las obras más destacadas de la literatura inglesa, después de ser encarcelado y castigado por sus creencias religiosas.

O. Henry tuvo un despertar de genio mientras estaba tras las rejas de la prisión de Columbus, Ohio, tras sufrir una gran desgracia. En este tiempo de adversidad, se vio OBLIGADO a enfrentar su "otro yo" y a aprovechar su capacidad de IMAGINACIÓN. Así, descubrió su verdadero talento como escritor, en lugar de identificarse solo como un criminal desafortunado. La vida tiene sus giros extraños y, aún más intrigantes son los senderos que sigue la inteligencia humana. A veces, es necesario atravesar duras pruebas antes de reconocer el potencial creativo que reside en nuestra mente y la capacidad de generar ideas valiosas a través de la imaginación.

Thomas Edison, el renombrado inventor, inicialmente trabajó como operador de telégrafos y enfrentó numerosos fracasos antes de finalmente descubrir su genialidad.

Charles Dickens, empezando como pegador de etiquetas, experimentó una tragedia personal que lo llevó a convertirse en uno de los más grandes autores de la literatura mundial. Su dolor inspiró obras como "David Copperfield", enriqueciendo el mundo de quienes disfrutaron de sus libros.

El desamor a menudo lleva a los hombres a la bebida y a las mujeres a la ruina. Esto se debe a que muchas personas no aprenden a transformar sus emociones intensas en sueños constructivos.

Helen Keller perdió la vista, el oído y el habla poco después de nacer. A pesar de esta adversidad, dejó una marca indeleble en la historia. Su vida es un testimonio de *que nadie está verdaderamente derrotado hasta que acepta la derrota como una realidad.*

Robert Burns, un campesino analfabeto y pobre, luchó contra la adversidad y el alcoholismo. Su contribución al mundo fue monumental: convirtió sus hermosos pensamientos en poesía, extrayendo espinas y plantando rosas en su lugar.

Booker T. Washington nació esclavo y enfrentó discriminación racial. Sin embargo, su actitud tolerante y mente abierta lo convirtieron en un SOÑADOR que dejó un legado perdurable para su comunidad.

Beethoven fue sordo y Milton era ciego, pero sus nombres perdurarán mientras exista el tiempo, porque imaginaron y plasmaron sus sueños en pensamientos organizados. Antes de avanzar al siguiente capítulo, reaviva en tu mente la llama de la esperanza, la fe, el coraje y la tolerancia. Si mantienes estos estados mentales y comprendes los principios descritos, todo lo que necesites llegará a ti cuando estés PREPARADO para recibirlo. Permitamos que Emerson exprese este pensamiento con estas palabras: "Cada proverbio, cada libro, cada dicho que te pertenezca como apoyo y consuelo, volverá a ti, ya sea por caminos directos o tortuosos. Cada amigo que no busque tu voluntad fantástica, sino la grande y tierna alma que llevas dentro, te abrazará".

Existe una diferencia entre DESEAR algo y estar PREPARADO para recibirlo. Nadie está preparado para algo hasta que cree que puede obtenerlo. La mentalidad debe ser de CREENCIA, no simplemente esperanza o deseo. La mente abierta es esencial para creer. Las mentes cerradas no inspiran fe, coraje ni creencia.

Recuerda que no se necesita más esfuerzo para aspirar alto en la vida, para buscar la abundancia y la prosperidad, que para conformarse con la miseria y la pobreza. Un gran poeta ha expresado esta verdad universal en estos versos:

> He pactado con la Vida por una moneda,
> y ella no ofrece más, lo siento, es mi condena.
> Aunque ruego al anochecer,
> mi escasa fortuna, ¿qué podré hacer?
>
> Para la Vida es un empleador ecuánime,
> Otorga según lo que solicitas con fervor,
> Mas una vez fijas los términos del juego,
> Debes aceptar con fuerza tu labor sin temor.
>
> Trabajé por un salario modesto,
> Solo para darme cuenta, desconcertado,
> Que cualquier salario que hubiera pedido a la Vida,
> La Vida habría pagado con agrado.

El Deseo Es Más Inteligente Que La Madre Naturaleza

Quiero compartir la historia de una persona extraordinaria que conocí hace veinticuatro años, apenas minutos después de su nacimiento. Cuando llegó al mundo, no tenía orejas visibles, lo que llevó al médico a preocuparse de que pudiera ser sordo y mudo de por vida.

Desafié la opinión del médico porque como padre del niño, sentía que tenía el derecho de hacerlo. Aunque también tomé una decisión y expresé mi opinión, lo hice en silencio, guardando mis pensamientos en lo más profundo de mi corazón. Decidí firmemente que mi hijo sería capaz de oír y hablar. Aunque la Naturaleza pudiera habérmelo enviado sin la capacidad auditiva, *me negaba a aceptar* la realidad de su aflicción.

En mi mente, siempre supe que mi hijo podría escuchar y hablar. ¿Cómo? Estaba convencido de que existía una solución, y estaba determinado a descubrirla. Recordaba las palabras eternas de Emerson: "Todo en la vida nos enseña la fe. Solo necesitamos obedecer. Cada uno de nosotros tiene una guía, y al escuchar con humildad, encontraremos la *respuesta adecuada*".

¿La respuesta adecuada? ¡Era el DESEO! Más que cualquier otra cosa, deseaba que mi hijo no fuera sordomudo. Este deseo nunca flaqueó.

Años atrás, había escrito: "Nuestras únicas limitaciones son aquellas que creamos en nuestra mente". Por primera vez, cuestionaba la veracidad de esa afirmación. Ante mí, yacía un recién nacido sin la capacidad auditiva natural. Aunque no podía escuchar ni hablar, era obvio que no había impuesto esa limitación por sí mismo.

¿Qué podía hacer al respecto? De alguna manera, debía inculcar en la mente de mi hijo mi ARDIENTE DESEO de encontrar una forma de transmitir el sonido a su cerebro sin depender de los oídos.

Tan pronto como mi hijo tuvo la edad suficiente para colaborar, cultivé en él un profundo anhelo por escuchar, alimentando su mente con este DESEO FERVIENTE. Yo creía firmemente que la naturaleza encontraría la manera de convertir este deseo en realidad física.

Aunque mantenía estos pensamientos en mi mente, no los compartía con nadie. Renovaba diariamente mi compromiso de no aceptar un hijo sordomudo.

A medida que crecía y empezaba a prestar atención a su entorno, notamos que tenía cierto grado de audición. Aunque no intentaba hablar cuando llegó la edad en que los niños suelen hacerlo, sus acciones revelaban que podía percibir ciertos sonidos. ¡Eso era todo lo que necesitaba saber! Estaba convencido de que si podía oír aunque fuese un poco, podría desarrollar aún más su capacidad auditiva. Y entonces, surgió un rayo de esperanza de una manera inesperada.

Adquirimos una Victrola. La primera vez que mi hijo escuchó música, quedó extasiado y se apropió rápidamente del aparato. Pronto mostró preferencia por ciertos discos, como "It's a Long Way to Tipperary". En una ocasión, tocó esta pieza una y otra vez durante casi dos horas, parado frente a la Victrola *con los dientes apretados en el borde de la carcasa*. En ese momento no entendimos el significado de este comportamiento, pero años más tarde descubrimos el principio de la "conducción ósea" del sonido.

Poco después de adueñarse de la Victrola, descubrí que podía escucharme bastante bien cuando hablaba con los labios cerca de su hueso mastoides o en la base del cráneo. Estos descubrimientos me dieron los medios para empezar a hacer realidad mi *ferviente deseo* de ayudar a mi hijo a desarrollar su audición y habla. Aunque al principio apenas podía articular algunas palabras, no perdí la fe. Las perspectivas eran desalentadoras, pero cuando el DESEO ESTÁ RESPALDADO POR LA FE, lo imposible se vuelve posible.

Después de comprobar que el niño podía escuchar claramente mi voz, procedí de inmediato a implantar en su mente el deseo de poder oír y hablar. Pronto descubrí que disfrutaba de los cuentos antes de dormir, así que me puse manos a la obra creando historias diseñadas para fomentar en él la confianza en sí mismo, *la imaginación y el deseo de oír y ser como los demás.*

Una historia en particular destacaba y se presentaba de manera vibrante y dramática cada vez que la contaba. Su objetivo era inculcarle la idea de que su condición no era una carga, sino una valiosa ventaja. Aunque todas las enseñanzas que había estudiado afirmaban que TODA ADVERSIDAD CONLLEVA UNA SEMILLA DE VENTAJA EQUIVALENTE, debo admitir que no sabía *cómo* esta situación podría convertirse en una ventaja. Aun así, perseveré en mi práctica de incorporar esta filosofía en cuentos para dormir, con la esperanza de que llegara el momento en que encontraríamos un propósito útil para su discapacidad.

Aunque la razón me decía claramente que no había compensación adecuada para la falta de audición y de órganos auditivos naturales, el DESEO, respaldado por la FE, me impulsó a seguir adelante.

Al reflexionar sobre la experiencia en retrospectiva, ahora puedo ver que la *fe que mi hijo depositaba en mí* fue fundamental para los resultados sorprendentes. No cuestionaba mis palabras. Le vendí la idea de que tenía una clara *ventaja* sobre su hermano mayor, y que esto se manifestaría de muchas maneras. Por ejemplo, los profesores de la escuela notarían su ausencia de orejas y le prestarían atención especial y trato amable, algo que siempre sucedía gracias a las gestiones de su madre. También le vendí la idea de que, cuando fuera lo suficientemente mayor para vender periódicos (como su hermano mayor), tendría una ventaja notable, ya que la gente estaría dispuesta a pagar más por sus productos al ver que era un niño inteligente y trabajador, a pesar de su condición.

Con el tiempo, comenzamos a notar mejoras en su audición. Además, no mostraba signos de inhibición debido a su discapacidad. Cuando él tenía alrededor de siete años, empezó a mostrar los primeros signos de que nuestro enfoque en estimular su mente estaba dando resultados. Durante varios meses, nos rogó que le permitiéramos vender periódicos, pero su madre se negaba, preocupada por su seguridad al ir solo por la calle debido a su sordera.

Finalmente, él decidió actuar por su cuenta. En una tarde tranquila en casa con los criados, se aventuró por la ventana de la cocina y comenzó a trabajar por su cuenta. Consiguió seis céntimos prestados del zapatero del barrio, los invirtió en papeles, los vendió, reinvirtió y continuó así hasta tarde en la noche. Después de hacer sus cuentas y devolver los seis céntimos al zapatero, obtuvo un beneficio neto de cuarenta y dos céntimos. Esa noche, al llegar a casa, lo encontramos dormido en la cama, con el dinero agarrado firmemente en la mano.

Su madre abrió su mano, tomó las monedas y comenzó a llorar. Para ella, llorar por el éxito financiero de su hijo parecía apropiado. Mi reacción fue diferente. Me reí a carcajadas, sabiendo que mi esfuerzo por inculcarle a mi hijo confianza en sí mismo había dado frutos.

Para su madre, la primera incursión empresarial de su hijo parecía un acto arriesgado de un niño sordo que salió a la calle para ganar dinero. Para mí, era un acto valiente y ambicioso de un pequeño empresario autosuficiente, cuya confianza en sí mismo se había duplicado al emprender y tener éxito. Me alegró la transacción porque sabía que mostraba un ingenio que le serviría toda la vida, como lo demostrarían eventos posteriores. Mientras que su hermano mayor solía conseguir lo que quería llorando y pataleando, el "pequeño sordo" ideaba planes para ganar dinero y comprar lo que deseaba. ¡Y sigue haciéndolo hasta hoy!

Mi hijo me enseñó que las discapacidades pueden convertirse en trampolines hacia metas dignas, siempre y cuando no se acepten como obstáculos ni se usen como excusas.

A pesar de su sordera, pasó por la escuela primaria, secundaria y la universidad sin poder oír a sus profesores, excepto cuando gritaban cerca de él. Nunca asistió a una escuela para sordos.

DECIDIMOS NO PERMITIRLE APRENDER EL LENGUAJE DE SEÑAS, optando en cambio por que llevara una vida normal y se relacionara con niños normales. Mantuvimos esta decisión firme, aunque nos enfrentamos a muchos debates acalorados con los funcionarios de la escuela.

Durante su adolescencia, intentó usar un audífono eléctrico, pero no tuvo éxito. Creíamos que esto se debía a una condición médica que el Dr. J. Gordon Wilson de Chicago descubrió cuando el niño tenía seis años. Durante una operación en la cabeza del niño, el Dr. Wilson no encontró ningún rastro de un aparato auditivo natural.

Durante su última semana en la universidad, dieciocho años después de la operación que marcó un hito en su vida, ocurrió algo que cambió todo. De manera aparentemente casual, recibió otro dispositivo de audición eléctrico para probar. Dado su desencanto con experiencias anteriores, tardó en decidirse a probarlo. Finalmente, se lo colocó en la cabeza, conectó la batería y, casi sin pensarlo, algo increíble sucedió: ¡SU DESEO DE TODA LA VIDA DE UNA AUDICIÓN NORMAL SE HIZO REALIDAD! Por primera vez, experimentó una audición prácticamente igual a la de cualquier persona sin problemas auditivos. "La forma en que Dios obra en el mundo para hacer realidad sus maravillas es verdaderamente misteriosa", reflexioné.

Emocionado por el cambio que su nuevo aparato auditivo le había traído, el joven corrió hacia el teléfono y llamó a su madre, emocionado al escuchar su voz con claridad por primera vez. Al día siguiente, en clase, pudo escuchar perfectamente las voces de sus profesores por primera vez en su vida, sin necesidad de que gritaran desde una distancia cercana. *Experimentó* la radio y las imágenes parlantes de una manera completamente nueva. Por primera vez, pudo conversar con otras personas sin necesidad de que hablaran alto. Se dio cuenta de que había entrado en un nuevo mundo.

Nosotros habíamos rechazado aceptar el supuesto error de la Naturaleza y, a través de un DESEO CONSTANTE, habíamos inducido a la naturaleza a corregir lo que parecía un defecto, utilizando el único medio práctico disponible.

Aunque el DESEO había comenzado a dar frutos, la victoria aún no estaba completa. El joven todavía necesitaba encontrar una manera definida y práctica de convertir su desventaja en una *ventaja equivalente*.

Sin darse apenas cuenta de la importancia de lo que ya había conseguido, pero embriagado por la alegría de su recién descubierto mundo sonoro, escribió una carta al fabricante del audífono, describiendo con entusiasmo su experiencia.

Algo especial en su carta, quizás más allá de las palabras escritas, llevó a la empresa a invitarlo a Nueva York. Una vez allí, lo llevaron a recorrer la fábrica. Mientras compartía su experiencia con el Ingeniero Jefe, algo en su mente se iluminó: una intuición, una idea, una inspiración, llámalo como quieras. Fue este *destello de pensamiento* lo que transformó su dificultad en una oportunidad, destinada a beneficiar tanto económicamente como en términos de felicidad a miles de personas en el futuro.

Aquella idea fundamental que surgió en su mente fue esta: se dio cuenta de que podría ayudar a millones de personas sordas que atraviesan la vida sin acceso a dispositivos auditivos, si encontraba la manera de transmitirles la historia de su Mundo Cambiado. Por lo tanto, decidió comprometerse a dedicar el resto de su vida a brindar un servicio útil a la comunidad sorda.

Durante un mes, se sumergió en una investigación intensiva del sistema de marketing del fabricante de aparatos auditivos. Desarrolló formas de comunicarse con personas con problemas de audición en todo el mundo para compartir su experiencia de "Mundo Cambiado". Con estos hallazgos, elaboró un plan de dos años que presentó a la empresa, la cual lo contrató de inmediato para llevar a cabo su visión.

Al comenzar su labor, nunca imaginó el impacto que tendría. Pronto se dio cuenta de que estaba destinado a ofrecer esperanza y ayuda práctica a miles de personas sordas que, sin su intervención, seguirían enfrentando el aislamiento del silencio.

Poco después de que se asociara con el fabricante de su audífono, él me invitó a asistir a una clase impartida por su empresa, con el propósito de enseñar a las personas sordomudas a oír y hablar. Nunca antes había oído hablar de este enfoque educativo, así que decidí visitar la clase, sintiéndome escéptico pero con la esperanza de que valiera la pena mi tiempo. Allí presencié una demostración que amplió significativamente mi comprensión sobre cómo había logrado despertar y mantener vivo en la mente de mi hijo el DESEO de tener una audición normal. Vi cómo se enseñaba de verdad a las personas sordomudas a oír y hablar, utilizando el mismo principio que yo había aplicado más de veinte años atrás para ayudar a mi hijo a superar su mutismo sordo.

De alguna manera sorprendente, a través de un giro extraño de la Rueda del Destino, mi hijo Blair y yo hemos sido destinados a contribuir en la corrección del mutismo sordo en aquellos que aún no han nacido. Parecemos ser los únicos que han establecido claramente que esta condición puede corregirse hasta el punto de permitir una vida normal a quienes la padecen. Si lo logramos una vez, podemos hacerlo nuevamente.

Estoy convencido de que Blair habría permanecido sordomudo de por vida si su madre y yo no hubiéramos moldeado su mente como lo hicimos. Cuando nació, un médico nos dijo en confianza que el niño podría nunca llegar a oír ni hablar. Sin embargo, hace unas semanas, el Dr. Irving Voorhees, un especialista destacado en estos casos, examinó detalladamente a Blair y quedó asombrado al descubrir lo bien que puede oír y hablar ahora mi hijo. Aunque las radiografías muestran que no hay ninguna abertura en su cráneo que conecte sus oídos con el cerebro, Blair puede oír, desafiando todas las expectativas.

Cuando implanté en su mente el DESEO de escuchar y hablar, y de vivir como cualquier otra persona, algo más que una simple motivación acompañó ese impulso. Una extraña influencia permitió que la Naturaleza actuara como constructora de puentes, superando el abismo de silencio entre su cerebro y el mundo exterior, de una manera que incluso los médicos más expertos no lograron entender. Sería irrespetuoso de mi parte intentar explicar cómo ocurrió este milagro. Es mi deber y un privilegio compartir que creo, con fundamentos sólidos, que nada es imposible para aquel que respalda su deseo con una FE inquebrantable.

Verdaderamente, un DESEO ARDIENTE tiene formas sorprendentes de materializarse en su equivalente físico. Blair DESEABA una audición normal; ¡y ahora la tiene! Aunque nació con una discapacidad que podría haber desalentado a alguien con un DESEO menos definido, Blair se aferró a su deseo y ahora su discapacidad promete convertirse en un medio para ayudar a millones de personas con problemas auditivos, mientras le brinda una fuente de ingresos estable para el resto de su vida.

Las pequeñas "mentiras piadosas" que sembré en su mente cuando era niño, haciéndole CREER que su aflicción se convertiría en un gran activo, han sido justificadas. En realidad, no hay límites para lo que la CREENCIA combinada con un DESEO ARDIENTE pueden lograr. Estas cualidades están disponibles para todos, sin costo alguno.

En mi experiencia tratando a personas con problemas personales, nunca encontré un caso que demostrara tan claramente el poder del DESEO. A menudo, los autores cometen el error de escribir sobre temas sobre los que solo tienen un conocimiento superficial. Tuve la suerte de experimentar el PODER DEL DESEO a través de las dificultades de mi propio hijo. Quizás fue providencial que esta experiencia llegara de la manera en que lo hizo, ya que seguramente nadie está mejor preparado que él para ilustrar lo que sucede cuando se pone a prueba el DESEO. *Si la Madre Naturaleza cede ante el deseo, ¿puede el hombre común domar un anhelo ardiente?*

El poder de la mente humana es extraño e insondable. No entendemos cómo cada circunstancia, cada individuo, y cada cosa física a su alcance pueden ser utilizados para convertir el DESEO en realidad.

Quizás la ciencia descubra este secreto algún día.

Planté en la mente de mi hijo el DESEO de oír y hablar como cualquier persona normal. Ese deseo se hizo realidad. También le inculqué el DESEO de convertir su mayor discapacidad en su mayor ventaja, y también se hizo realidad. El método para lograr este asombroso resultado no es difícil de describir. Consistió en tres pasos muy definidos: primero, MEZCLÉ LA FE con el DESEO de una audición normal y se lo transmití a mi hijo. Segundo, le comuniqué mi deseo de todas las formas imaginables, mediante un esfuerzo persistente y continuo durante años. Tercero, ¡ÉL ME CREYÓ!

Mientras concluía este capítulo, nos llegó la triste noticia del fallecimiento de Mme. Schuman-Heink. Un breve párrafo de la noticia revela el secreto tras el extraordinario éxito como cantante de esta mujer excepcional. Me gustaría citar este párrafo porque contiene una pista fundamental: el DESEO.

Al inicio de su carrera, la Sra. Schuman-Heink se presentó ante el director de la Ópera Imperial de Viena para que evaluara su voz. Sin embargo, este no lo hizo. Tras observar a la joven, desaliñada y torpe, expresó con gentileza: "Con esa apariencia y falta de personalidad, ¿cómo esperas triunfar en la ópera? Mi querida niña, olvida esa idea. Consíguete una máquina de coser y ponte a trabajar. NUNCA PODRÁS SER CANTANTE".

El director de la Ópera de la Corte de Viena era un experto en la técnica del canto, pero carecía de comprensión sobre el poder del deseo cuando se convierte en obsesión. Si hubiera entendido este poder, no habría cometido el error de juzgar al genio sin darle una oportunidad.

Hace unos años, uno de mis socios enfermó gravemente. Su condición empeoraba con el tiempo, y finalmente lo llevaron al hospital para una cirugía. Al verlo en la camilla, me sorprendí de cómo alguien tan frágil podría superar una operación tan importante con éxito.

El médico me advirtió con sinceridad que las probabilidades de volver a verlo con vida eran extremadamente bajas, por no decir nulas. Sin embargo, esta era su EVALUACIÓN PROFESIONAL, no la percepción del paciente. Justo antes de ser llevado en camilla, susurró débilmente: "No se preocupe, jefe, estaré fuera de aquí en unos días". La enfermera me miró con compasión, pero para sorpresa de todos, el paciente se recuperó por completo. Al final, su médico reconoció: "Solo su deseo inquebrantable de vivir lo salvó. Nunca habría superado esto si no hubiera rechazado la idea de la muerte".

Creo firmemente en el poder del DESEO respaldado por la FE, ya que he sido testigo de cómo este poder elevó a personas de orígenes modestos a posiciones de poder y riqueza, cómo desafió a la tumba en su intento de reclamar víctimas y cómo inspiró a individuos a levantarse después de ser derrotados en innumerables ocasiones. He sido testigo de cómo proporcionó a mi propio hijo una vida feliz y exitosa, a pesar de nacer sin orejas.

¿Cómo podemos aprovechar y utilizar este poder del DESEO? Esta pregunta será respondida en este libro, así como en los siguientes capítulos. Este mensaje se dirige al mundo al final de la más larga y devastadora depresión que Estados Unidos haya conocido. Es razonable suponer que este mensaje resonará con aquellos que han sido heridos por la depresión, han perdido sus fortunas o sus empleos, así como con aquellos que deben reorganizar sus planes y comenzar de nuevo. A todos ellos quiero transmitirles el pensamiento de que cualquier logro, sea cual sea su naturaleza o propósito, debe comenzar con un DESEO INTENSO y ardiente de algo definitivo.

La naturaleza opera a través de un misterioso y poderoso principio de "química mental", cuyos mecanismos no han sido divulgados completamente. Este principio impulsa con fuerza los DESEOS INTENSOS, aquellos que no reconocen palabras como "imposible" y se rehúsan a aceptar el fracaso como realidad.

Capítulo 3: Fe

Visualización Y Creencia En La Consecución Del Deseo

El Segundo Paso Hacia La Riqueza

La FE es fundamental en el funcionamiento de la mente. Cuando la FE se combina con el poder del pensamiento, el subconsciente la absorbe rápidamente, la interpreta espiritualmente y la envía a la Inteligencia Infinita, como ocurre con la oración.

Las emociones de FE, AMOR y SEXO son las más poderosas entre todas las emociones positivas. Cuando estas tres se entrelazan, influyen en la vibración del pensamiento de manera que llega directamente al subconsciente, donde se convierte en su equivalente espiritual y provoca una respuesta de la Inteligencia Infinita.

El amor y la fe están ligados al aspecto espiritual del ser humano, mientras que el sexo es principalmente biológico y físico. La combinación de estas tres emociones establece una conexión directa entre la mente consciente y la Inteligencia Infinita.

Cómo Desarrollar La Fe

Para desarrollar la fe, es importante comprender el papel fundamental de la autosugestión en la transformación de los deseos en su equivalente físico o monetario. La FE es un estado mental que puede cultivarse mediante afirmaciones repetidas a la mente subconsciente, utilizando el principio de la autosugestión.

Para empezar, piensa en la razón por la cual estás leyendo este libro. Lo más probable es que quieras aprender a convertir tus DESEOS mentales en dinero tangible. Esto se logra al seguir las indicaciones que se encuentran en los capítulos sobre autosugestión y la mente subconsciente, como se resume en el capítulo dedicado a la autosugestión. En resumen, se trata de CONVENCER a tu mente subconsciente de que realmente *crees* que obtendrás lo que pides. Una vez que tu mente subconsciente acepte esta creencia, actuará en consecuencia, proporcionándote la confianza necesaria, que se manifiesta como "FE", y te ayudará a trazar planes concretos para alcanzar tus objetivos.

El proceso de desarrollar la FE, cuando aún no está presente, es bastante difícil de describir. De hecho, es casi tan complejo como intentar explicar el color rojo a alguien que es ciego y nunca ha experimentado el color, careciendo de puntos de referencia para entenderlo. La fe es un estado mental que puedes cultivar a voluntad, una vez que hayas dominado los trece principios, ya que se trata de un estado mental que se construye voluntariamente mediante la aplicación y el uso de estos principios.

La repetición de afirmaciones y órdenes a tu mente subconsciente es el único método conocido para cultivar deliberadamente la emoción de la fe.

Para comprender mejor este concepto, considera cómo algunas personas pueden volverse criminales. Como lo expresó un criminólogo destacado: "Cuando las personas se enfrentan al delito por primera vez, lo repudian. Si continúan en contacto con el delito, se acostumbran a él y lo toleran. Y si permanecen expuestas el tiempo suficiente, eventualmente lo aceptan y se ven influenciadas por él".

Esto significa que cualquier pensamiento que se repita con frecuencia en la mente subconsciente será finalmente aceptado y puesto en acción por ella. La mente subconsciente se encarga de convertir estos impulsos en acciones físicas de la manera más práctica posible.

Consideremos nuevamente la idea de que TODOS LOS PENSAMIENTOS QUE HAN SIDO CARGADOS DE EMOCIÓN (es decir, que se les ha dado un sentimiento) Y MEZCLADOS CON FE, comienzan de inmediato a manifestarse en el mundo físico.

Las emociones, o el componente emocional de nuestros pensamientos, son lo que les da energía, vida y nos impulsa a actuar. Cuando combinamos emociones como la Fe, el Amor y el Deseo Sexual con nuestros pensamientos, estos adquieren una fuerza mucho mayor que si solo contaran con una emoción por sí solos.

Es importante destacar que tanto los pensamientos cargados de FE como aquellos cargados de emociones positivas o negativas pueden influir en la mente subconsciente y ser manifestados en nuestra realidad física.

Esta afirmación sugiere que la mente subconsciente convertirá un pensamiento negativo o destructivo en una acción física con la misma facilidad que lo hará con un pensamiento positivo o constructivo.

Esto explora el fenómeno comúnmente conocido como "desgracia" o "mala suerte" que experimentan millones de personas.

Muchas personas CREEN que están destinadas a vivir en la pobreza y el fracaso debido a circunstancias fuera de su control. Estas personas PERCIBEN que son responsables de sus propias desgracias debido a esta CREENCIA negativa, que se arraiga en su mente subconsciente y se manifiesta en su realidad física.

Este es un buen momento para recordarte nuevamente que puedes beneficiarte al enviar cualquier DESEO que tengas a tu mente subconsciente, con la expectativa o CONVICCIÓN de que se convertirá en realidad física o monetaria. Tu FE o CONFIANZA es lo que guía la acción de tu mente subconsciente. No hay nada que te impida influir en tu mente subconsciente mediante la autosugestión, de la misma manera en que lo hice con la mente subconsciente de mi hijo.

Para hacer este "engaño" más efectivo, debes comportarte como si YA ESTUVIERAS EN POSESIÓN DE AQUELLO QUE DESEAS cuando te dirijas a tu mente subconsciente.

Esta última, por su parte, traducirá tus deseos en su equivalente físico utilizando los medios más directos y prácticos disponibles, siempre y cuando emitas tus órdenes con FE y CREENCIA en su realización.

Seguramente, se ha expresado lo suficiente para proporcionar un punto de partida desde el cual se pueda, a través de la experimentación y la práctica, desarrollar la capacidad de combinar la FE con cualquier instrucción dada a la mente subconsciente. La perfección vendrá con la práctica, *no* simplemente *leyendo* instrucciones.

Si es cierto que uno puede verse influenciado para convertirse en criminal por asociación con el crimen (un hecho conocido), también es cierto que uno puede cultivar la fe sugiriendo conscientemente a la mente subconsciente que la posee. La mente, finalmente, adopta la naturaleza de las influencias que la dominan. Comprender esta verdad es esencial; así sabrás por qué es crucial fomentar *emociones positivas* como fuerzas dominantes en tu mente, mientras desalientas y *eliminas* las emociones negativas.

Una mente dominada por emociones positivas se convierte en un terreno fértil para el estado mental conocido como fe. Una mente así puede, a voluntad, dar instrucciones a la mente subconsciente, que las aceptará y actuará sobre ellas de inmediato.

La Fe Es Un Estado Mental Que Puede Ser Inducido Por La Autosugestión

A lo largo de los siglos, los religiosos han animado a las personas en dificultades a "tener fe" en diversos dogmas o credos, pero raramente han explicado CÓMO hacerlo. No han mencionado que la fe es un estado mental que puede ser provocado por la autosugestión.

Explicaremos en un lenguaje sencillo todo lo que se sabe sobre cómo desarrollar la FE, incluso cuando aún no se tiene.

Ten Fe en ti mismo y en el Infinito.

Antes de empezar, es importante recordar que:

La FE es como un "elixir eterno" que da vida, poder y acción al pensamiento.

Merece la pena leer la frase anterior una segunda vez, y una tercera, y una cuarta. Merece la pena leerla en voz alta.

La FE es el punto de partida para acumular riquezas.

La FE es la base de los milagros y misterios que escapan al análisis científico.

La FE es el antídoto contra el FRACASO.

La FE es el elemento "químico" que, cuando se mezcla con la oración, facilita la comunicación directa con la Inteligencia Infinita.

La FE es el elemento que transforma la vibración ordinaria del pensamiento, creada por la mente finita del hombre, en su equivalente espiritual.

La FE es la única manera de aprovechar la fuerza cósmica de la Inteligencia Infinita.

CADA UNA DE ESTAS AFIRMACIONES PUEDE SER DEMOSTRADA.

La prueba que vamos a presentar es simple y fácil de entender. Se basa en el principio de la Autosugestión. Vamos a enfocarnos en este tema y explorar qué significa y qué puede lograr.

Es ampliamente reconocido que uno termina por CREER todo aquello que nos repetimos a nosotros mismos, *ya sea verdadero o falso*. Si alguien repite una mentira una y otra vez, eventualmente la aceptará como verdad. De hecho, llegará a CREER fervientemente que es cierta.

La naturaleza de cada individuo está moldeada por los PENSAMIENTOS PREDOMINANTES que ocupan su mente. Los pensamientos que uno elige de manera consciente, nutriéndolos con emoción, son las fuerzas impulsoras que guían y controlan sus acciones y comportamientos.

Aquí surge una verdad de gran importancia:

LOS PENSAMIENTOS QUE SE COMBINAN CON LAS EMOCIONES CONSTITUYEN UNA FUERZA "MAGNÉTICA" QUE ATRAE PENSAMIENTOS SIMILARES DESDE EL ÉTER, GENERANDO ASÍ UNA CONEXIÓN PODEROSA.

Un pensamiento así "magnetizado" por una emoción puede compararse a una semilla que, al ser plantada en tierra fértil, germina, crece y se multiplica repetidamente. Lo que originalmente era una pequeña semilla, se convierte finalmente en incontables millones de semillas de la MISMA ÍNDOLE.

El éter es una inmensa fuerza cósmica compuesta por vibraciones eternas. En su composición se encuentran tanto vibraciones destructivas como constructivas. Constantemente, transporta vibraciones que van desde el miedo, la pobreza, la enfermedad y el fracaso hasta la prosperidad, la salud, el éxito y la felicidad. Es similar a cómo transporta el sonido de numerosas piezas musicales y voces humanas a través de la radio, cada una manteniendo su propia identidad y distinción.

La mente humana constantemente atrae vibraciones del vasto almacén del éter, sintonizándose con lo que la DOMINA. Cada pensamiento, idea, plan o propósito que *albergamos* en nuestra mente atrae una serie de vibraciones afines del éter, fortaleciendo su poder y convirtiéndose en el PRINCIPAL IMPULSOR de nuestras acciones.

Volviendo al punto inicial, es esencial comprender cómo germina la semilla original de una idea, plan o propósito en nuestra mente. La información se transmite de manera efectiva *a través de la repetición del pensamiento*. Por esta razón, se nos insta a redactar y memorizar una declaración de nuestro propósito principal o nuestro Objetivo Principal Definido, y luego recitarla en voz alta día tras día. Esto garantiza que las vibraciones sonoras de estas palabras penetren en nuestro subconsciente.

Nuestra identidad está moldeada por las vibraciones de pensamiento que absorbemos de nuestro entorno cotidiano.

Es crucial liberarnos de las influencias negativas de cualquier entorno desfavorable y tomar el CONTROL de nuestras vidas. Al hacer un balance de nuestros recursos mentales, es probable que identifiquemos la falta de confianza en nosotros mismos como nuestra mayor debilidad. Sin embargo, esta desventaja puede superarse. La timidez puede transformarse en valentía con la ayuda del principio de autosugestión. La aplicación práctica de este principio implica la repetición de pensamientos positivos expresados por escrito, memorizándolos y repitiéndolos hasta que se arraiguen en nuestro subconsciente, convirtiéndose en una parte activa de nuestra mente.

Fórmula De La Autoconfianza

Primero. Reconozco que tengo la capacidad de lograr mi Propósito Definido en la vida. Por lo tanto, ME COMPROMETO a tomar acciones constantes y persistentes para alcanzarlo.

Segundo. Entiendo que los pensamientos que predominan en mi mente se materializarán en acciones concretas y eventualmente se convertirán en realidad física. Por eso, dedicaré treinta minutos diarios a concentrarme en visualizar la persona en la que deseo convertirme, creando una imagen clara de ella en mi mente.

Tercero. Entiendo que mediante el principio de la autosugestión, cualquier deseo que mantenga persistentemente en mi mente eventualmente buscará expresarse a través de algún medio práctico para lograr el objetivo detrás de él. Por lo tanto, dedicaré diez minutos diarios a exigirme a mí mismo el desarrollo de la AUTOCONFIANZA.

Cuarto. He escrito claramente mi OBJETIVO PRINCIPAL EN LA VIDA y me comprometo a perseguirlo sin descanso hasta que haya cultivado suficiente confianza en mí mismo para alcanzarlo.

Quinto. Reconozco plenamente que la riqueza o la posición carecen de solidez si no se fundamentan en la verdad y la justicia. Por lo tanto, me comprometo a no participar en ninguna actividad que no beneficie a todos los involucrados. Me esforzaré por atraer las fuerzas que necesito y contar con la colaboración de otros. Motivaré a los demás a ayudarme mediante mi disposición para servirles. Rechazaré sentimientos negativos como el odio, la envidia, los celos, el egoísmo y el cinismo, y en su lugar, cultivaré el amor hacia la humanidad, sabiendo que una actitud negativa nunca conducirá al éxito. Inspiraré confianza en los demás al creer en ellos y en mí mismo.

Firmaré esta fórmula con mi nombre, la memorizaré y la repetiré en voz alta una vez al día, con plena fe en que influirá gradualmente en mis PENSAMIENTOS y ACCIONES, de modo que me convierta en una persona autosuficiente y de éxito.

Detrás de esta fórmula se encuentra una ley natural que hasta el momento ningún ser humano ha logrado explicar completamente. Ha desconcertado a científicos de todas las épocas. Los psicólogos la han denominado "Autosugestión".

El nombre que se dé a esta ley tiene poca importancia. Lo importante es que FUNCIONA para la gloria y el éxito de la humanidad, si se utiliza de forma constructiva. Por otra parte, si se utiliza destructivamente, destruirá con la misma facilidad. En esta afirmación puede encontrarse una verdad muy significativa, a saber: que los que caen derrotados y acaban sus vidas en la pobreza, la miseria y la angustia, lo hacen debido a la aplicación negativa del principio de la autosugestión. La causa puede encontrarse en el hecho de que TODOS LOS IMPULSOS DEL PENSAMIENTO TIENEN UNA TENDENCIA A VESTIRSE DE SU EQUIVALENTE FÍSICO.

La mente subconsciente, que es como un laboratorio químico donde se mezclan todos nuestros impulsos de pensamiento antes de convertirse en realidad física, no hace diferencia entre pensamientos constructivos y destructivos. Simplemente trabaja con el material que le proporcionamos a través de nuestros impulsos mentales. Por lo tanto, tanto un pensamiento basado en el miedo como uno basado en el coraje o la fe pueden manifestarse con la misma facilidad en la realidad.

Las historias médicas nos muestran casos de "suicidio por sugestión", donde una persona puede terminar quitándose la vida debido a la influencia negativa de pensamientos o palabras. Un ejemplo es el caso de Joseph Grant, un empleado bancario del Medio Oeste. Grant tomó una gran suma de dinero del banco sin permiso y lo perdió en apuestas. Cuando el Examinador Bancario llegó para auditar las cuentas, Grant se retiró al hotel local. Tres días más tarde, lo encontraron en su habitación, angustiado y repitiendo constantemente: "¡Dios mío, esto me va a matar! No puedo soportar la desgracia". Poco después, falleció. Los médicos lo catalogaron como un caso de "suicidio psicológico".

Así como la electricidad puede impulsar la industria o acabar con la vida dependiendo de cómo se utilice, la ley de la autosugestión puede llevarte hacia la paz y la prosperidad o hacia la miseria, el fracaso y la muerte, según cómo la entiendas y apliques.

Si permites que el *MIEDO*, la duda y la incredulidad llenen tu mente respecto a tu capacidad de conectarte con las fuerzas de la Inteligencia Infinita y emplearlas, la ley de la autosugestión tomará esa actitud de incredulidad y la convertirá en un patrón que tu mente subconsciente traducirá en resultados físicos.

ESTA AFIRMACIÓN ES TAN VERDADERA COMO EL HECHO DE QUE DOS MÁS DOS SON CUATRO.

Al igual que el viento dirige un barco hacia el Este o el Oeste, la ley de la autosugestión te impulsará o te frenará dependiendo de cómo orientes tus PENSAMIENTOS, como si fueran velas.

La ley de la autosugestión, que permite a cualquier individuo alcanzar logros sorprendentes, está claramente explicada en el siguiente verso:

Si *piensas* que estás vencido, lo estás,
Si *crees* que no te atreves, no lo harás.
Si aspiras a vencer, mas dudas al avanzar,
Es seguro que no lograrás triunfar.

Si *crees* que perderás, ya estás perdido,
Pues del mundo descubrirás el sentido,
El éxito comienza en la voluntad,
Todo radica en cómo *se piensa de verdad*.

Si te sientes *inferior*, entonces lo serás,
Piensa en grande y así escalarás.
Debes *confiar en ti mismo* sin temor,
Para alcanzar cualquier meta con fervor.

En la vida, no siempre vencerá
El más fuerte o veloz al avanzar,
Mas tarde o temprano, aquel que triunfará
Es quien CREE QUE TODO LO PUEDE alcanzar.

Observa las palabras que se han subrayado y entenderás el significado profundo que el poeta quería transmitir.

En algún lugar dentro de tu ser (quizás en las células de tu cerebro), hay una semilla de éxito dormida. Si se activara y pusieras en marcha, te elevaría a alturas que quizás nunca habrías imaginado alcanzar.

Al igual que un maestro de la música puede hacer que de las cuerdas de un violín surjan los más hermosos acordes, tú puedes despertar el genio latente en tu mente y dejar que te impulse hacia adelante, hacia cualquier meta que desees alcanzar.

Abraham Lincoln enfrentó numerosos fracasos en sus intentos, incluso después de cumplir cuarenta años. En ese entonces, era una persona común sin reconocimiento alguno, hasta que una experiencia trascendental cambió su vida por completo. Esta experiencia despertó su genio interior, que yacía dormido en su corazón y mente, y lo convirtió en uno de los hombres verdaderamente grandes de la historia. Esta experiencia estuvo marcada por emociones profundas de pena y amor, y llegó a través de Anne Rutledge, la única mujer a la que amó sinceramente.

Es un hecho bien reconocido que el sentimiento de AMOR está intrínsecamente ligado al estado mental que conocemos como FE. Esto se debe a que el amor tiene la capacidad de convertir los impulsos del pensamiento en su equivalente espiritual. Durante su extensa investigación, el autor descubrió, tras analizar las vidas y los logros de cientos de individuos destacados, que detrás de CASI TODOS ELLOS había una influencia amorosa femenina. El amor, en su esencia, genera un campo magnético de atracción que desencadena un flujo de vibraciones superiores y sutiles en el éter, tanto en el corazón como en el cerebro humanos.

Si buscas evidencia del poder de la FE, estudia los logros de aquellos hombres y mujeres que la han empleado. En primer lugar de la lista se encuentra el Nazareno.

El cristianismo representa la fuerza más poderosa que ha influenciado las mentes de los hombres. Su fundamento radica en la FE, más allá de cuántas personas hayan distorsionado o malinterpretado su significado, o cuántos dogmas y credos hayan surgido en su nombre, alejados de sus principios.

La esencia de las enseñanzas y los logros de Cristo, que algunos han interpretado como "milagros", no son sino manifestaciones de FE. Si hay fenómenos que pueden considerarse "milagros", ¡se producen únicamente a través del estado mental de FE! Lamentablemente, muchos líderes religiosos, e incluso autodenominados cristianos, no comprenden ni practican la FE en su verdadera esencia.

Consideremos el poder de la FE, tal como está siendo demostrado ahora, por un hombre que es conocido por toda la civilización, Mahatma Gandhi, de India. En este hombre, el mundo tiene uno de los ejemplos más asombrosos conocidos por la civilización, de las posibilidades de la FE. Gandhi ejerce más poder potencial que cualquier hombre vivo en este momento, y esto, a pesar de que no tiene ninguna de las herramientas ortodoxas de poder, como el dinero, los barcos de guerra, los soldados y los materiales de guerra. Gandhi no tiene dinero, no tiene hogar, no posee un traje de ropa, pero SÍ TIENE PODER. ¿Cómo lo obtiene?

LO CREÓ A PARTIR DE SU COMPRENSIÓN DEL PRINCIPIO DE LA FE, Y A TRAVÉS DE SU HABILIDAD PARA TRASPLANTAR ESA FE EN LAS MENTES DE DOSCIENTOS MILLONES DE PERSONAS.

Gandhi ha logrado, a través de la influencia de la FE, lo que la fuerza militar más poderosa de la tierra no pudo, y nunca logrará a través de soldados y equipo militar. Ha logrado el asombroso hecho de INFLUIR en doscientos millones de mentes para que se UNIFIQUEN Y SE MUEVAN AL UNÍSONO, COMO UNA MENTE ÚNICA.

¿Qué otra fuerza en la tierra, excepto la FE, podría hacer tanto?

Llegará un día en que tanto los empleados como los empleadores descubrirán las posibilidades de la FE. Ese día está amaneciendo. El mundo entero ha tenido amplia oportunidad, durante la reciente depresión económica, de presenciar lo que la FALTA DE FE hará en los negocios.

Ciertamente, la civilización ha producido un número suficiente de seres humanos inteligentes para aprovechar esta gran lección que la depresión ha enseñado al mundo. Durante esta depresión, el mundo tuvo evidencia en abundancia de que el MIEDO generalizado paralizará las ruedas de la industria y los negocios. De esta experiencia surgirán líderes en los negocios y la industria que se beneficiarán con el ejemplo que Gandhi ha dado al mundo, y aplicarán a los negocios las mismas tácticas que él ha usado para construir el mayor seguimiento conocido en la historia del mundo. Estos líderes vendrán de las filas de los hombres desconocidos, que ahora trabajan en las plantas de acero, las minas de carbón, las fábricas de automóviles, y en las pequeñas ciudades de Estados Unidos.

Los negocios están destinados a una reforma, ¡no hay duda al respecto! Los métodos del pasado, basados en combinaciones económicas de FUERZA y MIEDO, serán reemplazados por los mejores principios de la FE y la cooperación. Los hombres que trabajan recibirán más que salarios diarios; recibirán dividendos de los negocios, al igual que aquellos que proporcionan el capital para los negocios; pero, primero deben DAR MÁS A SUS EMPLEADORES, y detener este altercado y negociación por la fuerza, a expensas del público. *¡Deben ganarse el derecho a los dividendos!*

Además, y esto es lo más importante de todo—SERÁN LIDERADOS POR LÍDERES QUE ENTENDERÁN Y APLICARÁN LOS PRINCIPIOS EMPLEADOS POR MAHATMA GANDHI. Solo de esta manera los líderes podrán obtener de sus seguidores el espíritu de PLENA cooperación que constituye el poder en su forma más alta y duradera.

En esta magnífica era que habitamos, una época de la cual estamos emergiendo, se ha despojado el alma de los hombres. Sus dirigentes han tratado a los individuos como simples engranajes de una maquinaria insensible; se vieron compelidos a ello por la presión de los empleadores que han buscado beneficios a expensas de todos los involucrados, sin ofrecer nada a cambio. El lema que guiará el futuro será "FELICIDAD Y PLENO GOCE HUMANO", y una vez que este estado mental se haya alcanzado, la productividad florecerá de manera natural, más eficientemente que cualquier esfuerzo anterior donde los hombres no pudieron integrar la FE y el interés personal con su labor.

Debido a la necesidad de fe y cooperación en la operación de negocios e industrias, será tanto interesante como rentable analizar un evento que proporciona una excelente comprensión del método por el cual los industriales y hombres de negocios acumulan grandes fortunas, dando antes de intentar *obtener*.

El evento elegido para esta ilustración se remonta a 1900, cuando se estaba formando la *United States Steel Corporation*. Mientras lees la historia, ten en cuenta estos hechos fundamentales y entenderás cómo las IDEAS se han convertido en grandes fortunas.

La majestuosa United States Steel Corporation vio la luz gracias a la mente visionaria de Charles M. Schwab, quien concibió una IDEA poderosa a través de su prodigiosa IMAGINACIÓN. Impulsado por su FE inquebrantable, fusionó esta idea con pasión. Luego, trazó un minucioso PLAN para materializar su visión en el plano físico y financiero. Conocido por su icónico discurso en el Club Universitario, Schwab puso su plan en acción, desplegando una PERSISTENCIA inquebrantable y respaldándolo con una DECISIÓN inflexible hasta su total realización. En su búsqueda del éxito, alimentó su camino con un DESEO ARDIENTE por alcanzarlo.

Si te has preguntado alguna vez cómo se acumulan grandes fortunas, la historia de la creación de la Corporación de Acero de Estados Unidos será reveladora. Si albergas dudas sobre la capacidad de las personas para PENSAR Y ENRIQUECERSE, esta narración debería disiparlas por completo. En ella, se puede apreciar claramente la aplicación de una parte importante de los trece principios descritos en este libro.

La sorprendente narrativa del poder de una IDEA fue magistralmente contada por John Lowell en el New York World-Telegram, y que aquí se reproduce con su amable permiso.

Un Bonito Discurso Por Mil Millones De Dólares

La noche del 12 de diciembre de 1900 quedará marcada en la memoria de la élite financiera nacional. En el elegante salón de banquetes del Club Universitario en la Quinta Avenida, alrededor de ochenta destacadas figuras se congregaron, sin saber que estaban a punto de presenciar un episodio que cambiaría la historia industrial de Estados Unidos.

J. Edward Simmons y Charles Stewart Smith, llenos de gratitud por la cálida hospitalidad brindada por Charles M. Schwab durante su reciente visita a Pittsburgh, organizaron la cena para presentar al hombre de acero de treinta y ocho años a la sociedad bancaria del este. Sin embargo, no esperaban que Schwab desafiara las convenciones. De hecho, le advirtieron que la reticencia era característica de la élite neoyorquina, y que, para no aburrir a los Stilhnans, Harrimans y Vanderbilts, sería mejor limitarse a quince o veinte minutos de charla educada y dejarlo así.

Incluso John Pierpont Morgan, sentado a la derecha de Schwab como correspondía a su dignidad imperial, tenía la intención de adornar la mesa del banquete con su presencia solo brevemente. Y en lo que respecta a la prensa y el público, todo el asunto tenía tan poca importancia que ni siquiera se mencionó al día siguiente en la prensa.

Entonces, los dos anfitriones junto con sus distinguidos invitados comieron los habituales siete u ocho platos. La conversación fue escasa y restringida. Pocos de los banqueros y corredores conocían a Schwab, cuya carrera había prosperado a lo largo de las orillas del río Monongahela, y ninguno lo conocía bien. Sin embargo, antes de que terminara la noche, ellos, junto con el Maestro del Dinero Morgan, serían sorprendidos, dando inicio al nacimiento de un gigante financiero de mil millones de dólares, la *United States Steel Corporation.*

Es lamentable, en aras de la historia, que no se haya registrado el discurso de Charlie Schwab durante la cena. Repitió partes de él en una ocasión posterior durante una reunión similar de banqueros en Chicago. Y aún más tarde, cuando el gobierno presentó una demanda para disolver el Trust del Acero, él ofreció su propia versión, desde el estrado de los testigos, de los comentarios que llevaron a Morgan a un frenesí de actividad financiera.

Es posible que el discurso tuviera un tono más informal, incluso con alguna imprecisión gramatical (pues las delicadezas del lenguaje nunca preocuparon a Schwab), rebosante de epigramas y chispeante ingenio. Sin embargo, más allá de ello, irradiaba una fuerza y un impacto electrizante sobre los aproximadamente cinco mil millones de capital representados por los presentes. Incluso después de que concluyó, y el encanto de Schwab aún persistía sobre la reunión, a pesar de haber hablado durante noventa minutos, Morgan condujo al orador hacia una ventana donde, con las piernas colgando desde el incómodo asiento alto, conversaron durante una hora más.

La fuerza magnética de la personalidad de Schwab irradiaba con intensidad, pero lo que realmente destacaba era el programa claro y meticulosamente delineado que había establecido para impulsar el progreso del sector del acero. Si bien muchos otros habían intentado captar el interés de Morgan para formar un trust del acero siguiendo el modelo de las consolidaciones en industrias como la de galletas, alambre, azúcar, caucho, whisky, petróleo o chicles, ninguno había tenido éxito. John W. Gates, conocido por su audacia, lo había intentado, pero Morgan desconfiaba de él. Los hermanos Moore, Bill y Jim, corredores de bolsa de Chicago que habían logrado consolidar un trust de cerillas y una corporación de galletas, también lo habían intentado sin éxito.

Elbert H. Gary, un abogado de campo respetado, también había intentado promover la idea, pero su influencia no era lo suficientemente imponente. Fue la elocuencia de Schwab la que finalmente llevó a J. P. Morgan a las alturas desde donde podía vislumbrar los sólidos resultados de la empresa financiera más audaz jamás concebida. Antes de eso, el proyecto se consideraba simplemente un delirio de charlatanes en busca de dinero fácil.

La magnetismo financiero que había comenzado a atraer a miles de pequeñas empresas, algunas de ellas mal gestionadas, hacia grandes y poderosas consolidaciones, había empezado a operar en el mundo del acero gracias a los esfuerzos de ese audaz pirata empresarial, John W. Gates. Gates ya había formado la *American Steel and Wire Company* fusionando una serie de pequeñas empresas, y junto con Morgan había establecido la *Federal Steel Company.* Además, Morgan también controlaba las compañías *National Tube* y *American Bridge.* Por su parte, los hermanos Moore habían dejado atrás el negocio de las cerillas y las galletas para formar el grupo "americano", que incluía *Tin Plate, Steel Hoop, Sheet Steel* y la *National Steel Company.*

Junto al colosal imperio vertical de fideicomiso de Andrew Carnegie, operado y poseído por cincuenta y tres socios, las demás combinaciones parecían insignificantes. Podrían fusionarse a su antojo, pero todo su conjunto no podría siquiera rozar la estructura de Carnegie, y Morgan lo sabía.

El extravagante escocés también era consciente de ello. Desde las majestuosas alturas del Castillo Skibo, había observado, primero con diversión y luego con irritación, los intentos de las empresas más pequeñas de Morgan de inmiscuirse en su territorio. Cuando estos intentos se volvieron demasiado audaces, el temperamento de Carnegie se transformó en furia y represalias. Decidió replicar cada molino propiedad de sus rivales. Hasta ese momento, no le había interesado la fabricación de alambre, tubos, anillos o láminas. En cambio, se limitaba a venderles el acero crudo y dejarles darle forma a su antojo. Sin embargo, ahora, con Schwab como su principal y competente lugarteniente, planeaba llevar a sus adversarios a la ruina.

Por lo tanto, en el discurso de Charles M. Schwab, Morgan vislumbró la solución a su dilema de combinación. Un fideicomiso sin Carnegie, el gigante entre todos, no sería un fideicomiso en absoluto; sería como un pastel sin ciruelas, como lo expresó un escritor.

El discurso pronunciado por Schwab en la noche del 12 de diciembre de 1900 insinuó claramente la posibilidad, aunque sin compromiso alguno, de que la vasta empresa Carnegie pudiera integrarse bajo el paraguas de Morgan. En sus palabras, se vislumbraba el futuro global del acero, la necesidad de reorganización para incrementar la eficiencia, la importancia de la especialización, la clausura de plantas poco rentables en favor de concentrar esfuerzos en aquellas operaciones exitosas. También se mencionaron las ventajas de optimizar el transporte de mineral de hierro, así como los ahorros potenciales en gastos generales y en los departamentos administrativos. Por último, se subrayó la estrategia de conquistar mercados extranjeros como parte esencial del panorama por venir.

Más que eso, Schwab señaló a los piratas entre ellos, identificando los errores inherentes a su saqueo rutinario. Implícitamente, sugirió que sus motivaciones iban más allá del simple lucro personal; habían procurado instaurar monopolios, elevar los precios y asegurar dividendos sustanciosos mediante privilegios. Con firmeza, Schwab condenó este sistema nefasto. Explicó a sus oyentes que la falla de tal política residía en su enfoque a corto plazo, el cual coartaba el potencial de un mercado ansioso por expandirse. Argumentó que al abaratar el costo del acero, se abriría paso a un mercado en continua expansión; se encontrarían nuevas aplicaciones para este recurso y se conquistaría una porción considerable del comercio mundial. En realidad, aunque él aún no lo sospechaba, Schwab era un ferviente partidario de la moderna producción en masa.

Así concluyó la cena en el Club Universitario. Morgan se retiró a casa para reflexionar sobre las predicciones optimistas de Schwab. Schwab regresó a Pittsburgh para dirigir el negocio del acero para "Wee Andra Carnegie", mientras que Gary y los demás volvieron a sus máquinas telegráficas de bolsa, expectantes ante el próximo movimiento.

La llegada no se hizo esperar. A Morgan le llevó aproximadamente una semana asimilar el rico festín intelectual que Schwab le había ofrecido. Una vez asegurado de que no habría ninguna indigestión financiera, convocó a Schwab, quien parecía sentirse un tanto cohibido. Schwab insinuó que el Sr. Carnegie podría no ver con buenos ojos la conexión entre su confiable presidente de compañía y el Emperador de Wall Street, una calle que Carnegie se había propuesto no recorrer jamás. Más tarde, John W. Gates, el intermediario, sugirió que si Schwab "se encontraba" en el Hotel Bellevue en Filadelfia, J. P. Morgan también podría "encontrarse" allí. Sin embargo, cuando Schwab llegó,

Morgan convenientemente estaba enfermo en su residencia de Nueva York. Ante la invitación urgente del anciano, Schwab se dirigió a Nueva York y se presentó en la puerta de la biblioteca del financiero.

Ciertos historiadores económicos han sostenido la idea de que, desde el inicio hasta el desenlace de este drama, Andrew Carnegie orquestó los acontecimientos principales: desde la cena con Schwab hasta el icónico discurso, y la crucial reunión dominical entre Schwab y el magnate. Según esta perspectiva, todo fue meticulosamente planeado por el astuto escocés. Sin embargo, la verdad es todo lo contrario. Cuando Schwab fue convocado para finalizar el acuerdo, ni siquiera sabía si "el jefecillo", como solían llamar a Andrew, estaría dispuesto a considerar una oferta de compra, especialmente de un grupo de hombres que Andrew consideraba menos que santos. Sin embargo, Schwab llegó a la reunión con seis hojas de cifras meticulosamente preparadas por él mismo, representando el valor físico y el potencial de ganancia de cada empresa siderúrgica que él consideraba crucial en este nuevo horizonte de la industria del metal.

Durante toda una noche, cuatro hombres reflexionaron sobre estas cifras. En primer lugar, estaba Morgan, firme en su convicción del Derecho Divino del Dinero. Lo acompañaba su socio aristocrático, Robert Bacon, un caballero y erudito. El tercero en la mesa era John W. Gates, a quien Morgan menospreciaba como un simple jugador, pero a su vez, lo utilizaba como instrumento. El cuarto era Schwab mismo, quien poseía un conocimiento inigualable sobre los procesos de producción y venta de acero. A lo largo de la conferencia, nunca se cuestionaron las cifras presentadas por el hombre de Pittsburg. Si él afirmaba que una empresa valía cierta cantidad, entonces así era, sin más discusión. Además, insistió en que solo se incluyeran en la combinación las empresas que él designara, concibiendo una corporación sin duplicaciones, ni siquiera para satisfacer la codicia de aquellos amigos que anhelaban deshacerse de sus empresas, descargándolas sobre los hombros de Morgan. Por lo tanto, intencionalmente dejó fuera a varias de las grandes empresas que los magnates de Wall Street anhelaban absorber.

Al despuntar el alba, Morgan se incorporó, enderezando su espalda con determinación. Solo una pregunta persistía en su mente.

"¿Crees que lograrás persuadir a Andrew Carnegie para que venda?" inquirió. "Puedo intentarlo", respondió Schwab con confianza.

"Si consigues que venda, yo me encargaré del resto", afirmó Morgan.

* * * * * * * * * * * * * *

Todo estaba en marcha, pero ¿cedería Carnegie? ¿A qué precio? (Schwab estimó alrededor de 320.000.000 de dólares). ¿Qué método de pago aceptaría? ¿Acciones ordinarias o preferentes? ¿Bonos? ¿O quizás en efectivo? Nadie podía reunir una tercera parte de mil millones de dólares en efectivo.

Un partido de golf tuvo lugar en enero, en los fríos matorrales de St. Andrews Links, en Westchester, con Andrew envuelto en jerséis para combatir el frío, y Charlie hablando animadamente, como siempre, para mantener el espíritu en alto. Sin embargo, no se tocó el tema de los negocios hasta que la pareja se sentó en la acogedora calidez de la cabaña Carnegie, cercana al lugar. Fue entonces cuando Schwab, con la misma persuasión que había cautivado a ochenta millonarios en el Club Universitario, desplegó las brillantes promesas de una jubilación confortable y de incontables millones para satisfacer los caprichos sociales del anciano. Carnegie capituló, escribió una cifra en un trozo de papel, se lo entregó a Schwab y dijo: "Muy bien, eso es lo que venderemos".

La cifra ascendía a aproximadamente 400.000.000 de dólares, obtenida tomando los 320.000.000 mencionados por Schwab como cifra base y sumándole 80.000.000 para representar el aumento del valor del capital durante los dos años anteriores.

Más tarde, en la cubierta de un transatlántico, el escocés lamentó ante Morgan: "Ojalá te hubiera pedido otros 100.000.000 de dólares".

"Si los hubieras pedido, los habrías conseguido", respondió Morgan con alegría.

Por supuesto, hubo un alboroto. Un corresponsal británico telegrafió que el mundo siderúrgico extranjero estaba "horrorizado" por la gigantesca combinación. El presidente Hadley de Yale advirtió que, a menos que se regularan los fideicomisos, el país podría enfrentarse a "un emperador en Washington dentro de los próximos veinticinco años". Sin embargo, el hábil manipulador de acciones, Keene, se dedicó a su tarea de lanzar las nuevas acciones al público con tal ímpetu que todo el exceso de liquidez, estimado por algunos en casi 600.000.000 de dólares, fue absorbido en un abrir y cerrar de ojos. Así que Carnegie obtuvo sus millones, el sindicato Morgan obtuvo 62.000.000 de dólares por todos sus "problemas", y todos los "chicos", desde Gates hasta Gary, obtuvieron sus millones.

Schwab, con treinta y ocho años, recibió su merecida recompensa. Fue nombrado presidente de la nueva corporación y mantuvo el control hasta 1930.

* * * * * * * * * * * * * *

La apasionante historia de "Gran Negocio", que has concluido recientemente, ha sido incluida en este libro porque ejemplifica perfectamente el proceso por el cual el *DESEO SE MANIFIESTA EN FORMA FÍSICA.*

Es posible que algunos lectores duden de la afirmación de que un simple DESEO intangible pueda transformarse en algo físico. Sin embargo, sin lugar a dudas, algunos podrían objetar: "¡No se puede convertir la NADA en ALGO!" La respuesta a esta inquietud radica en la historia de la *United States Steel.*

Esta colosal empresa fue concebida en la mente de un solo individuo. El plan que proporcionó a la organización los molinos de acero que garantizaron su estabilidad financiera surgió de la mente del mismo individuo. Su FE, su DESEO, su IMAGINACIÓN, su PERSISTENCIA fueron los elementos fundamentales que dieron forma a la *United States Steel.* Los molinos de acero y el equipo mecánico adquiridos por la corporación, una vez que esta se había establecido legalmente, fueron incidentales. Sin embargo, un análisis detallado revelará que el valor estimado de las propiedades adquiridas por la corporación aumentó en aproximadamente SEISCIENTOS MILLONES DE DÓLARES, simplemente debido a la transacción que las unió bajo una sola administración.

En resumen, la IDEA concebida por Charles M. Schwab, junto con la FE con la que la compartió con mentes como la de J.P. Morgan y otros, se convirtió en un negocio rentable de aproximadamente $600.000.000. ¡Una suma considerable generada por una sola IDEA!

Lo que ocurrió con algunos de los hombres que tomaron su parte de los millones de dólares de beneficio obtenido por esta transacción es un asunto del que no nos ocuparemos ahora. La característica importante del asombroso logro es que sirve como evidencia incuestionable de la solidez de la filosofía descrita en este libro, porque esta filosofía fue la urdimbre y la trama de toda la transacción. Además, la practicabilidad de la filosofía se ha establecido por el hecho de que la United States Steel Corporation prosperó y se convirtió en una de las corporaciones más ricas y poderosas de América, empleando a miles de personas, desarrollando nuevos usos para el acero y abriendo nuevos mercados; demostrando así que los $600.000.000 de beneficio que produjo la IDEA de Schwab fueron ganados.

¡Las RIQUEZAS comienzan en forma de PENSAMIENTO!

La cantidad está limitada solo por la persona en cuya mente se pone en movimiento el PENSAMIENTO. ¡La FE elimina limitaciones! Recuerda esto cuando estés listo para negociar con la Vida por lo que sea que pidas como tu precio por haber pasado por este camino.

Recuerda, también, que el hombre que creó la *United States Steel Corporation* era prácticamente desconocido en ese momento. Era simplemente el asistente de Andrew Carnegie hasta que dio a luz a su famosa IDEA. Después de eso, rápidamente ascendió a una posición de poder, fama y riqueza.

No hay limitaciones para la mente excepto aquellas que reconocemos; tanto la pobreza como las riquezas son descendientes del pensamiento.

Capítulo 4: Autosugestión

El Medio Para Influenciar La Mente Subconsciente

El Tercer Paso Hacia La Riqueza

La AUTOSUGESTIÓN abarca todas las sugestiones y estímulos que uno mismo administra a su mente a través de los cinco sentidos. En otras palabras, la autosugestión se define por sí misma: es la comunicación entre la mente consciente, donde se generan los pensamientos, y la mente subconsciente, donde se lleva a cabo la acción.

A través de los pensamientos predominantes que *permitimos* residir en nuestra mente consciente, ya sean positivos o negativos, la autosugestión ejerce su influencia en la mente subconsciente.

NINGÚN PENSAMIENTO, sea positivo o negativo, PUEDE ACCEDER AL DOMINIO DE LA MENTE SUBCONSCIENTE SIN LA INTERVENCIÓN DEL PRINCIPIO DE LA AUTOSUGESTIÓN, salvo aquellos que se captan del éter. Es decir, todas las impresiones sensoriales que percibimos a través de nuestros sentidos son filtradas por nuestra mente CONSCIENTE y pueden ser transmitidas o rechazadas a voluntad hacia la mente subconsciente. Por tanto, la mente consciente actúa como una especie de guardián que regula el acceso al subconsciente.

La naturaleza ha dotado al ser humano con un CONTROL ABSOLUTO sobre el material que llega a su mente subconsciente mediante los cinco sentidos, aunque no siempre EJERCE este control. En la mayoría de los casos, este control NO se activa, lo que explica por qué tantas personas atraviesan la vida en condiciones de escasez y limitación.

Recuerda lo que se ha dicho acerca de que la mente subconsciente se asemeja a un terreno de jardín fértil, en el que las malas hierbas crecerán en abundancia si no se siembran en él las semillas de cultivos más deseables. La AUTOSUGESTIÓN es el agente de control mediante el cual un individuo puede voluntariamente alimentar su mente subconsciente con pensamientos de naturaleza creativa, o, por negligencia, permitir que los pensamientos de naturaleza destructiva se abran paso en este rico jardín de la mente.

En el último de los seis pasos delineados en el capítulo sobre el Deseo, se te aconsejó realizar una práctica específica: leer en VOZ ALTA, dos veces al día, la declaración ESCRITA de tu DESEO DE DINERO. Es crucial que te VEAS y SIENTAS YA en posesión del dinero mientras lo haces. Al seguir estas instrucciones, estás comunicando directamente el objeto de tu DESEO a tu mente SUBCONSCIENTE con un espíritu de absoluta FE. A través de la repetición constante de este procedimiento, estás creando voluntariamente hábitos de pensamiento que son favorables para transmutar el deseo en su equivalente monetario.

Te insto a regresar a estos seis pasos delineados en el capítulo dos y revisarlos con atención antes de avanzar. Luego, cuando llegues a ello, lee con detenimiento las cuatro instrucciones para organizar tu grupo de "Mente Maestra", tal como se describe en el capítulo sobre Planificación Organizada. Al comparar estos dos conjuntos de instrucciones con lo que se ha mencionado sobre la autosugestión, notarás que ambos implican la aplicación del principio de autosugestión.

Cuando leas en voz alta tu declaración de deseo para cultivar una "conciencia de dinero", ten presente que simplemente recitar las palabras NO SURTIRÁ EFECTO A MENOS que las impregnes de emoción y convicción. Por ejemplo, repetir la famosa fórmula de Émile Coué, "Día a día, de todas las formas, estoy mejorando cada vez más", sin agregar emoción y FE a tus palabras, no te llevará a experimentar los resultados deseados. Tu mente subconsciente SOLO asimila y actúa sobre pensamientos que han sido imbuidos de emoción y sentimiento.

Este punto es tan crucial que se repite en prácticamente cada capítulo, ya que la falta de comprensión de esto es la razón principal por la cual la mayoría de las personas que intentan aplicar el principio de autosugestión no obtienen los resultados deseados.

Las palabras simples y carentes de emoción carecen de influencia en el subconsciente. No verás resultados tangibles hasta que aprendas a llegar a tu mente subconsciente con pensamientos o palabras habladas imbuidas de CREENCIA.

No te desalientes si al principio no logras controlar y dirigir tus emociones. Recuerda, NADA SE OBTIENE SIN ESFUERZO. La capacidad para alcanzar e influir en tu mente subconsciente tiene su precio, Y DEBES ESTAR DISPUESTO A PAGARLO. No puedes engañar, incluso si lo intentas. El precio de influir en tu mente subconsciente es una PERSISTENCIA constante en la aplicación de los principios aquí descritos. No puedes adquirir esta habilidad a un precio menor. Tú, y SOLO TÚ, debes decidir si la recompensa por la que luchas (la "conciencia del dinero") vale el esfuerzo que debes dedicarle.

La sabiduría y la "astucia" por sí solas rara vez atraen y retienen dinero, excepto en casos muy particulares donde la ley de los promedios favorece esta atracción. El método para atraer dinero descrito aquí no depende de la casualidad. Además, no favorece a nadie en particular. Funcionará igualmente para cualquier persona. Donde hay fracaso, es el individuo, no el método, el que ha fallado. Si lo intentas y fracasas, haz otro intento, y otro más, hasta lograr el éxito.

Tu capacidad para usar el principio de autosugestión dependerá, en gran medida, de tu capacidad para CONCENTRARTE en un DESEO dado hasta que ese deseo se convierta en una OBSESIÓN ARDIENTE.

Cuando comiences a llevar a cabo las instrucciones en relación con los seis pasos descritos en el segundo capítulo, será necesario que hagas uso del principio de CONCENTRACIÓN.

Permítenos ofrecerte aquí algunas sugerencias para el uso efectivo de la concentración. Cuando te embarques en el primero de los seis pasos, que te instruye a "fijar en tu propia mente la cantidad EXACTA de dinero que deseas", procura mantener tus pensamientos enfocados en esa cantidad de dinero mediante la CONCENTRACIÓN, manteniendo los ojos cerrados hasta que realmente PUEDAS VISUALIZAR la apariencia física del dinero. Realiza este ejercicio al menos una vez al día. A medida que lleves a cabo estos ejercicios, sigue las instrucciones detalladas en el capítulo sobre la FE, ¡y visualízate VERDADERAMENTE EN POSESIÓN DEL DINERO!

Aquí hay un hecho de gran importancia: la mente subconsciente acepta cualquier instrucción que se le dé con un espíritu de absoluta FE, y actúa sobre esas instrucciones, aunque a menudo sea necesario repetirlas *una y otra vez antes* de que sean asimiladas por completo. Después de comprender este principio, considera la posibilidad de aplicar un "truco" perfectamente válido a tu mente subconsciente, haciéndola creer, *porque tú mismo lo crees*, que mereces tener la cantidad de dinero que estás visualizando, que este dinero ya está destinado a ser tuyo, y que la mente subconsciente DEBE proporcionarte los planes prácticos para adquirirlo.

Transmite el pensamiento sugerido en el párrafo anterior a tu IMAGINACIÓN y observa cómo ésta puede, o empezará a, desarrollar planes prácticos para la acumulación de dinero mediante la transmutación de tu deseo.

NO ESPERES un plan concreto mediante el cual intercambiar servicios o bienes por el dinero que estás visualizando, sino comienza a visualizarte a ti mismo en posesión del dinero, EXIGIENDO y ESPERANDO, mientras permites que tu mente subconsciente te proporcione los planes necesarios. Mantente alerta a estos planes, y cuando se manifiesten, ponlos en ACCIÓN INMEDIATAMENTE. Es posible que estos planes "fluyan" a tu mente a través de tu sexto sentido, en forma de "inspiración". Esta inspiración puede considerarse como un mensaje directo de la Inteligencia Infinita. Trátala con respeto y actúa sobre ella tan pronto como la recibas. No hacerlo sería perjudicial para tu éxito.

En el cuarto de los seis pasos, se te instruyó para "Crear un plan definido para llevar a cabo tu deseo y comenzar de inmediato a poner este plan en acción". Debes seguir esta instrucción de la manera descrita en el párrafo anterior. No confíes en tu "razón" al crear tu plan para acumular dinero a través de la transmutación del deseo. Tu razón es defectuosa. Además, tu facultad de razonamiento puede ser perezosa y, si dependes exclusivamente de ella para que te sirva, puede decepcionarte.

Cuando visualices el dinero que pretendes acumular (con los ojos cerrados), *mírate a ti mismo brindando el servicio o entregando la mercancía que pretendes dar a cambio de este dinero.* ¡Esto es importante!

Resumen de las Instrucciones

El hecho de que estés sumergido en la lectura de este libro sugiere un genuino deseo de adquirir conocimiento. También implica que estás dedicado a ser un estudiante en este campo. Si eres simplemente un estudiante, existe la posibilidad de que descubras muchas ideas nuevas y fascinantes, pero solo podrás absorberlas adoptando una actitud de humildad. Si decides implementar algunas de las sugerencias pero desestimas otras o te resistes a ellas... *¡estarás limitando tu progreso!* Para alcanzar resultados satisfactorios, es fundamental que sigas CADA instrucción con un espíritu de confianza y FE.

Las enseñanzas presentadas en los seis pasos, detalladas en el segundo capítulo, se resumen aquí y se entrelazan con los principios abordados en esta sección de la siguiente manera:

Primero: Busca un espacio sereno, preferiblemente en la tranquilidad de tu cama por la noche, donde puedas sumergirte sin distracciones ni interrupciones. Cierra los ojos y, en voz alta, repite la declaración escrita que especifica la cantidad de riqueza que deseas atraer, junto con el plazo para lograrlo y una descripción clara de los servicios o bienes que ofrecerás a cambio. Mientras sigues estas instrucciones, VISUALÍZATE YA EN POSESIÓN DEL DINERO QUE ANHELAS.

Por ejemplo: Consideremos el objetivo de reunir $50.000 para el primero de enero dentro de cinco años, a través de la prestación de servicios personales como vendedor. Una declaración más efectiva de este propósito podría ser la siguiente:

"Para el primero de enero de 19.., contaré con una suma de $50.000 en mi haber, la cual recibiré en varias entregas a lo largo del intervalo.

"A cambio de este capital, ofreceré el servicio más eficaz que pueda brindar, comprometiéndome a proporcionar la más alta calidad y cantidad posible como vendedor de (describe el servicio o producto que planeas ofrecer).

"Estoy convencido de que este capital estará en mi posesión. Mi confianza es tan sólida que puedo visualizar claramente este dinero delante de mí. Puedo sentirlo entre mis manos. Ahora, simplemente aguarda ser transferido a mí en la medida en que cumpla con el servicio que me dispongo a ofrecer a cambio. Estoy ansioso por trazar un plan para acumular esta suma y, una vez en mi poder, seguiré dicho plan diligentemente".

Segundo: Repite este programa noche y mañana hasta que puedas ver (en tu imaginación) el dinero que pretendes acumular.

Tercero: Coloca una copia escrita de tu declaración donde puedas verla noche y mañana, y léela justo antes de acostarte y al levantarte hasta que te la hayas memorizado.

Ten presente, mientras sigues estas instrucciones, que estás aplicando el principio de autosugestión con el objetivo de impartir órdenes a tu mente subconsciente. Recuerda también que tu mente subconsciente responderá ÚNICAMENTE a instrucciones que estén imbuidas de emoción y sean entregadas con "sentimiento". La FE es la emoción más poderosa y fructífera. Procede siguiendo las pautas detalladas en el capítulo dedicado a la FE.

Las instrucciones que aquí se presentan pueden parecer abstractas al principio, lo cual es comprensible. Sin embargo, te insto a no dejar que esto te desanime. Es crucial que sigas estas instrucciones, sin importar cuán abstractas o poco prácticas puedan parecer en un primer momento. Si perseveras y *actúas conforme a lo que se te ha indicado*, te sorprenderá descubrir que un universo completamente nuevo de posibilidades se desplegará ante ti.

Es natural que, como ser humano, tengas cierto escepticismo hacia cualquier idea nueva. Sin embargo, te aseguro que si te comprometes a seguir las pautas que se han delineado, verás cómo ese escepticismo se transformará en creencia. Y esta creencia, a su vez, se consolidará en una FE ABSOLUTA. En ese momento, habrás alcanzado el punto en el que podrás proclamar con certeza: "¡Soy el arquitecto de mi destino, soy el conductor de mi vida!"

Numerosos filósofos han postulado que el ser humano es el arquitecto de su destino en este *mundo*, pero pocos han logrado articular el *porqué* de esta afirmación. En este capítulo, se explora minuciosamente la razón por la cual el individuo puede ostentar el control sobre su situación terrenal, particularmente en lo referente a su posición financiera. La capacidad del ser humano para erigirse como soberano de sí mismo y de su entorno radica en su HABILIDAD PARA INFLUIR EN SU MENTE SUBCONSCIENTE, y a través de ella, obtener la colaboración de la Inteligencia Infinita.

Ahora te encuentras inmerso en el capítulo que constituye el eje central de esta filosofía. Las directrices contenidas en estas páginas deben ser comprendidas y APLICADAS CON TENACIDAD para lograr la transmutación del deseo en riqueza.

La verdadera ejecución de esta transmutación del DESEO en dinero implica el uso de la autosugestión como un catalizador para alcanzar e influenciar la mente subconsciente. Los demás principios son simplemente herramientas que se utilizan para aplicar la autosugestión de manera efectiva.

Mantén presente este pensamiento y estarás plenamente consciente de la importancia fundamental que el principio de la autosugestión desempeña en tu búsqueda de acumular riqueza a través de los métodos que se detallan en estas páginas.

Lleva a cabo estas instrucciones con la frescura y la FE inquebrantable de un niño. El autor ha sido minucioso en asegurarse de que no haya instrucciones impracticables, expresando su sincero deseo de ser verdaderamente útil.

Una vez hayas completado la lectura de todo el libro, regresa a este capítulo y sigue, tanto en espíritu como en acción, esta instrucción:

LEE EL CAPÍTULO EN VOZ ALTA TODAS LAS NOCHES HASTA QUE ESTÉS COMPLETAMENTE CONVENCIDO DE LA SOLIDEZ DEL PRINCIPIO DE LA AUTOSUGESTIÓN Y DE QUE LOGRARÁ PARA TI TODO LO QUE SE HA AFIRMADO SOBRE ÉL. MIENTRAS LEES, *SUBRAYA CON UN LÁPIZ* CADA FRASE QUE TE IMPRESIONE FAVORABLEMENTE.

Siguiendo fielmente estas instrucciones, abrirás el camino hacia una comprensión y dominio completos de los principios del éxito.

Capítulo 5: Conocimiento Especializado

Experiencias Personales U Observaciones

El Cuarto Paso Hacia la Riqueza

EXISTEN dos tipos de conocimiento: el general y el especializado. El conocimiento general, sin importar su abundancia o diversidad, tiene un valor limitado en la generación de riqueza. Las prestigiosas instituciones académicas concentran una amplia gama de conocimientos generales, *pero la mayoría de los profesores no gozan de gran fortuna*. Su especialización radica en impartir conocimientos, pero no en organizar o emplear eficazmente dicho conocimiento.

El CONOCIMIENTO por sí solo no atraerá riqueza a menos que se organice y dirija inteligentemente a través de PLANES DE ACCIÓN prácticos hacia un OBJETIVO CLARO de acumulación de dinero. La falta de comprensión de este principio ha desconcertado a millones de personas que erróneamente creen que "el conocimiento es poder". En realidad, el conocimiento es solo poder *potencial*; se convierte en poder solo cuando se organiza en planes de acción concretos y se canaliza hacia un propósito definido.

El "eslabón perdido" en los sistemas educativos contemporáneos se encuentra en el fracaso de las instituciones educativas de enseñar a los estudiantes CÓMO ORGANIZAR Y EMPLEAR EL CONOCIMIENTO ADQUIRIDO.

Muchos cometen el error de subestimar a Henry Ford debido a su limitada "educación formal", asumiendo erróneamente que carecía de educación. Sin embargo, aquellos que piensan así desconocen a Henry Ford y no comprenden el verdadero significado de la palabra "educación". Esta proviene del término latino "educo", que implica extraer y DESARROLLAR DESDE DENTRO.

Un individuo educado no se define simplemente por la acumulación de conocimiento general o especializado. Más bien, se caracteriza por haber desarrollado las facultades de su mente de tal manera que puede adquirir lo que desee, o su equivalente, sin infringir los derechos de los demás. Henry Ford personifica perfectamente esta definición.

Durante la Primera Guerra Mundial, un periódico de Chicago publicó editoriales en los que, entre otras declaraciones, calificaba a Henry Ford de "pacifista ignorante". El Sr. Ford refutó estas afirmaciones y presentó una demanda por difamación contra el periódico. Cuando el caso llegó a los tribunales, los abogados del periódico intentaron justificar sus afirmaciones llevando al Sr. Ford al estrado de los testigos con el propósito de demostrar al jurado que era ignorante. Realizaron una serie de preguntas destinadas a demostrar, mediante su propia evidencia, que aunque pudiera poseer un considerable conocimiento especializado relacionado con la fabricación de automóviles, él era ignorante.

El Sr. Ford se vio abrumado por una lluvia de preguntas, desde "¿Quién fue Benedict Arnold?" hasta "¿Cuántos soldados británicos fueron enviados a América para sofocar la Rebelión de 1776?" A esta última cuestión, respondió con ingenio: "No puedo precisar el número exacto de tropas británicas desplegadas, pero las crónicas sugieren que fue sustancialmente mayor al contingente que regresó".

Finalmente, el Sr. Ford, agotado por este interrogatorio, reaccionó ante una pregunta especialmente ofensiva inclinándose. Dirigió su dedo hacia el abogado que había planteado la cuestión y pronunció con firmeza: "Si verdaderamente QUISIERA responder a la pregunta absurda que acabas de formular, o a cualquiera de las otras que me has estado haciendo, permíteme recordarte que en mi escritorio tengo una serie de botones eléctricos. Al pulsar el botón adecuado, puedo convocar a expertos que responderán CUALQUIER interrogante relacionada con el negocio al que dedico la mayor parte de mis esfuerzos. Entonces, ¿podrías gentilmente explicarme POR QUÉ debería saturar mi mente con conocimientos generales para responder preguntas, cuando tengo a mi disposición expertos que pueden proporcionarme cualquier información que necesite?"

Esa respuesta ciertamente tenía mucha lógica.

Aquella respuesta dejó sin habla al abogado. Todos en la sala comprendieron que no era la réplica de un hombre ignorante, sino de uno instruido. Un hombre está verdaderamente educado si sabe dónde hallar conocimiento cuando lo necesita y cómo canalizarlo en planes de acción concretos. A través de su círculo de "Mente Maestra", Henry Ford tenía a su disposición todo el conocimiento especializado que requería para convertirse en uno de los hombres más prósperos de Estados Unidos. No era crucial que ese conocimiento residiera exclusivamente en su mente. Cualquier persona con la inclinación y la astucia suficientes para leer un libro como este no puede pasar por alto la sabiduría de esta ilustración.

Antes de poder convertir el DESEO en riqueza, es fundamental poseer un CONOCIMIENTO ESPECIALIZADO en el servicio, producto o profesión que deseas ofrecer a cambio de prosperidad. Es posible que requieras un nivel de competencias más allá de tus capacidades o intereses individuales. En tales casos, puedes superar esta limitación con la ayuda de tu propio grupo de "Mente Maestra".

Andrew Carnegie, por ejemplo, admitió que carecía de conocimientos técnicos en el negocio del acero, y tampoco tenía un gran interés en adquirirlos. Sin embargo, encontró la solución en su grupo de "MENTE MAESTRA", donde cada individuo aportaba su experiencia especializada.

La acumulación de riqueza demanda PODER, el cual se obtiene mediante un conocimiento especializado bien organizado y dirigido con inteligencia. No obstante, este conocimiento no necesariamente debe residir en la mente del individuo que busca la fortuna.

Este mensaje busca infundir esperanza y aliento en aquellos con aspiraciones de riqueza, pero que carecen de la "educación" convencional. A menudo, la falta de educación puede hacer que las personas se sientan inferiores. Sin embargo, aquel individuo que logra reunir y dirigir un grupo de "Mente Maestra", compuesto por personas con conocimientos relevantes para la acumulación de riqueza, posee un nivel de educación equiparable al de cualquier miembro del grupo. Es importante RECORDAR ESTO si alguna vez sientes un "complejo de inferioridad" por haber tenido una educación limitada.

Thomas A. Edison apenas tuvo tres meses de "escolarización" en toda su vida, pero esto no le impidió alcanzar el éxito ni morir en la pobreza.

Henry Ford recibió menos de seis años de educación formal hasta el sexto grado, pero logró destacar financieramente por sus propios medios.

El CONOCIMIENTO ESPECIALIZADO es uno de los recursos más abundantes y asequibles que se pueden obtener. Si tienes dudas al respecto, basta con echar un vistazo a la nómina de cualquier universidad.

Vale La Pena Saber Cómo Comprar Conocimiento.

Primordialmente, resulta crucial delinear el tipo de conocimiento especializado que buscas y el propósito que persigues al requerirlo. En gran medida, tu propósito vital, la meta que anhelas alcanzar, jugará un papel determinante en la identificación de qué conocimientos son imprescindibles. Una vez que hayas aclarado este aspecto, el siguiente paso consiste en adquirir información precisa proveniente de fuentes confiables. Entre las más destacadas se encuentran:

a) Tu propia experiencia y educación.

b) La experiencia y educación accesibles a través de la colaboración con otros (como la Alianza de Mente Maestra).

c) Instituciones académicas como colegios y universidades.

d) Bibliotecas públicas, donde los libros y periódicos albergan un vasto conocimiento organizado por la civilización.

e) Cursos de entrenamiento especializados, disponibles en escuelas nocturnas y programas de estudio en el hogar, entre otros.

A medida que adquirimos conocimiento, es crucial organizarlo y aplicarlo hacia un propósito definido mediante planes prácticos. El conocimiento solo adquiere valor cuando se emplea para alcanzar un objetivo digno. Esta es una razón fundamental por la cual los títulos universitarios no reciben siempre la valoración que podrían merecer, ya que a menudo representan conocimientos dispersos y genéricos.

Si estás considerando continuar tu educación, es esencial primero determinar con claridad el propósito para el cual deseas adquirir ese conocimiento específico que buscas. Luego, busca fuentes confiables donde puedas obtener ese tipo de conocimiento.

Los individuos exitosos, en cualquier ámbito, nunca dejan de adquirir conocimientos especializados que estén relacionados con su propósito principal, ya sea en su negocio o profesión. Por el contrario, aquellos que no alcanzan el éxito a menudo cometen el error de creer que el aprendizaje termina cuando se gradúan de la escuela. Sin embargo, la realidad es que la escuela proporciona poco más que una base para aprender cómo adquirir conocimientos prácticos.

En este mundo cambiante, que surgió tras el colapso económico, los requisitos educativos también han experimentado cambios asombrosos. ¡El enfoque ahora está en la ESPECIALIZACIÓN! Esta verdad fue resaltada por Robert P. Moore, secretario de la Universidad de Columbia.

"ESPECIALISTAS MÁS BUSCADOS

"Las empresas empleadoras valoran especialmente a aquellos candidatos que han dedicado tiempo a especializarse en un campo específico. Graduados de escuelas de negocios con conocimientos en contabilidad y estadísticas, ingenieros de diversas disciplinas, periodistas, arquitectos, químicos y también individuos destacados y activos en roles de liderazgo de la clase senior son altamente buscados.

"El individuo que ha participado activamente en el entorno universitario, cuya personalidad le permite relacionarse efectivamente con personas de diferentes perfiles y que ha logrado un equilibrio entre sus estudios y otras actividades, posee una ventaja significativa sobre el estudiante meramente académico. De hecho, algunos de estos estudiantes, debido a sus logros integrales, han recibido múltiples ofertas de empleo, incluso hasta seis ofertas.

"Al alejarse de la noción tradicional de que el estudiante con las mejores calificaciones académicas es siempre el más deseado por las empresas, el Sr. Moore afirmó que la mayoría de las empresas no solo evalúan los expedientes académicos, sino también las experiencias extracurriculares y las cualidades personales de los estudiantes.

"Una importante empresa industrial, líder en su sector, al comunicarse con el Sr. Moore sobre posibles candidatos universitarios mayores, expresó lo siguiente:

"Nuestro principal interés radica en identificar individuos con potencial excepcional para desempeñarse en roles de gestión. Por esta razón, valoramos mucho más las cualidades de carácter, inteligencia y personalidad que los antecedentes educativos específicos".

"PROPUESTA DE APRENDIZAJE

"Proponiendo un sistema de 'aprendizaje experiencial' para los estudiantes, el Sr. Moore sostiene que después de los dos o tres primeros años universitarios, cada estudiante debería elegir un camino definido y detenerse si ha estado simplemente navegando sin un propósito claro a través de un plan de estudios generalizado.

"Las instituciones educativas deben enfrentar la realidad de que todas las profesiones y ocupaciones requieren especialización en la actualidad", declaró, instando a que las facultades y universidades asuman una responsabilidad más directa en la orientación profesional.

Una de las fuentes de conocimiento más confiables y prácticas para aquellos que buscan una formación especializada son las escuelas nocturnas, presentes en la mayoría de las grandes ciudades. Por otro lado, las escuelas por correspondencia ofrecen programas especializados accesibles desde cualquier lugar donde llegue el correo de EE.UU., abarcando una amplia gama de materias que pueden ser enseñadas mediante este método de extensión. Una ventaja destacada de la formación a domicilio es la flexibilidad del programa de estudios, que permite a los estudiantes dedicarse a sus estudios en su tiempo libre. Además, otra gran ventaja de optar por la formación en casa, siempre y cuando se elija cuidadosamente la institución, es el acceso a generosos privilegios de consulta. Estos recursos pueden ser invaluables para aquellos que buscan adquirir conocimientos especializados. Ya sea que vivas en una gran ciudad o en áreas más remotas, puedes aprovechar los beneficios de estas opciones educativas.

Lo que se adquiere sin esfuerzo ni costo tiende a ser subestimado y a menudo desacreditado. Por eso, a menudo no aprovechamos completamente las oportunidades que ofrecen las escuelas públicas. La AUTODISCIPLINA que se adquiere a través de un programa de estudio definido compensa en cierta medida la oportunidad desaprovechada cuando el conocimiento estaba disponible de forma gratuita. Las escuelas por correspondencia son instituciones altamente organizadas y comerciales. Sus tarifas son tan accesibles que deben insistir en el pago puntual. La obligación de pagar, independientemente del rendimiento académico, motiva a los estudiantes a continuar con el curso cuando de otro modo podrían abandonarlo. Este aspecto no se enfatiza lo suficiente en las escuelas por correspondencia, pero en realidad, sus departamentos de cobro brindan una valiosa lección sobre TOMA DE DECISIONES, INTELIGENCIA, ACCIÓN Y LA IMPORTANCIA DE CONCLUIR LO QUE SE HA COMENZADO.

Lo aprendí por experiencia propia hace más de veinticinco años. Me inscribí en un curso por correspondencia sobre Publicidad. Después de completar ocho o diez lecciones, dejé de estudiar, pero la escuela continuó enviándome facturas, insistiendo en el pago, independientemente de si continuaba o no. Decidí que si iba a pagar por el curso (tal como estaba legalmente obligado), entonces debía completarlo para obtener el valor de mi dinero. En ese momento, percibí el sistema de cobro como demasiado riguroso, pero más tarde comprendí que fue una parte invaluable de mi formación. Al estar obligado a pagar, me vi impulsado a seguir adelante y a completar el curso. Más tarde, me di cuenta de que el eficaz sistema de cobro de la escuela había valido la pena en términos de las ganancias que obtuve gracias a la educación en publicidad que había recibido de mala gana.

En este país, se dice que contamos con uno de los sistemas de escuelas públicas más destacados a nivel mundial. Hemos invertido sumas significativas en la construcción de magníficos edificios y hemos facilitado el transporte para los niños que residen en áreas rurales, garantizando así su acceso a las mejores instituciones educativas. Sin embargo, existe una sorprendente debilidad en este sistema tan admirable: ¡ES GRATUITO! Una de las peculiaridades de la naturaleza humana es que tendemos a valorar únicamente aquello que tiene un precio. Las escuelas públicas gratuitas y las bibliotecas de acceso libre en Estados Unidos no impresionan a las personas precisamente *por ser gratuitas*. Esta es la razón principal por la cual tantas personas sienten la necesidad de adquirir formación adicional tras finalizar su educación formal y comenzar a trabajar. Además, es uno de los principales motivos por los cuales los EMPLEADORES VALORAN MÁS A AQUELLOS TRABAJADORES QUE REALIZAN CURSOS DE ESTUDIO EN SU TIEMPO LIBRE.

Han descubierto, a través de la experiencia, que aquellos que tienen la determinación de invertir parte de su tiempo libre en el estudio en casa poseen innatas cualidades de liderazgo. Este reconocimiento no es un acto de caridad, sino más bien un juicio comercial sólido por parte de los empleadores.

Existe una debilidad en las personas que parece no tener remedio: ¡la universal FALTA DE AMBICIÓN! Aquellos, especialmente los empleados, que dedican su tiempo libre al estudio en casa raramente permanecen en la periferia durante mucho tiempo. Su acción allana el camino hacia el progreso, elimina numerosos obstáculos y gana el interés favorable de aquellos con el poder de brindarles oportunidades.

El estudio en casa es particularmente adecuado para aquellos trabajadores que, después de finalizar su educación formal, reconocen la importancia de adquirir conocimientos especializados adicionales, pero enfrentan limitaciones de tiempo que les impiden asistir a clases presenciales.

Las fluctuantes condiciones económicas, emergentes desde la depresión, han impulsado a innumerables individuos a explorar nuevas fuentes de ingresos o a redefinir sus trayectorias laborales. Para muchos, la clave reside en la adquisición de conocimientos especializados. Muchos se encuentran en la necesidad imperiosa de efectuar una transición completa en su carrera.

Al igual que un comerciante sustituye un producto que carece de demanda por otro que la tiene, aquel cuyo sustento depende de servicios personales también debe desempeñarse como un hábil negociante. Si los servicios ofrecidos no producen los rendimientos esperados en una ocupación, es esencial considerar un cambio hacia otro campo donde se vislumbren oportunidades más prometedoras.

Stuart Austin Wier, inicialmente formado como Ingeniero de Construcción, se encontró enfrentando las limitaciones causadas por la depresión en su campo laboral. Tras una exhaustiva evaluación de su situación, tomó una valiente decisión: cambiar de profesión. Optó por embarcarse en el estudio del derecho. Regresó a las aulas, se sumergió en cursos especializados y se preparó diligentemente como abogado corporativo. Aunque la sombra de la depresión aún lo acompañaba, perseveró hasta completar su formación, superando el examen del Colegio de Abogados. Rápidamente, estableció una práctica legal exitosa en Dallas, Texas, alcanzando el punto en el que debía rechazar clientes debido a su abrumadora demanda.

Para despejar cualquier duda y anticipar las excusas de aquellos que podrían decir: "No pude asistir a la escuela porque tengo una familia que mantener" o "Soy demasiado mayor", es importante señalar que el Sr. Wier tenía más de cuarenta años y estaba casado cuando decidió volver a la escuela. Además, mediante la selección meticulosa de cursos altamente especializados en instituciones académicas mejor equipadas para enseñar las materias elegidas, logró completar en solo dos años el trabajo que a la mayoría de los estudiantes de derecho les lleva cuatro. ¡ES VERDADERAMENTE VALIOSO COMPRENDER CÓMO ADQUIRIR CONOCIMIENTO!

Aquellos que cesan de aprender una vez que finalizan la escuela se condenan a una perpetua mediocridad, independientemente de su vocación. El sendero hacia el éxito se pavimenta con la búsqueda constante de *conocimiento*.

Consideremos un ejemplo concreto.

Durante la Gran Depresión, un vendedor de comestibles se encontró desempleado. Sin embargo, aprovechando su experiencia en contabilidad, decidió ampliar sus horizontes y se sumergió en un curso especializado en la materia, manteniéndose al día con las últimas tendencias en el campo de la teneduría de libros y el equipamiento de oficina. Con determinación y visión, dio un giro audaz a su situación y comenzó a ofrecer servicios contables independientes. Iniciando con el tendero con quien había colaborado anteriormente, logró firmar contratos con más de un centenar de pequeños comerciantes, ofreciéndoles servicios contables por una tarifa mensual simbólica. Su enfoque innovador pronto lo llevó a crear oficinas de contabilidad móviles, instaladas en camiones ligeros de reparto y equipadas con tecnología de punta. Este enfoque pionero no solo le permitió expandir su negocio, sino también emplear a una creciente plantilla de asistentes, brindando a los pequeños comerciantes un servicio de contabilidad de primera categoría a un *costo* nominal.

La combinación de conocimientos especializados y creatividad fue la clave de este negocio exitoso y único. El año anterior, el propietario de esta empresa había pagado impuestos casi diez veces superiores a los que pagaba cuando trabajaba para un solo comerciante. Lo que comenzó como una adversidad temporal se convirtió en una bendición disfrazada gracias a una idea innovadora.

El inicio de este negocio próspero fue impulsado por una IDEA poderosa.

Ahora, al igual que tuve el privilegio de inspirar al vendedor desempleado con esa idea, tengo el honor de presentar otra idea con un potencial aún mayor de ingresos y la capacidad de ofrecer un servicio esencial a miles de personas necesitadas.

La idea surgió del vendedor que, cansado de la rutina de ventas, decidió incursionar en la distribución mayorista de libros. Al presentársele el plan como una solución a su problema de desempleo, reaccionó con entusiasmo: "¡Me encanta la idea, pero no sé cómo convertirla en ganancias!" En esencia, expresó su preocupación por la viabilidad de monetizar sus conocimientos en contabilidad *una vez adquiridos*.

Sin embargo, este dilema planteó otro desafío que necesitaba ser resuelto. Con la ayuda de una joven mecanógrafa, experta en redacción y hábil con las letras, se creó un libro sumamente atractivo que destacaba las ventajas del innovador sistema contable. Las páginas, meticulosamente mecanografiadas, se dispusieron en un álbum de recortes corriente, convirtiéndolo en un vendedor silencioso que relataba la historia del nuevo negocio con tal eficacia que pronto atrajo más clientes de los que podía manejar.

En todo el país, miles de personas requieren los servicios de un especialista en marketing capaz de redactar textos atractivos para promocionar sus servicios personales. Los ingresos anuales generados por un servicio de este tipo podrían fácilmente superar los obtenidos por la agencia de empleo más grande, y los beneficios para el cliente podrían ser considerablemente mayores que los ofrecidos por una agencia convencional.

La inspiradora IDEA que aquí se describe surgió de una necesidad apremiante, pero su alcance trascendió la mera asistencia individual. La mente INGENIOSA de esta mujer visionaria vislumbró en su mente de recién nacido una innovadora profesión, dedicada a brindar un invaluable apoyo a miles de personas en busca de orientación práctica para promover sus servicios personales.

Impulsada por el éxito inmediato de su primer "PLAN PREPARADO PARA LA COMERCIALIZACIÓN DE SERVICIOS PERSONALES", esta decidida mujer se embarcó en resolver un dilema similar para su hijo, recién graduado universitario pero incapaz de encontrar un mercado para sus habilidades. El plan que concibió para él se erige como un modelo ejemplar en la comercialización de servicios personales.

Cuando finalizó la elaboración del libro del plan, este abarcaba casi cincuenta páginas de información finamente redactada y meticulosamente organizada. Detallaba la historia del talento innato de su hijo, su trayectoria educativa, sus vivencias personales, así como una amplia gama de información demasiado extensa para enumerarla. Además, el libro del plan incluía una descripción exhaustiva del puesto que su hijo aspiraba, acompañada de una magnífica exposición del plan exacto que seguiría para alcanzar dicho puesto.

La creación del plan para el libro implicó semanas de arduo trabajo, durante las cuales la autora dedicó tiempo considerable a enviar a su hijo a la biblioteca pública prácticamente a diario, en busca de los datos necesarios para presentar sus servicios de manera óptima. Además, realizó un exhaustivo estudio de los competidores de su futuro empleador, obteniendo información vital sobre sus prácticas empresariales, la cual resultó invaluable en la elaboración del plan que aspiraba utilizar para asegurar el puesto que anhelaba. Una vez finalizado, el plan incluía más de media docena de sugerencias sumamente provechosas para el potencial empleador, las cuales fueron implementadas con éxito por la empresa.

Quizás te preguntes: "¿Por qué invertir tanto esfuerzo en conseguir un empleo?" La respuesta, sin rodeos y con un toque dramático, aborda un tema que adquiere proporciones de tragedia para millones de hombres y mujeres cuya única fuente de ingresos son sus habilidades personales.

La respuesta es simple: "¡NUNCA ES UN DESPERDICIO HACER ALGO CORRECTAMENTE!" EL PLAN METICULOSAMENTE ELABORADO POR ESTA MUJER EN BENEFICIO DE SU HIJO LE FACILITÓ CONSEGUIR EL TRABAJO AL QUE SE POSTULÓ EN SU PRIMERA ENTREVISTA, CON UN SALARIO QUE ÉL MISMO FIJÓ.

Además, y esto es crucial, EL PUESTO NO IMPLICABA COMENZAR DESDE ABAJO. DESDE EL PRINCIPIO, OCUPÓ UN PUESTO DE EJECUTIVO SUBALTERNO CON EL SALARIO CORRESPONDIENTE A ESE NIVEL.

"¿Por qué tanto esfuerzo?", podrías preguntar.

Bueno, para empezar, la PRESENTACIÓN ESTRATÉGICA de la solicitud de este joven recortó al menos diez años del tiempo que habría requerido llegar a donde comenzó, si hubiera tenido que ascender desde abajo.

La noción de comenzar desde abajo y ascender gradualmente puede parecer sensata en teoría. Sin embargo, una objeción fundamental surge: muchos de aquellos que comienzan desde los estratos más bajos nunca logran levantar la cabeza lo suficiente para divisar la OPORTUNIDAD; se estancan en las profundidades. Además, las perspectivas desde abajo suelen ser poco alentadoras, llegando incluso a sofocar la ambición. Esto conduce a lo que se conoce como "caer en la rutina", donde aceptamos nuestro destino debido al HÁBITO arraigado de la rutina diaria, un hábito que eventualmente se vuelve tan poderoso que dejamos de intentar romper con él. Esta es otra razón por la cual tiene sentido comenzar uno o dos escalones por encima del fondo. Al hacerlo, cultivamos el HÁBITO de observar nuestro entorno, de notar cómo avanzan otros, de identificar la OPORTUNIDAD y de abrazarla sin vacilación.

Dan Halpin ejemplifica perfectamente esta premisa. Durante su tiempo en la universidad, Halpin fue entrenador del famoso equipo de fútbol americano de Notre Dame, que se consagró campeón nacional en 1930 bajo la dirección del difunto Knute Rockne.

Quizás la influencia del gran entrenador de fútbol lo inspiró a aspirar a lo más alto y a NO CONFUNDIR LA DERROTA TEMPORAL CON EL FRACASO, de la misma manera en que Andrew Carnegie, el magnate industrial, instaba a sus jóvenes colaboradores empresariales a fijar metas elevadas. Sea como fuere, Halpin se graduó en un momento extremadamente difícil, durante la Gran Depresión cuando los empleos escaseaban. Después de intentar en la banca de inversión y el cine, aceptó la primera oportunidad de futuro que se le presentó: vender audífonos eléctricos a comisión. SI BIEN CUALQUIERA PODRÍA HABER COMENZADO EN ESE TIPO DE TRABAJO, HALPIN RECONOCIÓ que era suficiente para abrirle la puerta de la oportunidad.

Persistió en un trabajo que no lo satisfacía durante casi dos años, y nunca habría avanzado más allá si no hubiera hecho algo para cambiar su situación. Apuntó inicialmente al cargo de Subdirector de Ventas en su empresa, y lo logró. Este ascenso lo situó lo suficientemente por encima de la multitud como para divisar una oportunidad aún mayor y para que la OPORTUNIDAD TAMBIÉN LO VIERA A ÉL.

Los extraordinarios resultados obtenidos en la venta de audífonos por Dan Halpin no pasaron desapercibidos para A.M. Andrews, el presidente del consejo de administración de Dictograph Products Company, la competencia directa de la empresa en la que Halpin trabajaba. Impresionado por su desempeño, Andrews decidió indagar más sobre este hombre que estaba arrebatando importantes ventas a la ya establecida Dictograph Company. Convocó a Halpin y tras una entrevista, este último ascendió rápidamente a

Director de Ventas de la División Acousticon. Para poner a prueba la capacidad de Halpin, Andrews se ausentó durante tres meses en Florida, dejándolo al frente de su nuevo puesto. Y Halpin, lejos de flaquear, demostró su valía. Inspirado por el espíritu de Knute Rockne, "Todo el mundo ama a un ganador, y no tiene tiempo para un perdedor", Halpin se entregó completamente a su labor. Esta dedicación le valió recientemente el cargo de Vicepresidente de la empresa y Director General de la División de Acousticon y Radio Silenciosa, un logro que muchos hombres tardarían años en alcanzar. Halpin logró este impresionante ascenso en poco más de seis meses.

Es un desafío determinar quién merece más elogios, si el Sr. Andrews o el Sr. Halpin, ya que ambos demostraron poseer una abundancia de esa cualidad tan preciada conocida como IMAGINACIÓN. El Sr. Andrews merece reconocimiento por reconocer en el joven Halpin a un "emprendedor" de primera categoría. Por su parte, Halpin merece crédito por RECHAZAR LA CONFORMIDAD ACEPTANDO Y MANTENIENDO UN TRABAJO QUE NO LE SATISFACÍA, lo cual es uno de los puntos principales que intento enfatizar a lo largo de esta filosofía: que ascendemos a posiciones elevadas o permanecemos en lo más bajo DEBIDO A CONDICIONES QUE PODEMOS CONTROLAR SI ASÍ LO DESEAMOS.

También deseo enfatizar otro punto crucial: tanto el éxito como el fracaso están en gran medida moldeados por los HÁBITOS. No tengo dudas de que la estrecha relación de Dan Halpin con el legendario entrenador de fútbol americano sembró en su mente un deseo ardiente de superación, similar al que llevó al equipo de fútbol de Notre Dame a la fama mundial. Es innegable que venerar a un héroe puede ser beneficioso, siempre y cuando ese héroe sea un ganador. Halpin me ha asegurado que Rockne fue uno de los más grandes líderes de todos los tiempos.

Recientemente, confirmé mi convicción en la importancia vital de las asociaciones empresariales, tanto en los momentos de fracaso como en los de éxito. Este hecho se hizo evidente cuando mi hijo Blair estaba negociando un puesto con Dan Halpin. A pesar de que la oferta inicial del Sr. Halpin representaba apenas la mitad del salario que podría haber obtenido en otra empresa, ejercí mi influencia paternal para convencerlo de aceptar la posición. Mi razón detrás de esta decisión fue MI FIRME CREENCIA EN QUE LA ESTRECHA ASOCIACIÓN CON ALGUIEN QUE SE NIEGA A CEDER ANTE CIRCUNSTANCIAS DESFAVORABLES ES UN VALOR INVALUABLE QUE NO PUEDE SER CUANTIFICADO EN TÉRMINOS MONETARIOS.

El ámbito financiero puede ser desalentador y poco gratificante para muchos. Es por eso que he tomado la iniciativa de explorar cómo superar los modestos comienzos a través de una planificación meticulosa. Además, he dedicado una considerable atención a describir una nueva profesión, concebida por una mujer inspirada en la idea de brindar a su hijo una ventaja favorable mediante una PLANIFICACIÓN cuidadosa.

Con el cambio de condiciones provocado por el colapso económico mundial, ha surgido una imperante necesidad de reinventar la comercialización de los SERVICIOS PERSONALES. Es intrigante considerar por qué esta necesidad no había sido descubierta con anterioridad, dado que la transacción de servicios personales mueve una cantidad notable de dinero, superando incluso a cualquier otra forma de intercambio financiero. La suma total abonada mensualmente a aquellos que laboran por salarios y sueldos es monumental, ascendiendo a cientos de millones, mientras que su distribución anual alcanza cifras astronómicas en los miles de millones.

Quizás algunos perciban en la IDEA que se esboza aquí el potencial para alcanzar las riquezas que ANHELAMOS. Es importante destacar que ideas de menor envergadura han sido el germen de fortunas monumentales. Un ejemplo paradigmático es la idea detrás de la tienda de cinco y diez centavos de Woolworth, que, pese a contar con menos mérito inicial, se convirtió en la génesis de una fortuna considerable para su creador.

Para aquellos que detecten una OPORTUNIDAD latente en esta sugerencia, el capítulo dedicado a la Planificación Organizada ofrecerá una guía invaluable. Indudablemente, un hábil comerciante de servicios personales hallará una demanda creciente de sus habilidades en cualquier lugar donde existan hombres y mujeres ansiosos por mejorar sus oportunidades de mercado. Al aplicar el principio de la Mente Maestra, un grupo reducido de individuos con las habilidades adecuadas podría formar una alianza y establecer un negocio próspero con rapidez. Sería necesario contar con habilidades como la redacción persuasiva, destrezas publicitarias, capacidad para mecanografiar y escribir a mano, y ser un hábil negociador capaz de dar a conocer el servicio a nivel global. Si una persona poseyera todas estas habilidades, podría emprender el negocio en solitario hasta que este creciera más allá de sus capacidades individuales.

La mujer que ideó el "Plan de Ventas de Servicios Personales" para su hijo ahora es solicitada en todo el país para colaborar en la creación de planes similares para quienes desean comercializar sus servicios personales a un valor más elevado. Con un equipo compuesto por mecanógrafas, artistas y escritoras expertas, tiene la habilidad de narrar las historias con tal eficacia que los servicios personales pueden ser valorados mucho más allá de los salarios estándar por servicios comparables. Tan segura está de su capacidad que, como parte fundamental de sus honorarios, acepta un porcentaje del incremento salarial que ayuda a obtener a sus clientes.

No obstante, su plan no se reduce simplemente a la habilidad de venta, donde ayuda a individuos a obtener más dinero por los mismos servicios que anteriormente ofrecían por menos. También vela por los intereses tanto del comprador como del vendedor de servicios personales, asegurando que el empresario obtenga un valor equitativo por el dinero adicional que desembolsa. El método para lograr este resultado sorprendente es un secreto profesional que reserva exclusivamente para sus clientes.

Si posees una mente CREATIVA y buscas maximizar la rentabilidad de tus servicios personales, esta sugerencia podría ser el incentivo que has estado buscando. Esta idea tiene el potencial de generar ingresos significativamente superiores a los de un médico, abogado o ingeniero promedio, cuya formación ha requerido años en la universidad. Es una idea que puede ser vendida a aquellos en busca de nuevos empleos, en casi todos los roles que exigen habilidades directivas o ejecutivas, así como a aquellos que buscan redefinir su posición actual.

Las IDEAS sólidas no tienen un precio fijo.

Detrás de toda IDEA yace un conocimiento especializado. Lamentablemente, para aquellos que no nadan en la abundancia, dicho conocimiento es más accesible y frecuente que las propias IDEAS. Esta verdad crea una demanda universal y una oportunidad creciente para aquellos capaces de asistir a individuos en la venta efectiva de sus servicios personales. La capacidad reside en la IMAGINACIÓN, la única cualidad necesaria para fusionar conocimientos especializados con IDEAS, dando lugar a PLANES ORGANIZADOS diseñados para generar riqueza.

Si posees una MENTE creativa, este capítulo puede proporcionarte una idea suficiente para iniciar el camino hacia las riquezas que anhelas. Recuerda, la IDEA es primordial; el conocimiento especializado puede hallarse en cualquier esquina, esperando ser descubierto.

Capítulo 6: Imaginación

El Taller De La Imaginación

El Quinto Paso Hacia La Riqueza

La imaginación constituye verdaderamente el taller donde se fraguan todos los planes concebidos por la humanidad. Impulsados por el DESEO, estos planes adquieren forma, se materializan y se transforman en ACCIÓN, gracias a la facultad imaginativa de la mente.

Se dice que el hombre puede materializar cualquier cosa que pueda concebir en su mente.

En todas las eras de la civilización, la actual destaca como un período especialmente propicio para el florecimiento de la imaginación, pues está marcada por cambios vertiginosos. En cada rincón se encuentran estímulos que nutren y expanden nuestra capacidad creativa.

Gracias a la imaginación, el ser humano ha logrado descubrir y aprovechar más fuerzas de la naturaleza en las últimas cinco décadas que en toda la historia previa de la humanidad. Ha conquistado los cielos de tal manera que incluso las aves son superadas por su habilidad para volar. Ha convertido el éter en un medio para comunicarse instantáneamente con cualquier lugar del mundo. Mediante la imaginación, ha analizado y evaluado el sol a millones de millas de distancia, identificando los elementos que lo componen. Se ha dado cuenta de que su propio cerebro actúa como una estación receptora y emisora de vibraciones del pensamiento, y está comenzando a aplicar este descubrimiento en la práctica. Ha aumentado la velocidad del transporte hasta el punto de que ahora podemos viajar a más de trescientos kilómetros por hora. Pronto llegará el día en que un individuo pueda desayunar en Nueva York y almorzar en San Francisco.

La ÚNICA LIMITACIÓN, dentro de un ámbito razonable, que enfrenta el ser humano RADICA EN EL DESARROLLO Y LA APLICACIÓN DE SU IMAGINACIÓN. Aún no ha alcanzado la cúspide en la expansión de esta facultad creativa. Hasta ahora, solo ha comenzado a explorar las posibilidades de su imaginación de manera rudimentaria, descubriendo apenas su potencial.

Dos Facetas De La Imaginación

La facultad imaginativa opera de dos maneras: la "imaginación sintética" y la "imaginación creadora".

LA IMAGINACIÓN SINTÉTICA permite ordenar antiguos conceptos, ideas o planes en nuevas combinaciones. No crea nada nuevo, sino que trabaja con el material de la experiencia, educación y observación. Es la herramienta principal del inventor, salvo cuando recurre a la Imaginación Creadora para resolver problemas.

LA IMAGINACIÓN CREATIVA permite a la mente humana finita establecer una conexión directa con la Inteligencia Infinita. Esta facultad nos brinda acceso a las "corazonadas" y las "inspiraciones", permitiéndonos recibir ideas fundamentales y novedosas.

Es mediante esta facultad que captamos las vibraciones de pensamiento de otras mentes y podemos sintonizar o comunicarnos con los subconscientes de nuestros semejantes.

La imaginación creativa opera de forma automática, tal como se detalla en las siguientes páginas. Sin embargo, esta facultad SOLO se activa cuando la mente consciente está vibrando a un ritmo excepcionalmente elevado, como cuando es impulsada por la emoción de un *intenso deseo*.

La capacidad creativa se agudiza y se vuelve más receptiva a las influencias de las fuentes mencionadas a medida que se desarrolla mediante su USO. Esta afirmación es profundamente significativa; te invito a reflexionar sobre ella antes de proseguir.

Es importante tener en cuenta, al aplicar estos principios, que la narrativa completa sobre cómo el DESEO puede transformarse en riqueza no puede encapsularse en una sola declaración. Esta narrativa solo alcanzará su plenitud cuando uno haya DOMINADO, INTERNALIZADO y COMENZADO a IMPLEMENTAR todos los principios.

Los titanes empresariales, líderes de la industria, maestros de las finanzas y virtuosos en las artes—músicos, poetas y escritores—alcanzaron la grandeza porque cultivaron la facultad de la imaginación creativa.

Tanto las habilidades sintéticas como las creativas de la imaginación se fortalecen con el uso, de la misma manera que los músculos y órganos del cuerpo se desarrollan con la práctica.

El deseo, en su estado inicial, es meramente un pensamiento, un impulso efímero y abstracto que carece de valor hasta que se materializa en su forma física. Aunque la imaginación sintética es predominantemente empleada en el proceso de convertir el impulso del DESEO en riqueza, es fundamental reconocer que también pueden surgir circunstancias y desafíos que demanden el uso de la imaginación creativa.

Tu capacidad imaginativa puede haberse debilitado por la inacción, pero puede reavivarse y ponerse alerta mediante el USO. Esta facultad no muere; simplemente puede volverse inactiva por falta de ejercicio.

Enfócate, por el momento, en cultivar la imaginación sintética, ya que esta es la facultad que utilizarás con mayor frecuencia en el proceso de convertir tus deseos en riqueza.

Transformar el impulso intangible, el DESEO, en la realidad tangible, el DINERO, requiere el uso de un plan o planes. Estos planes deben elaborarse con la ayuda de la imaginación, y en especial, de la facultad sintética.

Lee todo el libro y luego regresa a este capítulo para comenzar a poner en marcha tu imaginación en la creación de un plan o varios planes para convertir tus DESEOS en dinero. En casi todos los capítulos se proporcionan instrucciones detalladas para la elaboración de planes. Sigue las instrucciones que mejor se adapten a tus necesidades, y si aún no lo has hecho, pon por escrito tu plan. Al hacerlo, habrás dado forma concreta a tu DESEO intangible. Vuelve a leer la frase anterior. Hazlo lentamente y en voz alta, recordando que al plasmar por escrito tu deseo y un plan para alcanzarlo, habrás DADO EL PRIMER PASO de una serie que te llevará a convertir el pensamiento en su manifestación física.

La tierra en la que vives, tú mismo, y todas las cosas materiales son el resultado de un proceso evolutivo en el que se organizaron y dispusieron minúsculos fragmentos de materia de manera ordenada.

Y aquí radica una afirmación de gran importancia: esta tierra, cada una de las miles de millones de células individuales de tu cuerpo, y cada átomo de materia, empezaron como *formas intangibles de energía.*

¡El DESEO es un impulso del pensamiento! Los impulsos de pensamiento son formas de energía. Cuando te comprometes con el IMPULSO de acumular riqueza, estás utilizando la misma "materia" que la naturaleza empleó para crear esta tierra y todas las formas materiales del universo, incluyendo el cuerpo y el cerebro en los que operan los impulsos de pensamiento.

Según la ciencia, todo el universo está compuesto únicamente por dos elementos: materia y energía.

Mediante la combinación de energía y materia, se ha creado todo lo perceptible por el hombre, desde la estrella más grande que flota en los cielos hasta el hombre mismo, incluido. Ahora te sumerges en la tarea de aprovechar el método de la Naturaleza. Te dedicas sinceramente y con seriedad a adaptarte a las leyes de la Naturaleza, esforzándote por convertir el DESEO en su equivalente físico o monetario. ¡PUEDES LOGRARLO! ¡YA SE HA HECHO ANTES!

Puedes construir una fortuna con la ayuda de leyes que son inmutables. Sin embargo, primero debes familiarizarte con estas leyes y aprender a UTILIZARLAS. A través de la repetición y el enfoque exhaustivo en la descripción de estos principios desde todos los ángulos imaginables, el autor espera revelarte el secreto a través del cual se ha acumulado toda gran fortuna. Por extraño y paradójico que parezca, el "secreto" NO ES UN SECRETO. La propia Naturaleza lo anuncia en la tierra en la que vivimos, en las estrellas, en los planetas suspendidos a nuestra vista, en los elementos que hay sobre nosotros y a nuestro alrededor, en cada brizna de hierba y en cada forma de vida a nuestro alcance.

La naturaleza revela este "misterio" a través de la biología, transformando una diminuta célula, tan pequeña que podría perderse en la punta de un alfiler, en el SER HUMANO que en este momento lee estas líneas. La transmutación del deseo en su manifestación física es, sin duda, ¡un prodigio aún mayor!

No te desanimes si no comprendes plenamente todo lo que se ha dicho. A menos que lleves mucho tiempo estudiando la mente, no es de esperar que asimiles todo lo que hay en este capítulo en una primera lectura.

Pero, con el tiempo, progresarás.

Los siguientes principios te guiarán hacia una comprensión más profunda de la imaginación. Absorbe lo que comprendas al leer esta filosofía por primera vez. Al regresar para estudiarla nuevamente, notarás que algo ha cambiado, aportando mayor claridad y una comprensión más amplia en su totalidad. Importante destacar, NO TE DETENGAS ni vaciles en tu estudio de estos principios hasta que hayas leído el libro al menos TRES veces; entonces, no desearás detenerte.

Cómo Hacer Un Uso Práctico De La Imaginación

Las ideas son el punto de partida de todas las fortunas. Las ideas son productos de la imaginación. Examinemos algunas ideas bien conocidas que han producido enormes fortunas, con la esperanza de que estas ilustraciones transmitan información definitiva sobre el método mediante el cual puede utilizarse la imaginación para acumular riquezas.

La Tetera Encantada

Hace cincuenta años, un anciano médico rural emprendió un viaje hacia la ciudad. Atando su caballo frente a una droguería, se deslizó por la puerta trasera y entabló una negociación sigilosa con el joven dependiente. Su propósito estaba destinado a traer prosperidad a numerosas personas, representando el mayor beneficio para el Sur desde la Guerra Civil.

Por más de una hora detrás del mostrador, el viejo doctor y el empleado hablaron en voz baja. Luego el doctor salió de la farmacia hacia una calesa y agarró una tetera grande de apariencia antigua y una paleta de madera grande (usada para agitar el contenido de la tetera). Al volver a la farmacia los colocó en la parte trasera de la misma.

El empleado examinó detenidamente la tetera antes de extraer un rollo de billetes de su bolsillo interior y entregárselo al médico. Dentro del rollo se encontraban exactamente 500 dólares, representando la totalidad de sus ahorros. A cambio, el médico le entregó un pequeño papel con una fórmula secreta inscrita en él. Las palabras impresas en aquel papel tenían un valor equiparable al rescate de un monarca, aunque para el médico *no significaban más* que la clave para poner la tetera al fuego. Ni el doctor ni el joven empleado podían prever las fabulosas fortunas que la tetera estaba destinada a desatar.

El anciano médico estaba contento de haber vendido el equipo por 500 dólares, lo que liquidaría sus deudas y le otorgaría libertad financiera. Por otro lado, el empleado asumió un gran riesgo al invertir sus ahorros de toda la vida en un simple trozo de papel y una vieja tetera. Jamás habría imaginado que su inversión desencadenaría un torrente de riquezas que eclipsaría incluso el milagroso rendimiento de la lámpara de Aladino.

Lo que el empleado *realmente compró* fue una IDEA. La antigua tetera, la paleta de madera y el mensaje secreto en un trozo de papel eran secundarios. El asombroso rendimiento de la tetera comenzó cuando el nuevo propietario mezcló con las instrucciones secretas un ingrediente desconocido para el médico.

Lee detenidamente esta historia y deja volar tu imaginación. Intenta descubrir qué fue lo que el joven añadió al mensaje secreto para hacer que la tetera rebosara de oro. Recuerda, mientras lees, que esto no es un cuento de *Las Mil y una Noches;* es una historia de hechos más extraños que la ficción, hechos que se originaron a partir de una IDEA.

Ahora, observemos las inmensas fortunas de oro que ha generado esta idea. Ha pagado y sigue pagando enormes riquezas a hombres y mujeres de todo el mundo, quienes distribuyen su contenido a millones de personas.

La Vieja Tetera se erige hoy como uno de los principales consumidores de azúcar a nivel mundial, generando empleo estable para miles de hombres y mujeres dedicados al cultivo de la caña de azúcar, así como al refinado y la comercialización del producto.

Anualmente, La Vieja Tetera consume millones de botellas de vidrio, lo que brinda oportunidades laborales a numerosos trabajadores del sector del vidrio.

Además, esta emblemática empresa emplea a un amplio equipo de oficinistas, taquígrafos, redactores y expertos en publicidad, contribuyendo así al sustento de la nación. No menos importante es su contribución al mundo del arte, habiendo otorgado fama y fortuna a decenas de artistas cuyas obras magníficas han exaltado su producto.

La influencia de La Vieja Tetera se extiende más allá de sus instalaciones, convirtiendo una pequeña ciudad sureña en la capital empresarial del Sur, beneficiando tanto directa como indirectamente a todas las empresas y prácticamente a todos los residentes de la zona.

Esta idea innovadora no solo beneficia a nivel local, sino que su impacto se siente a nivel global, vertiendo una corriente continua de prosperidad a todos los países civilizados que tienen contacto con ella.

El apoyo financiero de La Vieja Tetera ha sido crucial en la construcción y el mantenimiento de una de las universidades más prestigiosas del Sur, proporcionando así educación de calidad a miles de jóvenes, esencial para su éxito futuro.

La Vieja Tetera ha sido protagonista de hazañas extraordinarias.

Incluso en los momentos más sombríos de la Gran Depresión, cuando las fábricas, bancos y empresas cerraban a gran escala, el propietario de esta Tetera Encantada perseveraba, *ofreciendo empleo constante* a un ejército de hombres y mujeres de diferentes rincones del mundo, recompensando generosamente a aquellos que desde hace tiempo *confiaron en su visión*.

Si este antiguo artefacto de latón pudiera hablar, relataría fascinantes historias en todos los idiomas posibles. Historias de amor, historias empresariales, narrativas de profesionales cuyas vidas se entrelazan gracias a su influencia cotidiana.

El autor está convencido de haber vivido al menos una de esas historias, pues él mismo fue parte de ella. Todo comenzó cerca de donde el farmacéutico adquirió la vieja tetera. Fue en ese lugar donde conoció a su esposa, quien por primera vez le habló del poder mágico de la Tetera Encantada. Aquel brebaje fue testigo del momento en que él le pidió que compartiera su vida "en lo bueno y en lo malo".

Ahora que sabes que el contenido de la Tetera Encantada es una bebida célebre en todo el mundo, es relevante que el autor confiese que su ciudad natal no solo le brindó una esposa, sino que la bebida misma proporciona una *claridad mental sin igual*, impulsando su creatividad sin afectar su juicio. Esta claridad mental es esencial para cualquier autor que aspire a realizar su mejor trabajo.

Independientemente de quién seas o dónde residas, y cual sea tu ocupación, deja que en el futuro, cada vez que te encuentres con las palabras "Coca-Cola", recuerdes que su vasto imperio de riqueza e influencia se originó a partir de una única IDEA, y que el misterioso ingrediente que el farmacéutico Asa Candler mezcló con su fórmula secreta fue... ¡IMAGINACIÓN!

Tómate un momento para reflexionar sobre ello.

Recuerda también que los trece pasos hacia la riqueza, delineados en este libro, fueron los medios mediante los cuales la influencia de Coca-Cola se ha extendido a todas las ciudades, pueblos, aldeas y encrucijadas del mundo. Y que CUALQUIER IDEA que puedas concebir, tan sólida y meritoria como la Coca-Cola, tiene el potencial de emular el espléndido legado de esta bebida refrescante a nivel mundial.

En verdad, los pensamientos tienen un poder tangible, y su influencia se extiende por todo el mundo.

¿Qué Yo Haría Si Tuviese Un Millón de Dólares?

Este relato demuestra la veracidad del antiguo dicho: "donde hay voluntad, hay un camino". Me lo narró el estimado educador y clérigo, el fallecido Frank W. Gunsaulus, quien comenzó su carrera pastoral en la zona de los mataderos del sur de Chicago.

Mientras estudiaba en la universidad, el Dr. Gunsaulus observó numerosas deficiencias en nuestro sistema educativo, deficiencias que creía poder corregir si dirigía una institución universitaria. Su *anhelo más profundo* era liderar una institución educativa donde se enseñara a los jóvenes de ambos sexos a "aprender haciendo".

Decidió establecer una nueva universidad donde pudiera poner en práctica sus ideas, sin verse limitado por los métodos educativos convencionales.

Sin embargo, necesitaba un millón de dólares para hacer realidad su proyecto. ¿De dónde podría obtener tal suma? Esta pregunta consumía la mayor parte de sus pensamientos.

A pesar de sus esfuerzos, parecía no avanzar.

Cada noche, aquel pensamiento se adueñaba de su mente antes de irse a dormir, y al despertar por la mañana, aún persistía. Se aferraba a él en cada momento del día, girando y girando en su cabeza hasta convertirse en una *obsesión* que lo consumía por completo. Un millón de dólares, reconocía, era una suma considerable. Sin embargo, también comprendía profundamente que la *única barrera real era la que uno mismo erigía en su mente*.

Como filósofo y orador, el Dr. Gunsaulus entendía, al igual que todos los triunfadores en la vida, que el primer paso crucial es definir un PROPÓSITO CLARO. Además, sabía que esta definición cobraba vida y poder cuando se acompañaba de un DESEO APASIONADO de convertir ese propósito en realidad material.

A pesar de poseer estas reveladoras verdades, desconocía dónde o cómo conseguir un millón de dólares. Lo más sencillo habría sido rendirse y abandonar, diciendo: "Bueno, mi idea es válida, pero nunca podré reunir el millón de dólares necesario". Esa habría sido la respuesta de la mayoría, pero no la del Dr. Gunsaulus. Sus palabras y acciones, que son cruciales, las dejo ahora que hablen por sí solas.

"Un sábado en la tarde, me encontré en mi habitación, reflexionando sobre cómo reunir los fondos necesarios para llevar a cabo mis planes. Después de casi dos años de pensamiento constante, me di cuenta de que *no hacía nada más que pensar*.

"Era hora de pasar a la ACCIÓN.

"En ese momento, tomé la firme decisión de conseguir el millón de dólares requerido en tan solo una semana. No me preocupaba el cómo en ese momento; lo crucial era el compromiso de alcanzar esa meta en un plazo determinado. Debo admitir que al tomar esa *decisión* definitiva, una extraña sensación de seguridad se apoderó de mí, una sensación que nunca había experimentado antes. Algo dentro de mí parecía susurrar: '¿Por qué no tomaste esta decisión hace mucho tiempo? El dinero estaba ahí esperándote todo el tiempo'.

"Los acontecimientos comenzaron a desarrollarse rápidamente. Contacté a los periódicos y anuncié que daría un sermón al día siguiente titulado: 'Lo que haría si tuviera un millón de dólares'.

"Me puse manos a la obra con el sermón de inmediato, pero debo confesar que la tarea no resultó difícil, ya que había estado preparándome para ese momento durante casi dos años. El espíritu que lo impulsaba era parte de mí desde hacía tiempo.

"Antes de que llegara la medianoche, ya había completado el sermón. Me retiré a descansar con una sensación de confianza, *pues podía visualizarme ya en posesión del millón de dólares.*

"Al despertar a la mañana siguiente, me dirigí al baño, leí nuevamente el sermón y luego me arrodillé para pedir que llegara a oídos de alguien capaz de proporcionarme los fondos necesarios.

"Mientras rezaba, esa certeza volvió a invadirme; estaba seguro de que el dinero llegaría. Tan emocionado estaba que, al salir, olvidé mi sermón, y no fue hasta estar frente al púlpito, a punto de comenzar a hablar, que me di cuenta de mi descuido.

"Fue demasiado tarde para recuperar mis apuntes, pero en retrospectiva, fue una bendición que no pude hacerlo. En su lugar, mi mente subconsciente me proporcionó el material que necesitaba. Al levantarme para comenzar mi sermón, cerré los ojos y hablé con todo mi corazón y alma sobre mis sueños. No solo dirigía mis palabras al auditorio, sino que sentía como si estuviera comunicándome también con Dios. Describí lo que haría con un millón de dólares si se me otorgara esa suma. Expuse mi plan para establecer una institución educativa de renombre, donde los jóvenes no solo adquirirían habilidades prácticas, sino que también expandirían sus mentes.

"Cuando concluí y me senté, un hombre se levantó lentamente unas tres filas detrás y se dirigió hacia el púlpito. Me pregunté qué estaba por hacer. Al llegar al púlpito, extendió la mano y dijo: 'Reverendo, su sermón me ha impactado profundamente. Creo firmemente en su capacidad para llevar a cabo todo lo que ha descrito si tuviera un millón de dólares. Para demostrar mi fe en usted y su mensaje, le invito a visitar mi despacho mañana por la mañana, donde le entregaré el millón de dólares. Mi nombre es Philip D. Armour'".

El joven Gunsaulus acudió a la cita en el despacho del Sr. Armour, y efectivamente recibió el millón de dólares. Con ese dinero, fundó el Instituto Armour de Tecnología.

Es un monto que la mayoría de los predicadores no llegan a ver en toda su vida, pero el impulso del dinero se materializó en la mente del joven predicador en un instante. El millón de dólares necesario surgió de una idea, y detrás de esa idea residía un DESEO que había cultivado en su mente durante casi dos años.

Considera este hecho trascendental: EN UN LAPSO DE TREINTA Y SEIS HORAS, LOGRÓ ASEGURAR LOS FONDOS DESPUÉS DE HABER TOMADO UNA DETERMINACIÓN FIRME EN SU MENTE Y HABER TRAZADO UN PLAN CONCRETO PARA ALCANZAR SU OBJETIVO.

No fue simplemente una cuestión de contemplar vagamente la idea de obtener un millón de dólares y esperar pasivamente su concreción. Otros antes que él, y muchos después de él, han albergado pensamientos similares. Sin embargo, lo distintivo radica en la decisión que tomó en aquel memorable sábado, cuando abandonó la vaguedad y proclamó con firmeza: "¡ALCANZARÉ esa suma dentro de una semana!"

Dios parece favorecer al individuo que tiene una visión clara de lo que desea, siempre y cuando *esté decidido* a perseguir EXACTAMENTE ESO.

Además, el principio que permitió al Dr. Gunsaulus alcanzar su millón de dólares sigue siendo relevante y accesible en la actualidad. Esta ley universal está tan vigente en nuestros días como lo estaba cuando el joven predicador la utilizó con éxito. Este libro detalla, paso a paso, los trece componentes de esta poderosa ley y sugiere cómo implementarlos.

Es crucial notar que Asa Candler y el Dr. Frank Gunsaulus compartían una característica fundamental. Ambos comprendían la sorprendente verdad de que LAS IDEAS PUEDEN CONVERTIRSE EN DINERO A TRAVÉS DEL PODER DE UN PROPÓSITO DEFINIDO Y PLANES CONCRETOS.

Si crees que la riqueza proviene únicamente del trabajo arduo y la honestidad, lamentablemente te equivocas. Las riquezas, especialmente en grandes cantidades, rara vez son el fruto del trabajo duro. Más bien, llegan en respuesta a demandas definidas, basadas en la aplicación de principios definidos, y no por casualidad o suerte. En términos generales, una idea es un impulso de pensamiento que incita a la acción y despierta la imaginación. Todos los maestros vendedores saben que las ideas pueden venderse incluso donde los productos tangibles no pueden. Los vendedores corrientes no entienden esto, por eso siguen siendo "corrientes".

Un editor de libros, cuyas publicaciones se vendían a cinco céntimos, hizo un descubrimiento que podría resultar invaluable para la industria en general. Se dio cuenta de que muchas personas compraban los títulos y no el contenido de los libros. Al cambiar el título de un libro que no se vendía, las ventas de ese libro aumentaron en más de un millón de ejemplares. El contenido del libro permaneció intacto; simplemente retiró la cubierta con el título original y la reemplazó por una nueva con un título más "atractivo".

Este simple acto fue una IDEA; fue IMAGINACIÓN en acción.

No existe un precio estándar para las ideas. El creador de una idea establece su propio valor y, si es astuto, lo obtiene.

La industria cinematográfica creó una pléyade de millonarios, muchos de los cuales no eran capaces de generar ideas por sí mismos, PERO poseían la imaginación para reconocerlas cuando las veían.

El próximo grupo de millonarios emergerá de la industria de la radio, un campo nuevo que aún no está saturado de individuos con una aguda visión creativa. Aquellos que descubran o creen programas radiales innovadores y valiosos, y tengan la imaginación para reconocer su mérito y ofrecérselos a los oyentes, serán los que cosechen la riqueza en esta nueva industria.

Los patrocinadores, quienes actualmente financian todo el "entretenimiento" radiofónico, pronto se darán cuenta del valor de las ideas y exigirán algo a cambio de su inversión. El individuo que supere a los patrocinadores y ofrezca programas que brinden un servicio útil será quien amase fortunas en esta nueva era de la industria radiofónica.

Los presentadores y locutores que actualmente saturan el aire con chistes y risas vacías pronto serán reemplazados por verdaderos artistas, quienes ejecutarán programas meticulosamente planeados y diseñados para enriquecer las mentes de la audiencia, además de brindar entretenimiento.

Aquí se extiende un vasto terreno de oportunidades que clama enérgicamente por un rescate de la mediocridad que lo asfixia, urgido por la necesidad de imaginación. Más que nunca, lo que la radio ansía son ideas frescas y revitalizantes.

Si te intriga este nuevo campo de oportunidades, considera que los programas de radio exitosos del futuro se centrarán en la creación de audiencias "compradoras", en lugar de simplemente "oyentes". En otras palabras, el éxito radicará en convertir a los "oyentes" en "compradores". El constructor de programas de radio exitosos deberá demostrar de manera convincente el impacto de sus programas en la audiencia.

Los patrocinadores ya no están interesados en comprar publicidad basada en afirmaciones vacías. Demandarán pruebas irrefutables de que un programa no solo divierte a millones, sino que también impulsa las ventas.

Es importante que quienes consideren ingresar a este nuevo campo de oportunidades comprendan que la publicidad radiofónica será gestionada por un grupo completamente diferente de expertos en publicidad, separados y distintos de los tradicionales profesionales de las agencias de publicidad de periódicos y revistas. Los veteranos en publicidad *pueden tener dificultades para comprender* los guiones radiofónicos modernos, ya que han sido formados para VISUALIZAR ideas. La nueva técnica radiofónica requiere individuos capaces de interpretar las ideas de un *manuscrito* en términos de SONIDO. Al autor le llevó un año de arduo trabajo y una considerable inversión económica aprender esta habilidad.

La radio, en este momento, se encuentra en una posición similar a la de las películas en movimiento cuando Mary Pickford y sus característicos rizos hicieron su primera aparición en la pantalla. En el mundo radiofónico, hay un amplio espacio para aquellos que *puedan generar o identificar* IDEAS.

Si el anterior comentario sobre las oportunidades en la radio no ha estimulado tu creatividad, tal vez sea mejor que lo descartes y explores otras áreas. Sin embargo, si te ha intrigado mínimamente, te invito a profundizar en él. Quién sabe, podrías encontrar la IDEA que impulse tu carrera hacia nuevos horizontes.

No permitas que la falta de experiencia en radio te desanime. Andrew Carnegie admitió tener escasos conocimientos sobre la fabricación de acero, según sus propias palabras, pero supo aplicar de manera práctica dos de los principios descritos en este libro y transformó el negocio del acero en una fuente de riqueza incalculable.

La historia detrás de casi todas las grandes fortunas comienza el día en que un generador de ideas y un vendedor de ideas se unen y trabajan en armonía. Carnegie se rodeó de personas capaces de hacer lo que él no podía. Gente que concebía ideas y personas que las ponían en acción, lo que les llevó a él y a otros a alcanzar una riqueza fabulosa.

Millones de personas pasan por la vida esperando "oportunidades" favorables. Aunque es cierto que una oportunidad favorable puede abrir puertas, el enfoque más seguro es no depender exclusivamente de la suerte. En mi caso, una "oportunidad" favorable me brindó la mayor oportunidad de mi vida, pero tuvieron que pasar veinticinco años de *esfuerzo dedicado* antes de que se convirtiera en un activo real.

Esta "oportunidad" se presentó cuando tuve la suerte de conocer a Andrew Carnegie y colaborar con él. En ese momento, Carnegie plantó en mi mente la *idea* de organizar los principios del éxito en una filosofía del logro. A lo largo de veinticinco años de investigación, miles de personas se han beneficiado de los descubrimientos realizados, acumulando varias fortunas mediante la aplicación de esta filosofía.

El comienzo fue simple. Era una CONCEPCIÓN que cualquiera podría haber formulado.

La oportunidad favorable llegó a través de Carnegie, pero ¿qué hay de la FIRMEZA, la CLARIDAD DEL PROPÓSITO, el ANHELO DE ALCANZAR LA META y el ESFUERZO CONTINUO DE VEINTICINCO AÑOS? No era un DESEO común que resistiera la decepción, el desánimo, la derrota temporal, la crítica y el constante recordatorio de "pérdida de tiempo". ¡Era un DESEO ARDIENTE! ¡UNA OBSESIÓN!

Cuando el Sr. Carnegie implantó la idea en mi mente por primera vez, la nutrió, la cuidó y la alentó para *mantenerla viva*. Poco a poco, la idea se convirtió en un gigante por sí misma, y me nutrió, me cuidó y me impulsó. Las ideas son así. Al principio, les das vida, acción y dirección, y luego adquieren poder propio y superan cualquier oposición.

Las ideas son fuerzas intangibles, pero tienen más poder que los cerebros físicos que las conciben. Tienen el poder de persistir incluso después de que el cerebro que las creó haya desaparecido. Tomemos el poder del cristianismo, por ejemplo. Surgió de una idea simple en la mente de Cristo. Su principio fundamental era: "Haz a los demás lo que te gustaría que te hicieran a ti". Aunque Cristo ya no está entre nosotros, Su IDEA sigue adelante. Con el tiempo, crecerá y alcanzará su plenitud, cumpliendo así el más profundo DESEO de Cristo. La IDEA lleva solo dos mil años desarrollándose. ¡Demos tiempo al tiempo!

El Éxito No Necesita Explicación
El Fracaso No Admite Excusas

Capítulo 7: Planificación Organizada

Cristalizando El Deseo En Acción

El Sexto Paso Hacia La Riqueza

Has descubierto que todo lo que el hombre crea o adquiere comienza como un DESEO; que el deseo es el punto de partida en su viaje, desde lo abstracto hasta lo concreto, en el taller de la IMAGINACIÓN, donde se diseñan y organizan los PLANES para su realización.

En el Capítulo 2, se te instó a seguir seis pasos concretos y prácticos como el primer paso para transformar el deseo de dinero en su equivalente monetario. Uno de estos pasos es la formulación de planes DEFINIDOS y prácticos, a través de los cuales se pueda lograr esta transformación. Ahora se te guiará sobre cómo elaborar planes que sean prácticos:

a) Forma una alianza con un grupo de personas, tantas como sean necesarias, para la creación y ejecución de tu plan o planes de acumulación de dinero, utilizando el principio de la "Mente Maestra" que se detalla en un capítulo posterior. (Cumplir esta instrucción es absolutamente esencial. No la descuides).

b) Antes de formar tu alianza de "Mente Maestra", determina qué ventajas y beneficios puedes ofrecer a los miembros individuales de tu grupo a cambio de su cooperación. Nadie trabajará indefinidamente sin alguna forma de compensación. Ninguna persona inteligente pedirá o esperará que otra trabaje sin una compensación adecuada, aunque esta no siempre sea en forma de dinero.

c) Organiza reuniones con los miembros de tu grupo de "Mente Maestra" al menos dos veces por semana, y con mayor frecuencia de ser posible, hasta que juntos hayan perfeccionado el plan o planes necesarios para la acumulación de dinero.

d) Mantén una ARMONÍA PERFECTA entre tú y cada miembro de tu grupo de "Mente Maestra". Si no cumples esta instrucción al pie de la letra, puedes esperar enfrentarte al fracaso. El principio de la "Mente Maestra" no puede triunfar donde no reina la ARMONÍA PERFECTA.

Ten en cuenta estos puntos:

Primero. Embarcarse en una empresa de gran trascendencia personal exige la concepción de planes meticulosos para asegurar el éxito.

Segundo. Es esencial aprovechar la ventaja de la experiencia, la educación, la habilidad innata y la creatividad de otras mentes afines. Este enfoque está en sintonía con los métodos seguidos por aquellos que han logrado acumular grandes fortunas.

Nadie posee en sí mismo la suficiente experiencia, educación, habilidad innata y conocimientos para garantizar la acumulación de una gran riqueza sin la colaboración de otros. Cada plan concebido en tu búsqueda de prosperidad debe ser el fruto de la colaboración entre tú y los demás miembros de tu círculo de "Mentes Maestras". Si bien puedes idear tus propios planes, ES CRUCIAL QUE ESTOS SEAN REVISADOS Y

RESPALDADOS POR LOS MIEMBROS DE TU ALIANZA DE "MENTE MAESTRA".

Si el primer plan que implementas no da los resultados esperados, es imperativo sustituirlo por uno nuevo. Y si este segundo plan tampoco resulta efectivo, deberás reemplazarlo a su vez por otro, y así sucesivamente, hasta dar con uno que SÍ FUNCIONE. Es en este punto donde la mayoría de las personas fracasan, debido a su falta de PERSISTENCIA para crear nuevos planes que sustituyan a los que fallan.

Incluso el individuo más inteligente no puede alcanzar el éxito en la acumulación de riqueza, o en cualquier otra empresa, sin planes prácticos y viables. Mantén presente este hecho y recuerda que, cuando tus planes fallen, la derrota temporal no equivale a un fracaso definitivo. Puede ser simplemente indicativo de que tus planes no estaban suficientemente sólidos. Construye nuevos planes y comienza de nuevo.

Thomas A. Edison "fracasó" diez mil veces antes de perfeccionar la bombilla eléctrica incandescente. En otras palabras, se enfrentó a la *derrota temporal* diez mil veces antes de que sus esfuerzos finalmente fueran coronados con el éxito.

La derrota temporal solo indica una cosa: la necesidad de revisar y mejorar tu plan. Innumerables personas transitan por la vida enfrentando la miseria y la pobreza, simplemente porque carecen de un plan sólido para la acumulación de riqueza.

Henry Ford no amasó su fortuna meramente por su genialidad, sino por su adopción y ejecución de un PLAN probado y sólido. Podríamos encontrar a mil individuos con una educación superior a la de Ford, pero viviendo en la pobreza porque carecen del PLAN ADECUADO para prosperar financieramente.

La magnitud de tus logros está intrínsecamente ligada a la solidez de tus PLANES. Aunque pueda sonar como una afirmación obvia, su veracidad es innegable. Un ejemplo paradigmático es el de Samuel Insull, quien vio desvanecerse una fortuna de más de cien millones de dólares. La construcción de la riqueza de Insull se cimentó en planes sólidos. Sin embargo, la depresión empresarial lo obligó a REVISAR SUS ESTRATEGIAS, y ese cambio marcó una "derrota temporal", ya que los nuevos planes CARECÍAN de la misma solidez. Aunque ahora sea un anciano, Insull puede aceptar el "fracaso" en lugar de la "derrota temporal", pero si su experiencia se torna en un FRACASO, se deberá a la falta del ardor de la PERSISTENCIA para reconstruir sus planes.

En la senda hacia la seguridad financiera, ninguna persona es verdaderamente DERROTADA hasta que así lo *decida en su propia mente*.

Este principio se manifiesta una y otra vez, ya que es común que al primer indicio de contratiempo, muchos desistan.

James J. Hill enfrentó una adversidad temporal al intentar inicialmente reunir el capital necesario para su proyecto ferroviario de Este a Oeste. Sin embargo, transformó esa derrota en una victoria al *idear nuevos planes*. De manera similar, Henry Ford se topó con obstáculos en varias etapas de su carrera automovilística, pero persistió, ajustó sus estrategias y avanzó hacia el éxito financiero.

Es crucial reconocer que aquellos que acumulan grandes fortunas suelen haber superado desafíos temporales que quedan eclipsados por su triunfo final.

SEGUIR ESTA FILOSOFÍA IMPLICA COMPRENDER QUE LAS "DERROTAS TEMPORALES" SON PARTE DEL PROCESO HACIA LA RIQUEZA. Cuando enfrentes un revés, tómalo como una señal de que tus planes necesitan ajustes, reconstrúyelos y continúa hacia tu meta. Rendirse antes de alcanzar el objetivo designa a uno como "renunciante", y como bien se sabe—

LOS QUE RENUNCIAN NUNCA GANAN, MIENTRAS QUE LOS GANADORES NUNCA RENUNCIAN.

Escribe esta afirmación en un trozo de papel con letras de dos centímetros de altura y ubícala donde puedas verla todas las noches antes de dormir y todas las mañanas antes de iniciar tu jornada laboral.

Cuando elijas a los integrantes para tu grupo de "Mentes Maestras", procura seleccionar a aquellos que no se desanimen fácilmente ante la derrota.

Algunas personas erróneamente creen que solo el DINERO puede generar más dinero. ¡Pero esto no es verdad! El DESEO, transformado en su equivalente monetario mediante los principios aquí expuestos, es la fuerza mediante la cual se "crea" el dinero. El dinero, en sí mismo, es simplemente materia inerte. No puede moverse, pensar o hablar, ¡pero puede 'escuchar' cuando alguien que lo DESEA lo invoca!

Planificando la Venta de Servicios

La comercialización de servicios personales requiere una cuidadosa planificación y estrategia. Este capítulo se dedica a explorar diversas formas y medios para llevar a cabo esta tarea con éxito. Si bien la información ofrecida será útil para cualquier persona involucrada en la comercialización de servicios, resultará especialmente valiosa para aquellos que aspiran a liderar en sus respectivas ocupaciones.

La planificación inteligente es fundamental para alcanzar el éxito en la acumulación de riqueza a través de la venta de servicios personales. Aquí encontrarás instrucciones detalladas para aquellos que se embarcan en este camino hacia la prosperidad.

Es motivador saber que la mayoría de las grandes fortunas se originaron en la compensación por servicios personales o la venta de IDEAS. ¿Qué otra cosa, aparte de ideas y servicios personales, puede ofrecer alguien sin propiedades a cambio de riquezas?

En términos generales, existen dos tipos de personas en el mundo: los LÍDERES y los SEGUIDORES. Es crucial decidir desde el principio si deseas convertirte en un líder en tu campo elegido o si prefieres permanecer como un seguidor. La diferencia en compensación entre ambos roles es significativa. Aunque muchos seguidores esperan recibir la misma compensación que los líderes, esto rara vez ocurre.

No hay nada de deshonroso en ser un seguidor, pero tampoco es un mérito. La mayoría de los grandes líderes comenzaron como seguidores, pero se destacaron porque fueron SEGUIDORES INTELIGENTES. En general, aquel que no puede seguir a un líder de manera inteligente difícilmente se convertirá en un líder eficaz. Por otro lado, aquellos que pueden seguir a un líder con eficacia a menudo ascienden más rápidamente en el liderazgo. Un seguidor inteligente disfruta de numerosas ventajas, incluida la OPORTUNIDAD DE ADQUIRIR CONOCIMIENTOS DIRECTAMENTE DE SU LÍDER.

Los Atributos Principales Del Liderazgo

A continuación, se enumeran los elementos clave que definen el liderazgo:
1. VALOR INQUEBRANTABLE. Este debe estar arraigado en un profundo autoconocimiento y comprensión de la propia ocupación. Ningún seguidor desea

ser guiado por un líder carente de confianza y valentía. La falta de estas cualidades mina la relación entre líder y seguidor, erosionando la confianza de manera irremediable.

2. AUTOCONTROL. Quien no puede dominarse a sí mismo, difícilmente podrá ejercer control sobre los demás. El autocontrol no solo es un atributo personal, sino también un modelo a seguir para los seguidores más perspicaces.
3. SENTIDO AGUDO DE JUSTICIA. Sin un equilibrio entre equidad y justicia, ningún líder puede mantener el respeto y la lealtad de sus seguidores a largo plazo.
4. FIRMEZA EN LA TOMA DE DECISIONES. La vacilación en la toma de decisiones revela inseguridad y debilidad en el liderazgo. La confianza en uno mismo es fundamental para guiar con éxito a otros.
5. PLANIFICACIÓN DEFINIDA. El liderazgo efectivo requiere una planificación meticulosa y la ejecución precisa de dichos planes. Un líder que se mueve por conjeturas está condenado al fracaso, como un barco sin timón que eventualmente naufraga.
6. COMPROMISO DE SUPERAR LAS EXPECTATIVAS. Uno de los desafíos del liderazgo es la necesidad de que el líder esté dispuesto a esforzarse más allá de lo que exige a sus seguidores.
7. PERSONALIDAD ATRACTIVA. El liderazgo implica inspirar respeto, y una apariencia y comportamiento descuidados no son compatibles con esta exigencia.
8. EMPATÍA Y COMPRENSIÓN. Un líder exitoso debe conectar emocionalmente con sus seguidores y comprender sus problemas y preocupaciones.
9. DOMINIO DE LOS DETALLES. El éxito en el liderazgo requiere un profundo conocimiento de todos los aspectos relevantes de la posición del líder.
10. ASUMIR LA RESPONSABILIDAD TOTAL. Un líder efectivo debe estar dispuesto a asumir la responsabilidad por los errores y fracasos de sus seguidores, en lugar de desviarla hacia otros.
11. COOPERACIÓN. El liderazgo exitoso se basa en *aplicar* el principio del esfuerzo cooperativo, donde el PODER se ejerce con la COLABORACIÓN de los seguidores, en lugar de ser impuesto por la fuerza.

Existen dos formas de liderazgo: la primera y más efectiva es EL LIDERAZGO POR CONSENTIMIENTO y simpatía de los seguidores, mientras que la segunda es EL LIDERAZGO POR LA FUERZA, que carece de la aprobación y la afinidad de los seguidores.

La historia nos enseña que el liderazgo por la fuerza es insostenible a largo plazo. La caída de dictadores y monarcas ilustra claramente que la gente no seguirá indefinidamente un liderazgo impuesto.

El mundo ha ingresado recientemente en una nueva era en las relaciones entre líderes y seguidores, una era que claramente demanda nuevos líderes y un estilo de liderazgo renovado en los ámbitos empresariales e industriales. Aquellos arraigados en la antigua escuela del liderazgo coercitivo deben comprender la importancia de adoptar un enfoque colaborativo, o de lo contrario, corren el riesgo de quedarse rezagados y convertirse en seguidores. Simplemente no tienen otra alternativa.

En el futuro, la dinámica entre empresarios y empleados, o entre líderes y seguidores, se basará en una cooperación mutua, donde los beneficios del negocio se compartirán equitativamente. Esta relación se asemejará más a una asociación que a la tradicional jerarquía del pasado.

Figuras históricas como Napoleón, el káiser Guillermo de Alemania, el zar de Rusia y el rey de España personificaron el liderazgo coercitivo, pero su tiempo ha pasado. De manera análoga, muchos líderes empresariales, financieros y sindicales en Estados Unidos que siguen este modelo están siendo desplazados o están al borde de serlo.

¡*El liderazgo basado en el consentimiento de los seguidores* es el único que perdurará!

Si bien es posible que los hombres sigan el liderazgo forzado temporalmente, no lo harán por propia voluntad.

La nueva forma de LIDERAZGO abarcará los once factores descritos en este capítulo, así como otros elementos adicionales. Aquel que base su liderazgo en estos principios encontrará numerosas oportunidades para liderar en cualquier ámbito de la vida. La prolongada depresión se debió, en gran medida, a la ausencia de un LIDERAZGO de esta nueva índole. Al finalizar la depresión, la demanda de líderes competentes para implementar estos nuevos enfoques superó con creces la oferta. Si bien algunos líderes antiguos podrán reformarse y adaptarse, en general, el mundo necesitará nuevas figuras para liderarlo.

¡Esta necesidad puede representar tu OPORTUNIDAD!

Las 10 Mayores Causas De Fracaso En Liderazgo

Ahora, exploraremos los defectos principales que conducen al fracaso de los líderes, ya que entender QUÉ NO HACER es tan crucial como comprender qué hacer.

1. CARENCIA DE HABILIDAD PARA ORGANIZAR LOS DETALLES. Un liderazgo efectivo requiere la destreza para organizar y manejar los detalles. Ningún líder genuino se considera "demasiado ocupado" para abordar las responsabilidades inherentes a su posición. Al admitir la falta de tiempo para ajustar planes o atender emergencias, tanto líderes como seguidores revelan su ineficacia. Un líder exitoso debe ser experto en todos los detalles relacionados con su función, lo que implica delegar tareas a subordinados competentes.

2. FALTA DE VOLUNTAD PARA OFRECER UN SERVICIO HUMILDE. Los líderes verdaderamente destacados están dispuestos, cuando es necesario, a realizar cualquier labor que solicitarían a otros. La premisa de que *"el más grande entre ustedes será el servidor de todos"* es un principio que todos los líderes competentes observan y respetan.

3. EXPECTATIVA DE SER REMUNERADO POR EL CONOCIMIENTO EN LUGAR DE POR LA ACCIÓN QUE DERIVA DE ÉL. En el mundo actual, no se recompensa a las personas simplemente por su conocimiento. La compensación viene por lo que llevan a cabo con ese conocimiento, o por la influencia que ejercen sobre otros para que ACTÚEN en consecuencia.

4. TEMOR A LA COMPETENCIA DE SUS SEGUIDORES. El temor a la competencia entre los seguidores es un obstáculo común para muchos líderes. Sin embargo, aquellos que cultivan la capacidad de formar sucesores están destinados

a trascender este miedo. Un líder verdaderamente efectivo entiende la importancia de desarrollar y empoderar a otros para delegar responsabilidades según sea necesario. Esta práctica no solo permite al líder multiplicarse en su influencia, sino también estar presente en múltiples frentes y atender diversas áreas simultáneamente. Es una verdad universal que aquellos que son recompensados por SU HABILIDAD PARA CAPACITAR A OTROS obtienen mayores beneficios que aquellos que dependen únicamente de sus propios esfuerzos. Un líder eficiente, dotado de un profundo conocimiento en su campo y un carisma magnético, tiene el poder de elevar exponencialmente la eficacia de quienes lo rodean. Su influencia puede motivar a otros a brindar servicios superiores a los que podrían ofrecer sin su guía y apoyo.

5. AUSENCIA DE IMAGINACIÓN. Sin creatividad, un líder carece de la capacidad para enfrentar emergencias y elaborar planes que guíen a sus seguidores de manera efectiva.

6. EGOÍSMO. Un líder que reclama todo el mérito por el trabajo de sus seguidores generará resentimiento. El verdadero líder NO BUSCA RECONOCIMIENTO PERSONAL, sino que se complace en que este recaiga en sus seguidores, reconociendo que la mayoría se motiva más por el elogio que por la compensación económica.

7. FALTA DE TEMPLANZA. Los seguidores no respetan a un líder que carece de moderación. Además, la *intemperancia*, en cualquiera de sus formas, socava la resistencia y vitalidad de quienes la practican.

8. DESLEALTAD: Quizá este punto debería encabezar la lista. Un líder que no demuestra lealtad hacia aquellos en quienes confía, así como hacia sus asociados, superiores y subordinados, no podrá sostener su liderazgo por mucho tiempo. La falta de lealtad marca a uno como insignificante, incluso menos que el polvo bajo los pies, atrayendo el desprecio que merece. La deslealtad es una de las principales causas de fracaso en todas las áreas de la vida.

9. ÉNFASIS EN LA "AUTORIDAD" DEL LIDERAZGO. Un líder eficaz guía mediante la inspiración, no buscando sembrar el temor en los corazones de sus seguidores. Aquel líder que busca impresionar con su "autoridad" se sitúa en la esfera del liderazgo basado en la COERCIÓN. Si un LÍDER GENUINO está al mando, no necesitará proclamarlo, sino que su liderazgo será evidente en su comportamiento: su empatía, comprensión, imparcialidad y su demostrada competencia en su labor.

10. ÉNFASIS EN EL TÍTULO. Un líder competente no requiere de un título para ganarse el respeto de sus seguidores. Aquellos que enfatizan demasiado su título suelen tener poco más que ofrecer. Las puertas del líder auténtico están abiertas para todos, sin formalidades ni ostentaciones en sus lugares de trabajo.

"Estas son algunas de las causas más comunes del fracaso en el liderazgo. Cualquiera de estos fallos es suficiente para inducir al fracaso. Si aspiras al liderazgo, estudia esta lista detenidamente y asegúrate de estar libre de estos defectos.

Campos Fértiles En Los Que Se Requiere Un "Nuevo Enfoque" De Liderazgo

Antes de concluir este capítulo, nos gustaría destacar algunos de estos campos donde ha habido un declive en el liderazgo y donde el nuevo tipo de líder puede encontrar numerosas OPORTUNIDADES.

Primero, en el ámbito político, existe una demanda urgente de nuevos líderes; una demanda que refleja una verdadera emergencia. La mayoría de los políticos parecen haberse convertido en chantajistas legalizados de alto nivel, aumentando impuestos y corrompiendo la maquinaria industrial y comercial hasta el punto en que el pueblo ya no puede soportar la carga.

Segundo, el sector bancario está experimentando una reforma. Los líderes de esta industria han perdido casi por completo la confianza del público. Los banqueros ya han reconocido la necesidad de reformas y han comenzado a implementarlas.

Tercero, la industria requiere nuevos líderes. El antiguo modelo de líderes se centraba en los dividendos en lugar de considerar las necesidades humanas. El líder industrial del futuro debe verse a sí mismo como un servidor público cuya responsabilidad es administrar con cuidado, evitando causar dificultades a individuos o grupos. La explotación de los trabajadores pertenece al pasado. Cualquier persona que aspire al liderazgo empresarial debe recordar esto.

Cuarto, el líder religioso del futuro deberá prestar más atención a las necesidades inmediatas de sus seguidores, abordando sus problemas económicos y personales actuales, y menos al pasado o al futuro.

Quinto, en las profesiones de la abogacía, la medicina y la educación, emerge una demanda creciente de un enfoque renovado en el liderazgo, especialmente destacado en el ámbito educativo. El líder de este campo deberá orientarse hacia la APLICACIÓN PRÁCTICA del conocimiento impartido en las aulas, priorizando la ACCIÓN sobre la mera TEORIZACIÓN.

Sexto, el periodismo también reclama una nueva generación de líderes. Los periódicos del futuro, para alcanzar el éxito, deben emanciparse del "privilegio especial" y liberarse de la dependencia de la publicidad subvencionada. Deben alejarse de ser meros portavoces de los intereses que respaldan sus espacios publicitarios. Aquellos medios que se dedican a sensacionalismos y contenidos lascivos están destinados a desaparecer, junto con las influencias que corrompen la mente humana.

Estos son solo algunos ámbitos que requieren nuevos líderes y un enfoque de liderazgo renovado. En un mundo en constante evolución, los medios de comunicación que moldean los hábitos humanos deben adaptarse al cambio. Son estos medios de comunicación los que, más que ningún otro, influyen en la trayectoria de la civilización.

Cómo Y Cuándo Solicitar Un Puesto

La información que encontrarás a continuación es el fruto de años de experiencia, durante los cuales hemos asistido a miles de personas en la efectiva comercialización de sus servicios. Por lo tanto, puede considerarse como un conjunto sólido y práctico de consejos.

Medios Para Comercializar Los Servicios

La experiencia nos ha enseñado que los siguientes métodos son los más directos y eficaces para conectar a compradores y vendedores de servicios personales:

1. OFICINAS DE EMPLEO: Selecciona con precaución, optando únicamente por aquellas oficinas de confianza cuyos gerentes puedan demostrar resultados satisfactorios. Estas son relativamente escasas.
2. PUBLICIDAD: La publicidad en periódicos, revistas especializadas y en la radio es una herramienta efectiva para la búsqueda de empleo. Para roles administrativos o puestos asalariados estándar, la publicidad clasificada suele dar buenos resultados. Por otro lado, para aquellos en búsqueda de conexiones ejecutivas, la publicidad gráfica es más apropiada. Es esencial que el contenido publicitario sea redactado por un experto que comprenda cómo resaltar las cualidades del candidato de manera persuasiva.
3. CARTAS DE SOLICITUD PERSONALIZADAS: Es fundamental dirigirse directamente a las empresas o individuos que puedan requerir los servicios ofrecidos. Estas cartas deben ser redactadas a máquina y firmadas a mano para mostrar profesionalismo. Acompañando la carta, se debe enviar un resumen detallado de las cualificaciones del solicitante. Es recomendable contar con la ayuda de un experto para la redacción tanto de la carta como del resumen de experiencia, garantizando así una presentación efectiva de las habilidades y competencias del candidato.
4. REFERENCIAS PERSONALES: Cuando sea factible, es recomendable que el solicitante intente establecer contacto con posibles empleadores a través de conexiones personales. Este enfoque resulta especialmente beneficioso para aquellos que buscan oportunidades en niveles ejecutivos y desean evitar la sensación de autopromoción.
5. SOLICITUD EN PERSONA: En ciertos casos, la presentación personal de los servicios puede ser más efectiva. En este caso, se debe proporcionar una declaración escrita completa de las calificaciones, ya que los empleadores a menudo desean discutir el historial del solicitante con sus asociados.

Información Que Debe Suministrarse En Un Escrito

La redacción del escrito debe ser meticulosa, equiparable al cuidado que un abogado dedica a preparar un caso para su juicio ante un tribunal. A menos que el solicitante tenga experiencia en este tipo de redacciones, se recomienda consultar a un experto y solicitar sus servicios para este fin.

Al igual que los comerciantes exitosos emplean expertos en publicidad para destacar los méritos de sus productos, aquellos que ofrecen servicios personales deben hacer lo mismo. El informe debe contener la siguiente información:

1. *Formación:* Se debe destacar de manera concisa pero clara la educación recibida, incluyendo las áreas de especialización y las razones que motivaron dicha elección.

2. *Experiencia:* Si se cuenta con experiencia relevante para el puesto solicitado, esta debe describirse detalladamente, incluyendo los nombres y direcciones de empleadores anteriores. Se deben resaltar especialmente las experiencias que mejor te califiquen para el puesto en cuestión.

3. *Referencias:* En la actualidad, la mayoría de las empresas muestran un interés significativo en conocer a fondo el historial y los antecedentes de los candidatos que aspiran a puestos de responsabilidad. Por tanto, es fundamental adjuntar a tu solicitud copias fotostáticas de cartas de referencia de los siguientes:

    a. Antiguos empleadores
    b. Profesores con los que estudiaste
    c. Personas prominentes cuyo juicio puede ser de confianza

4. *Fotografía:* Se debe incluir una fotografía reciente y clara del solicitante.

5. *Aplica por un puesto en específico:* Es importante detallar ESPECÍFICAMENTE el puesto al que se está aplicando. Evita solicitar vagamente "cualquier puesto disponible", ya que esto sugiere una falta de cualificaciones especializadas.

6. *Muestra tus calificaciones:* Se debe proporcionar información detallada sobre por qué se considera calificado para el puesto solicitado. Este es el punto clave de la SOLICITUD y determinará en gran medida la consideración recibida.

7. *Ofrécete para un periodo de prueba:* En la mayoría de los casos, si estás decidido a asegurarte el puesto que solicitas, una estrategia altamente efectiva es ofrecerte a trabajar de forma voluntaria durante una semana, un mes o el tiempo necesario para que tu posible empleador pueda evaluar tu valía SIN NECESIDAD DE COMPENSACIÓN FINANCIERA. A primera vista, esta sugerencia podría parecer radical, pero la experiencia ha demostrado que rara vez falla para obtener al menos una oportunidad de prueba. Si tienes PLENA CONFIANZA EN TUS HABILIDADES Y CALIFICACIONES, una prueba es todo lo que necesitas para demostrar tu valía. Además, al ofrecerte para trabajar sin remuneración, estás transmitiendo una señal poderosa de confianza en tu capacidad para desempeñar el puesto que estás persiguiendo. Esta oferta es sumamente convincente y demuestra tu compromiso. Es importante dejar en claro que tu oferta se basa en varios aspectos fundamentales:

    a. Tu confianza sólida en tu capacidad para cumplir con los requisitos del puesto.
    b. Tu confianza en que tu posible empleador tomará la decisión acertada de contratarte tras la prueba.
    c. Tu determinación inquebrantable de obtener y desempeñarte en el puesto que aspiras.

8. *Conocer el negocio de tu potencial empleador es fundamental antes de postularte para un puesto.* Dedica tiempo a investigar a fondo la empresa para familiarizarte con ella y demuestra en tu solicitud los conocimientos que has adquirido en este ámbito. Esta medida no solo será impresionante, sino que también mostrará tu creatividad y un genuino interés por el puesto al que aspiras.

Recuerda que en la competencia laboral, no siempre gana el abogado más versado en leyes, sino aquel que mejor prepara su caso. Si presentas una solicitud bien elaborada desde el principio, estarás un paso adelante en el proceso de selección.

No te preocupes por que tu escrito sea extenso. Los empleadores están ávidos por contratar a candidatos altamente calificados como tú. De hecho, muchos empresarios exitosos atribuyen su logro a la capacidad para identificar y reclutar a personas talentosas. Quieren toda la información relevante disponible.

Además, recuerda que la atención al detalle en la preparación de tu solicitud indicará que eres una persona meticulosa. En ocasiones, he presenciado cómo informes cuidadosamente elaborados, que destacaban por su originalidad, resultaban en la contratación del candidato sin necesidad de una entrevista personal.

Una vez que hayas completado tu solicitud, asegúrate de presentarla de manera impecable. Haz que sea encuadernada por un profesional experimentado y que se le agregue una tipografía que refleje profesionalismo y elegancia.

ESCRITO CON LAS CALIFICACIONES DE
Robert K. Smith
QUIEN APLICA POR EL PUESTO DE
Secretario Privado del
Presidente de
THE BLANK COMPANY, Inc.

Agrega un toque personalizado cada vez que presentes el informe.

Este toque individual captará la atención de manera más efectiva. Asegúrate de que tu informe esté perfectamente mecanografiado o mimeografiado en papel de la más alta calidad que puedas obtener, encuadernado con papel grueso similar al usado en libros. Personaliza la encuadernación e incluye el nombre de la empresa si estás presentando el informe a más de una compañía. Adjunta tu fotografía en una de las páginas del documento. Sigue estas instrucciones al pie de la letra, permitiendo que tu imaginación las mejore cuando sea necesario.

Los vendedores exitosos cuidan su presentación personal con esmero. Entienden que la primera impresión perdura. Tu informe actúa como tu representante. Vístelo con elegancia para que destaque notablemente ante cualquier posible empleador, como una solicitud para un puesto. Si el puesto que buscas vale la pena, vale la pena perseguirlo con meticulosidad. Además, al presentarte ante un empleador de manera que resaltes tu individualidad, es probable que recibas una compensación más alta por tus servicios desde el principio que si optaras por el enfoque convencional de solicitud de empleo.

Si buscas empleo a través de una agencia de publicidad o una agencia de empleo, asegúrate de que el agente utilice copias de tu informe al promocionar tus servicios. Esto te ayudará a destacar tanto ante el agente como ante los posibles empleadores.

Cómo Asegurarte El Puesto Que Deseas

Todos anhelan realizar el tipo de trabajo para el que están mejor preparados. A los artistas les encanta trabajar con pinturas, a los artesanos con sus manos, a los escritores les apasiona escribir. Aquellos con talentos menos definidos también tienen sus preferencias por ciertos campos en los negocios y la industria. Si algo caracteriza a Estados Unidos, es su amplia gama de ocupaciones: desde la agricultura hasta la fabricación, pasando por el marketing y las demás profesiones.

Primero. Define EXACTAMENTE qué tipo de trabajo deseas. Si el trabajo aún no existe, quizás puedas ser el creador.

Segundo. Selecciona la compañía o persona para la cual deseas trabajar.

Tercero. Investiga a fondo a tu posible empleador en términos de políticas, personal y oportunidades de crecimiento.

Cuarto. Evaluando tus propios talentos y habilidades, determina QUÉ PUEDES OFRECER y planifica cómo puedes proporcionar ventajas, servicios, innovaciones o ideas *que creas* que pueden ser exitosas.

Quinto. Deja de lado la idea de "conseguir un trabajo". No te preocupes si hay o no una vacante. Olvida la pregunta típica de "¿hay alguna posición disponible para mí?" Enfócate en lo que *puedes ofrecer.*

Sexto. Una vez que tengas tu plan delineado, colabora con un escritor experimentado para plasmarlo de manera organizada y detallada.

Séptimo. Presenta tu propuesta a la *persona adecuada con autoridad*, y deja que ella haga el resto. Todas las empresas buscan individuos que puedan aportar valor, ya sea mediante ideas, servicios o contactos. Si tienes un plan de acción claro que beneficie a la empresa, siempre habrá espacio para ti.

Si bien este enfoque puede requerir días o semanas adicionales de esfuerzo, la diferencia en términos de ingresos, promociones y reconocimiento valdrá la pena, ahorrándote años de trabajo arduo con poca recompensa. La principal ventaja es que a menudo acortará el tiempo necesario para alcanzar tus metas en uno a cinco años.

Cualquier persona que comienza desde abajo, o incluso en mitad del camino, lo hace mediante una planificación deliberada y cuidadosa, con excepción, por supuesto, del hijo del jefe.

La Nueva Era En La Comercialización De Servicios: "Asociaciones" En Lugar De "Empleos"

Para aquellos hombres y mujeres que buscan comercializar sus servicios de manera óptima en el futuro, es crucial reconocer el magnífico cambio que ha tenido lugar en la dinámica entre empleador y empleado.

En adelante, la "Regla Dorada" prevalecerá sobre la "Regla de Oro", siendo el factor dominante en la comercialización tanto de bienes como de servicios personales. La relación futura entre empresarios y empleados adoptará más el carácter de una asociación que consta de:

a. El empresario
b. El empleado
c. El público al que sirven

Esta nueva forma de comercializar los servicios personales se distingue por múltiples razones. En primer lugar, tanto el empresario como el empleado del futuro serán considerados colegas cuya misión primordial será SERVIR EFICIENTEMENTE AL PÚBLICO. En el pasado, empresarios y trabajadores han negociado entre sí, buscando los mejores términos posibles, sin tener en cuenta que, en última instancia, estaban negociando

A EXPENSAS DE LA TERCERA PARTE, ES DECIR, EL PÚBLICO AL QUE SERVÍAN.

La depresión sirvió como una poderosa protesta de un público agraviado, cuyos derechos habían sido ignorados en todas las direcciones por aquellos que buscaban ventajas y beneficios personales. Una vez que se hayan limpiado los escombros de la depresión y se haya restaurado el equilibrio en los negocios, tanto empresarios como empleados reconocerán que YA NO TIENEN EL PRIVILEGIO DE OBTENER GANANCIAS A EXPENSAS DE AQUELLOS A LOS QUE SIRVEN. El verdadero empleador del futuro será el público. Esto es algo que cualquier persona que busque comercializar servicios personales eficazmente debe tener en cuenta.

Prácticamente todos los ferrocarriles de Estados Unidos están atravesando dificultades financieras. ¿Quién no recuerda el tiempo en que, si un ciudadano preguntaba en la taquilla por la hora de salida de un tren, se le remitía abruptamente al tablón de anuncios en lugar de proporcionarle amablemente la información?

Las compañías de tranvías también han experimentado un "cambio de época". Hubo una época, no hace mucho, en la que los conductores de tranvías se enorgullecían de proporcionar información a los pasajeros. Muchas de las vías de tranvía han sido eliminadas y los pasajeros ahora viajan en autobús, cuyos conductores son ejemplos de cortesía.

En todo el país, las vías de tranvía están abandonadas y cubiertas de óxido, o han sido retiradas por completo. Donde todavía funcionan los tranvías, los pasajeros pueden viajar sin problemas, e incluso pueden hacer señas al vehículo en medio de la calle y el conductor SIEMPRE los recogerá.

¡CÓMO HAN CAMBIADO LOS TIEMPOS! Este es precisamente el punto que deseo resaltar. ¡LOS TIEMPOS HAN CAMBIADO! Además, este cambio se refleja no solo en las oficinas de los ferrocarriles y en los vagones, sino también en otros aspectos de la vida. La política del "desinterés por el público" ha quedado obsoleta. Ha sido reemplazada por la política de "estamos aquí para servirle, señor".

Los banqueros han aprendido mucho durante este rápido cambio que ha tenido lugar en los últimos años. La descortesía por parte de un funcionario o empleado bancario es hoy tan rara como llamativa hace una década. En el pasado, algunos banqueros (no todos, por supuesto) emitían una atmósfera de austeridad que asustaba a cualquier posible solicitante cuando siquiera pensaba en acercarse a su banquero para solicitar un préstamo.

Las numerosas quiebras bancarias que ocurrieron durante la depresión han hecho desaparecer las puertas de caoba detrás de las cuales solían esconderse los banqueros. Ahora se sientan en escritorios abiertos, donde pueden ser vistos y abordados por cualquier depositante a su conveniencia, y toda la atmósfera del banco es de cortesía y comprensión.

Solía ser habitual que los clientes tuvieran que esperar en la tienda de la esquina hasta que los dependientes terminaran de charlar con sus amigos y el dueño hubiera completado su depósito bancario, antes de ser atendidos. Las cadenas de tiendas, dirigidas por PERSONAS CORTESES que hacen todo lo posible por atender al cliente, excepto limpiarle los zapatos, HAN DESPLAZADO A LOS ANTIGUOS COMERCIANTES. ¡EL TIEMPO SIGUE AVANZANDO!

"Cortesía" y "Servicio" son las palabras clave del comercio actual, y se aplican a la persona que comercializa servicios personales de manera aún más directa que al empresario al que sirve, porque, en última instancia, tanto el empresario como su empleado están EMPLEADOS POR EL PÚBLICO AL QUE SIRVEN. Si no cumplen adecuadamente, pagarán con la pérdida del privilegio de servir.

Todos rememoramos esos días en los que el lector del medidor de gas golpeaba la puerta con tal ímpetu que parecía que la fuerza aplicada iba a hacerla ceder. Al abrir, penetraba sin invitación alguna, con una expresión adusta que claramente comunicaba: "¿Por qué me has hecho aguardar tanto?" Pero todo eso ha evolucionado. En la actualidad, el lector del medidor de gas actúa con la cortesía de un caballero, manifestando un sincero "Encantado de servirle, señor" al entrar. Antes de que las compañías de gas reconocieran que sus lectores, con sus ceños fruncidos, engendraban deudas que difícilmente se saldarían, emergieron los amables vendedores de quemadores de aceite, forjando así un próspero negocio.

Durante la Gran Depresión, pasé varios meses inmerso en la región del carbón de antracita en Pensilvania, investigando las condiciones que prácticamente devastaron la industria del carbón. Entre varios hallazgos significativos, destacó el descubrimiento de que la codicia tanto de los operadores como de sus empleados fue la principal responsable de la disminución de negocios para los primeros y la pérdida de empleos para los mineros.

La presión ejercida por un grupo de líderes sindicales excesivamente fervorosos, en representación de los trabajadores, y la búsqueda de ganancias por parte de los operadores, precipitaron el declive del negocio de la antracita. Los negociadores de carbón y sus empleados se enfrascaron en intensas negociaciones, trasladando el costo de estas transacciones al precio del carbón. Finalmente, SE DIERON CUENTA DE QUE ESTABAN CREANDO INADVERTIDAMENTE UN LUCRATIVO MERCADO PARA LOS FABRICANTES DE HORNOS DE PETRÓLEO Y LOS PRODUCTORES DE CRUDO.

"Porque la paga del pecado es la muerte". Este pasaje bíblico ha sido leído por muchos, pero pocos han comprendido su verdadero significado. Ahora, y desde hace varios años, el mundo entero ha estado siendo testigo, A LA FUERZA, de un sermón que bien podría denominarse "LO QUE SIEMBRES, COSECHARÁS".

Nada tan extendido y devastador como la Gran Depresión podría ser simplemente una coincidencia. Detrás de ella había una CAUSA. Nada ocurre sin un MOTIVO subyacente. En general, la causa de la depresión se atribuye directamente al hábito global de querer COSECHAR sin SEMBRAR.

Esto no debe confundirse con la idea de que la depresión es simplemente una cosecha que el mundo se ve FORZADO a recolectar sin haber SEMBRADO. El verdadero problema radica en que el mundo *sembró el tipo equivocado de semillas*. Cualquier agricultor sabe que no puede sembrar cardos y esperar cosechar granos. Desde el estallido de la Primera Guerra Mundial, las naciones del mundo han estado sembrando la semilla de un servicio insuficiente, tanto en calidad como en cantidad.

Casi todos se han entregado al pasatiempo de querer RECIBIR SIN DAR. Estos ejemplos se presentan para aquellos que tienen servicios personales para ofrecer, para demostrar que estamos donde estamos y somos lo que somos ¡debido a *nuestras propias acciones*! Si existe un principio de causa y efecto que rige los negocios, las finanzas y el transporte, este mismo principio también influye en los individuos y determina su situación económica.

¿Cuál Es Tu Índice "CCE"?

Las claves del éxito en la comercialización de servicios de manera EFECTIVA y sostenible han sido delineadas con claridad. A menos que se estudien, analicen, comprendan y APLIQUEN estas claves, ningún individuo podrá comercializar sus servicios de forma eficiente y duradera. Cada persona debe ser su propio vendedor de servicios personales. La CALIDAD y la CANTIDAD del servicio proporcionado, junto con el ESPÍRITU con el que se brinda, determinan en gran medida el precio y la longevidad del empleo. Para comercializar eficazmente los servicios personales—lo que implica un mercado sostenible, a un precio satisfactorio, en condiciones agradables—, es necesario adoptar y seguir la fórmula "CCE": CALIDAD, CANTIDAD y un ESPÍRITU adecuado de cooperación, que equivalen a una venta perfecta del servicio. Recuerda la fórmula "CCE", pero ve más allá: ¡Incorpórala como un hábito!

Examinemos la fórmula para asegurarnos de entender exactamente lo que implica:

1. Por *CALIDAD* de servicio, nos referimos a la ejecución de cada detalle relacionado con tu función de la manera más eficaz posible, siempre manteniendo el objetivo de una mayor eficacia.

2. Por *CANTIDAD* de servicio, nos referimos al HÁBITO de ofrecer todo el servicio del que seas capaz en todo momento, con el propósito de aumentar la cantidad de servicio prestado a medida que se desarrolla una mayor habilidad a través de la práctica y la experiencia. Una vez más, destacamos la importancia del HÁBITO.

3. Por *ESPÍRITU* de servicio, nos referimos al HÁBITO de una conducta agradable y armoniosa que fomente la cooperación entre los asociados y compañeros de trabajo.

La adecuación de la CALIDAD y la CANTIDAD del servicio no es suficiente para mantener un mercado permanente para tus servicios. La conducta, o el ESPÍRITU con el que prestas el servicio, es un factor determinante en relación tanto con el precio que recibes como con la duración del empleo.

Andrew Carnegie destacó este punto más que cualquier otro en relación con su descripción de los factores que conducen al éxito en la comercialización de servicios personales. Insistió una y otra vez en la necesidad de una CONDUCTA ARMONIOSA, subrayando el hecho de que no retendría a ningún hombre, por muy grande que fuera la CANTIDAD o eficiente la CALIDAD de su trabajo, a menos que trabajara en un espíritu de ARMONÍA. Carnegie insistía en que los hombres fueran AFABLES.

Para demostrar cuánto valoraba esta cualidad, permitió que muchos hombres que se *ajustaban a sus estándares se hicieran muy ricos*. Aquellos que no lo hacían tenían que hacer espacio para otros.

Se ha enfatizado la importancia de una personalidad agradable, ya que es un factor que permite brindar servicio con el ESPÍRITU adecuado. Si uno tiene una personalidad que AGRADA y presta servicio en un espíritu de ARMONÍA, estas ventajas a menudo compensan las deficiencias tanto en la CALIDAD como en la CANTIDAD del servicio que uno presta. Sin embargo, NADA PUEDE SUSTITUIR CON ÉXITO UNA CONDUCTA AGRADABLE.

El Valor Capital De Tus Servicios

Aquel cuya fuente de ingresos proviene exclusivamente de la prestación de servicios personales no es menos empresario que aquel que comercializa bienes tangibles. Podríamos incluso afirmar que está sujeto EXACTAMENTE A LAS MISMAS NORMAS de conducta que el comerciante de bienes materiales.

Esta distinción se enfatiza, ya que la mayoría de las personas que dependen de la prestación de servicios personales a menudo se perciben a sí mismas como exentas de las normativas y responsabilidades que incumben a los comerciantes de bienes tangibles.

La evolución en la forma de comercializar servicios ha llevado tanto al empresario como al empleado a establecer alianzas colaborativas, donde ambos consideran los derechos de la tercera parte, ES DECIR, EL PÚBLICO AL QUE SIRVEN.

El paradigma del "oportunista" ha quedado obsoleto, siendo reemplazado por el "generador de valor". Finalmente, los métodos de ventas agresivas han quedado atrás. No habrá necesidad de volver a recurrir a ellas, ya que en el futuro, los negocios se conducirán con métodos que prescindirán de cualquier tipo de presión.

El verdadero valor de tu capital intelectual se puede calcular por la cantidad de ingresos que puedes generar (al comercializar tus servicios). Una estimación justa de este valor se puede obtener multiplicando tus ingresos anuales por dieciséis y dos tercios, ya que es razonable asumir que tus ingresos anuales representan el 6% de tu capital intelectual. El dinero se presta al 6% anual. Sin embargo, el dinero no tiene más valor que el intelecto; a menudo, incluso tiene menos.

Los "cerebros" competentes, si se comercializan eficazmente, representan una forma de capital mucho más valiosa que la necesaria para dirigir un negocio de bienes tangibles. Esto se debe a que los "cerebros" son un tipo de capital que no se deprecia permanentemente debido a las recesiones, ni puede ser robado o dilapidado. Además, el dinero necesario para operar un negocio es tan inútil como un montón de arena hasta que se combina con "cerebros" eficientes.

Las Treinta Principales Causas Del Fracaso
¿Cuántas De Ellas Te Están Frenando?

La mayor tragedia de la vida radica en aquellos hombres y mujeres que se esfuerzan sinceramente ¡y aún así fracasan! La verdadera tragedia es la abrumadora mayoría de personas que fracasan en comparación con las pocas que alcanzan el éxito.

He tenido el privilegio de analizar a varios miles de hombres y mujeres, el 98% de los cuales fueron catalogados como "fracasados". Hay algo profundamente equivocado en una sociedad y un sistema educativo que permiten que el 98% de las personas pasen por la vida como fracasados. Sin embargo, no he escrito este libro con el propósito de moralizar sobre los aciertos y errores del mundo; eso requeriría un volumen cien veces mayor que este.

Mi análisis ha revelado treinta causas primordiales de fracaso y trece principios esenciales que conducen a la acumulación de riquezas. En este capítulo, se detallarán las treinta causas principales del fracaso. Al revisar esta lista, es imperativo que te autoexamines punto por punto para identificar cuántas de estas barreras están entorpeciendo tu camino hacia el éxito.

1. ANTECEDENTES HEREDITARIOS DESFAVORABLES: Pocas opciones existen para quienes nacen con limitaciones cerebrales. Sin embargo, esta es la ÚNICA de las treinta causas de fracaso que no se puede *rectificar fácilmente* por uno mismo, excepto con la ayuda de la Mente Maestra.
2. FALTA DE UN PROPÓSITO BIEN DEFINIDO EN LA VIDA: El éxito es inalcanzable para aquellos que carecen de un *objetivo central* o una meta claramente definida. De hecho, el noventa y ocho por ciento de los individuos que he evaluado adolecían de esta carencia.
3. FALTA DE AMBICIÓN PARA SUPERAR LA MEDIOCRIDAD: No hay esperanza para quien carece del impulso necesario para avanzar en la vida y no está dispuesto a pagar el precio correspondiente.
4. EDUCACIÓN INSUFICIENTE: Una desventaja que puede superarse con relativa facilidad es aquella relacionada con la formación académica. La experiencia ha demostrado que las personas mejor preparadas son aquellas que se autodenominan "hechas a sí mismas" o autodidactas. Obtener un título universitario no garantiza automáticamente la sabiduría y el conocimiento profundo. Más allá de los diplomas, la verdadera educación radica en la capacidad de alcanzar metas en la vida sin infringir los derechos de los demás. La esencia de la educación no reside únicamente en la acumulación de conocimientos, sino en la APLICACIÓN eficaz y constante de ese conocimiento. En última instancia, las personas no son recompensadas únicamente por lo que saben, sino por lo que SON CAPACES DE HACER CON ESE CONOCIMIENTO ADQUIRIDO.
5. FALTA DE AUTODISCIPLINA: La disciplina se alcanza mediante el autocontrol, lo que implica gestionar todas las cualidades negativas. Antes de poder influir en las circunstancias externas, es primordial dominarse a uno mismo. El autodominio representa el desafío más arduo que enfrentarás. Si no logras dominarte a ti mismo, acabarás siendo víctima de tus propias debilidades. Al observarte frente al espejo, podrás percibir simultáneamente a tu mejor aliado y a tu más formidable adversario.
6. MALA SALUD: El camino hacia el éxito extraordinario está intrínsecamente ligado a una buena salud. Abordar las causas de la mala salud es crucial, y estas pueden ser controladas y superadas, principalmente por:
    a. Consumir en exceso alimentos perjudiciales para la salud.
    b. Adoptar hábitos de pensamiento negativos.
    c. Abusar o ceder excesivamente a los impulsos sexuales.
    d. Descuidar el ejercicio físico adecuado.
    e. No garantizar un suministro suficiente de aire fresco debido a una respiración inadecuada.
7. INFLUENCIAS AMBIENTALES DESFAVORABLES DURANTE LA INFANCIA: La semilla del comportamiento adulto se siembra en la infancia. Muchas tendencias delictivas encuentran su origen en entornos desfavorables y relaciones inapropiadas durante esta etapa crucial de la vida.

8. PROCRASTINACIÓN: Esta es una de las causas más comunes de fracaso. El hábito de procrastinar acecha a cada individuo, esperando el momento oportuno para socavar las oportunidades de éxito. Demasiados de nosotros posponemos acciones importantes esperando el momento perfecto para comenzar. Sin embargo, ese momento nunca llega. La clave es comenzar ahora mismo, con lo que tienes a tu disposición, y encontrarás mejores herramientas a medida que avanzas.

9. FALTA DE PERSISTENCIA: Muchos de nosotros somos hábiles en comenzar proyectos, pero flaqueamos al finalizarlos. Además, nos rendimos con facilidad ante los primeros obstáculos. La PERSISTENCIA es la clave. Aquellos que hacen de la PERSISTENCIA su lema descubren que el fracaso no puede resistir ante ella. Persiste, y eventualmente el fracaso cederá ante tu DETERMINACIÓN.

10. PERSONALIDAD NEGATIVA: El éxito se encuentra en la aplicación del poder, el cual se alcanza mediante esfuerzos cooperativos. Una personalidad negativa ahuyenta la cooperación y, por ende, el éxito.

11. FALTA DE CONTROL DEL IMPULSO SEXUAL: La energía sexual es un poderoso estímulo que impulsa a la ACCIÓN. Para canalizarla eficazmente, es crucial dominarla mediante la transmutación hacia otros fines.

12. DESEO IRREFRENABLE DE "ALGO A CAMBIO DE NADA": El impulso de obtener ganancias sin esfuerzo conduce al fracaso. Históricamente, esto se evidenció en el crack de Wall Street de 1929, donde muchos buscaban enriquecerse rápidamente a través de especulaciones en acciones.

13. FALTA DE UNA DECISIÓN FIRME: Los triunfadores toman decisiones de manera ágil y las ajustan con cautela. Por el contrario, los fracasados dudan en decidir y cambian constantemente de opinión. La indecisión y la dilación van de la mano, impidiendo el progreso y llevando al FRACASO.

14. DOMINIO DE LOS SEIS MIEDOS BÁSICOS: Estos miedos deben ser enfrentados y superados para poder comercializar servicios con eficacia. Su comprensión es crucial para el éxito personal y profesional.

15. SELECCIÓN INADECUADA DE PAREJA MATRIMONIAL: Una elección errónea en el matrimonio puede ser una causa significativa de fracaso. La armonía en la relación es fundamental, ya que una unión infeliz puede socavar la AMBICIÓN y conducir a la desdicha.

16. EXCESO DE CAUTELA: Quien evita el riesgo, a menudo se ve obligado a conformarse con lo que queda. Tanto la excesiva precaución como la falta de ella son extremos que deben evitarse. La vida misma está impregnada de incertidumbre y riesgo.

17. SELECCIÓN ERRÓNEA DE SOCIOS COMERCIALES: Esta elección errónea es una causa común de fracaso empresarial. Al comercializar servicios personales, es esencial asociarse con empresarios inspiradores y exitosos, ya que tendemos a emular a aquellos con quienes nos relacionamos.

18. SUPERSTICIÓN Y PREJUICIOS: La superstición es un reflejo del miedo y la ignorancia. Los triunfadores mantienen la mente abierta y no se dejan llevar por creencias irracionales.

19. ELECCIÓN INCORRECTA DE VOCACIÓN: El éxito en una actividad está estrechamente ligado a la pasión por ella. Por tanto, elegir una vocación que realmente nos apasione es el primer paso crucial en la comercialización de servicios personales.

20. FALTA DE CONCENTRACIÓN: El término "todólogo" rara vez se asocia con excelencia. En lugar de dispersar tus esfuerzos, enfócate en un OBJETIVO PRINCIPAL CLARAMENTE DEFINIDO.

21. GASTO DESMEDIDO: El derrochador rara vez alcanza el éxito, principalmente debido a su TEMOR CONSTANTE A LA POBREZA. Cultiva el hábito del ahorro sistemático, reservando un porcentaje fijo de tus ingresos. El dinero depositado en el banco brinda una sólida base de CONFIANZA al enfrentar la venta de servicios personales. La falta de recursos conduce a aceptar oportunidades limitadas sin verdadera satisfacción.

22. CARENCIA DE ENTUSIASMO: La falta de entusiasmo socava la capacidad de persuasión. Además, el entusiasmo es altamente contagioso y aquellos que lo poseen, en medida adecuada, son siempre bienvenidos en cualquier círculo social.

23. INTOLERANCIA: Mantener una mente cerrada frente a cualquier tema es un obstáculo para el progreso personal. La intolerancia denota un estancamiento en la adquisición de conocimientos. Las formas más perjudiciales de intolerancia se relacionan con diferencias religiosas, raciales y políticas.

24. INTEMPERANCIA: La intemperancia, especialmente en la alimentación, el consumo de alcohol y las relaciones sexuales, es perjudicial para el éxito. El exceso en cualquiera de estos aspectos resulta fatal.

25. FALTA DE COOPERACIÓN: La incapacidad para trabajar en equipo es responsable de más pérdidas de empleo y oportunidades que cualquier otro defecto. Es una deficiencia intolerable para cualquier empresario o líder informado.

26. POSESIÓN DE PODER NO GANADO POR ESFUERZO PERSONAL (Herencia de riquezas para hijos de familias adineradas y otros que reciben fortunas sin haberlas labrado): La posesión de poder sin haberlo ganado gradualmente suele conllevar riesgos catastróficos para el éxito. La obtención rápida de riquezas es más peligrosa que la pobreza misma.

27. DESHONESTIDAD DELIBERADA: La honestidad no tiene sustituto. Temporalmente uno puede verse obligado a ser deshonesto debido a circunstancias fuera de su control, sin embargo, no hay redención para quien elige ser deshonesto. Tarde o temprano, sus acciones lo alcanzarán, cobrando su reputación e incluso su libertad como pago.

28. EGOCENTRISMO Y VANIDAD: Estas cualidades actúan como señales de advertencia para los demás, instándolos a mantenerse alejados. Son un OBSTÁCULO INSUPERABLE PARA EL ÉXITO.

29. INTUICIÓN EN LUGAR DE RAZONAMIENTO: La mayoría de las personas son demasiado indolentes o desinteresadas para recabar HECHOS sobre los cuales REFLEXIONAR con precisión. Prefieren actuar basándose en "opiniones" formadas por conjeturas o juicios apresurados.

30. INSUFICIENCIA DE CAPITAL: Esta es una causa frecuente de fracaso entre aquellos que se aventuran por primera vez en los negocios, sin disponer de un capital suficiente para amortiguar el impacto de sus errores y respaldarlos hasta que hayan establecido una buena REPUTACIÓN.

31. En este punto, menciona cualquier causa particular de fracaso que hayas experimentado y que no haya sido contemplada en la lista anterior.

En estas treinta causas principales del fracaso, se halla una descripción de la tragedia de la vida que afecta prácticamente a todos los que se aventuran y sufren reveses. Resultaría provechoso si pudieras persuadir a alguien que te conozca bien para que repase esta lista contigo y te asista en el análisis según las treinta causas del fracaso. Aunque intentarlo por ti mismo podría también ser beneficioso. La mayoría de las personas no pueden evaluarse a sí mismas como lo hacen los demás, y es posible que tú te encuentres entre ellas.

La más antigua de las advertencias es "¡Hombre, conócete a ti mismo!" Si tienes éxito en la comercialización de productos, debes conocer los productos. Lo mismo se aplica a la comercialización de servicios personales: debes estar al tanto de tus puntos débiles para remediarlos o eliminarlos por completo, así como de tus puntos fuertes para resaltarlos al ofrecer tus servicios. Solo mediante un análisis *preciso* podrás conocerte a ti mismo.

La insensatez de la ignorancia sobre uno mismo fue ilustrada por un joven que solicitó empleo al gerente de un negocio reconocido. Causó una impresión favorable hasta que el gerente le preguntó sobre sus expectativas salariales. Su respuesta careció de una cantidad específica (*falta de un objetivo definido*). El gerente entonces propuso: "Te pagaremos según tu valía, después de evaluarte durante una semana".

"No aceptaré", replicó el candidato, "porque YA GANO MÁS QUE ESO EN MI ACTUAL EMPLEO".

Antes de siquiera considerar negociar un aumento salarial en tu empleo actual o buscar trabajo en otro lugar, ASEGÚRATE DE QUE TU VALOR EXCEDE LO QUE ACTUALMENTE RECIBES.

Es una cosa desear dinero—todos lo hacemos—, pero es completamente distinto VALER MÁS. Muchas personas confunden sus DESEOS con sus NECESIDADES. Tus necesidades económicas o deseos no reflejan tu VALOR. Tu valía se determina enteramente por tu habilidad para ofrecer un servicio útil o para persuadir a otros de que lo hagan.

Pregúntate A Ti Mismo: 28 Preguntas Que Debes Responder

La reflexión anual sobre uno mismo es fundamental para una comercialización efectiva de los servicios personales, equiparable al inventario anual en el ámbito del *merchandising*. Este análisis debería destacar una REDUCCIÓN DE LAS DEFICIENCIAS y un aumento de las VIRTUDES. En la vida, nos movemos hacia adelante, nos estancamos o retrocedemos; el objetivo primordial es avanzar. El ejercicio de autoevaluación anual nos permite evaluar nuestro progreso, así como identificar cualquier retroceso que hayamos experimentado. En el ámbito de la comercialización de servicios personales, es crucial seguir avanzando, incluso si el progreso es gradual.

Es recomendable realizar este autoanálisis al final de cada año, de modo que podamos incorporar las áreas de mejora identificadas en nuestros propósitos de Año Nuevo. Al realizar este inventario personal, es útil plantearnos una serie de preguntas y luego contrastar nuestras respuestas con la perspectiva objetiva de alguien que nos ayude a asegurarnos de la precisión de nuestras evaluaciones.

Cuestionario De Autoanálisis Para El Inventario Personal

1. ¿He logrado alcanzar la meta que establecí para este año, como parte de mi objetivo vital principal? (Deberías trabajar con un objetivo anual como parte de un objetivo mayor de vida).
2. ¿He ofrecido un servicio con la mayor CALIDAD de la que soy capaz de brindar, o existe alguna área en la que podría haber mejorado?
3. ¿He proporcionado el servicio en la mayor MEDIDA posible dentro de mis capacidades?
4. ¿Ha sido mi comportamiento caracterizado por la armonía y la cooperación en todo momento?
5. ¿He permitido que la PROCRASTINACIÓN afecte mi eficacia, y de ser así, en qué medida?
6. ¿He trabajado en mejorar mi PERSONALIDAD, y de ser así, cómo lo he logrado?
7. ¿He demostrado PERSISTENCIA en la ejecución de mis planes hasta su conclusión?
8. ¿He tomado decisiones DE MANERA OPORTUNA Y DEFINITIVA en todas las ocasiones?
9. ¿He permitido que alguno de los seis miedos básicos afecte mi eficacia?
10. ¿He sido excesivamente precavido o, por el contrario, insuficientemente precavido?
11. ¿Mi relación con mis colegas ha sido cordial o conflictiva? En caso de haber sido conflictiva, ¿cuál ha sido mi grado de responsabilidad en ello?
12. ¿He dispersado energía debido a una falta de CONCENTRACIÓN en mis esfuerzos?
13. ¿He mantenido una mente abierta y mostrado tolerancia hacia diversos temas?
14. ¿Cómo he mejorado mi capacidad para servir a los demás?
15. ¿He mostrado descontrol en alguno de mis hábitos?
16. ¿He exhibido algún tipo de egocentrismo, ya sea de manera abierta o encubierta?
17. ¿Mi comportamiento hacia mis colegas ha sido tal que han llegado a RESPETARME?
18. ¿Mis opiniones y DECISIONES se han fundamentado en el análisis preciso y el PENSAMIENTO claro?
19. ¿He mantenido un hábito de presupuestar mi tiempo, mis gastos y mis ingresos, siendo prudente en mis estimaciones?
20. ¿Cuánto tiempo he empleado en actividades FÚTILES que podría haber utilizado de manera más provechosa?

21. ¿Cómo puedo REAJUSTAR mi gestión del tiempo y modificar mis hábitos para ser más efectivo el próximo año?
22. ¿He sido culpable de cualquier conducta que no haya sido aprobada por mi propia conciencia?
23. ¿Cómo he superado las expectativas y brindado UN SERVICIO DE MAYOR CALIDAD del que se espera por el pago recibido?
24. ¿He tratado injustamente a alguien en algún momento, y de ser así, de qué manera?
25. Si fuese el cliente evaluando mis propios servicios durante el año, ¿me sentiría satisfecho con la experiencia?
26. ¿Estoy siguiendo la vocación adecuada para mí, y si no, cuál sería la razón?
27. ¿El cliente que ha recibido mis servicios se encuentra satisfecho con la calidad brindada, y en caso contrario, cuáles podrían ser los motivos?
28. ¿Cómo valoro actualmente los principios fundamentales del éxito? (Realiza esta valoración con imparcialidad y sinceridad, y pide a alguien con la valentía suficiente para evaluarla con precisión que la confirme).

Una vez hayas asimilado y comprendido la información presentada en este capítulo, estarás preparado para elaborar un plan práctico para comercializar tus servicios personales. Aquí encontrarás una descripción exhaustiva de los principios fundamentales necesarios para planificar la venta de tus servicios, abarcando desde los atributos clave del liderazgo hasta las causas comunes de fracaso en este ámbito. También se incluye una exploración de los campos de oportunidad para el liderazgo, así como un análisis de las principales causas de fracaso en todas las áreas de la vida y las preguntas cruciales para el autoanálisis. Esta amplia y detallada presentación de información precisa se ha incluido porque será indispensable para aquellos que buscan acumular riqueza mediante la comercialización de sus servicios personales. Tanto aquellos que han perdido fortunas como los que están en el proceso de generar ingresos, solo tienen sus servicios personales como activo para obtener riqueza. Por lo tanto, es esencial que cuenten con la información práctica necesaria para comercializar sus servicios de manera óptima.

El contenido de este capítulo será invaluable para todos aquellos que aspiran a alcanzar el liderazgo en cualquier campo profesional, especialmente para aquellos que desean comercializar sus servicios como ejecutivos empresariales o industriales.

La total asimilación y comprensión de la información aquí expuesta no solo será útil para comercializar tus propios servicios, sino que también te ayudará a desarrollar un pensamiento analítico y mejorar tu capacidad para evaluar a las personas. Esta información será de gran valor para los directores de recursos humanos, gerentes de contratación y otros líderes encargados de seleccionar empleados y mantener organizaciones eficientes. Si tienes dudas sobre la importancia de esta afirmación, te invito a poner a prueba su solidez respondiendo por escrito a las veintiocho preguntas de autoanálisis. Esta experiencia podría resultar interesante y beneficiosa, aunque no dudes de la validez de la afirmación.

¿Dónde Y Cómo Uno Puede Encontrar Oportunidades Para Acumular Riquezas?

Después de haber examinado detenidamente los principios que conducen a la acumulación de riqueza, surge naturalmente la pregunta: "¿Dónde podemos encontrar oportunidades propicias para aplicar estos principios?" Aprovechemos este momento para realizar un análisis y descubrir lo que los Estados Unidos de América ofrecen a aquellos que buscan riquezas, ya sea en grande o en pequeña escala.

Para empezar, recordemos que vivimos en un país *donde cada ciudadano respetuoso de la ley disfruta de una libertad de pensamiento y acción sin igual en el mundo*. Muchos de nosotros nunca hemos evaluado las ventajas de esta libertad. Rara vez hemos comparado nuestra libertad ilimitada con las restricciones que enfrentan los ciudadanos de otros países.

Aquí, disfrutamos de la libertad de pensamiento, la libertad para elegir y beneficiarnos de la educación, la libertad religiosa, la libertad política, la libertad para seleccionar un negocio, una profesión u ocupación, LA LIBERTAD PARA ADQUIRIR Y POSEER PROPIEDAD SIN INTERFERENCIAS, así como la libertad para elegir nuestro lugar de residencia, nuestra pareja, y la LIBERTAD PARA ASPIRAR A CUALQUIER POSICIÓN EN LA VIDA PARA LA CUAL ESTEMOS PREPARADOS, incluso la presidencia de los Estados Unidos.

Existen otras formas de libertad, pero esta enumeración nos ofrece un panorama de las más importantes, que representan una OPORTUNIDAD de gran valor. Esta ventaja de la libertad es aún más notable considerando que Estados Unidos es el único país que garantiza a cada ciudadano, ya sea por nacimiento o naturalización, una lista tan amplia y diversa de libertades.

Continuando, consideremos algunas de las bendiciones que nuestra amplia libertad nos proporciona. Tomemos como ejemplo a la familia promedio estadounidense y resumamos los beneficios que cada miembro de dicha familia disfruta en esta tierra de OPORTUNIDADES y abundancia.

ALIMENTACIÓN: Junto con la libertad de pensamiento y acción, también vienen las necesidades fundamentales de la vida: ALIMENTACIÓN, VESTIMENTA y VIVIENDA.

Gracias a nuestra libertad universal, la familia promedio estadounidense tiene a su disposición, a las puertas de su hogar, la más exquisita selección de alimentos disponible en cualquier parte del mundo y a precios accesibles. Para ilustrar esto, consideremos el caso de una familia de dos personas que reside en el bullicioso distrito de Times Square en Nueva York, lejos de las fuentes de producción de alimentos. Hicieron un minucioso cálculo del costo de un simple desayuno, con resultados sorprendentes:

Artículos Alimenticios:	Costo:
Jugo De Pomelo, (De Florida)	0.02
Galletas de Trigo (Granja de Kansas)	0.02
Té (De China)	0.02
Bananas (De Sudamérica)	0.02½
Pan Tostado (Granja de Kansas)	0.01
Huevos (De Utah)	0.07
Azúcar (De Cuba, o Utah)	0.00½
Crema Y Mantequilla (De Nueva Inglaterra)	0.03
Total	0.20

La adquisición de ALIMENTOS no representa un desafío arduo en un país donde dos personas pueden disfrutar de un abundante desayuno por apenas diez céntimos. Es fascinante observar cómo este modesto desayuno, proveniente de rincones tan distantes como China, Sudamérica, Utah, Kansas y los estados de Nueva Inglaterra, aparece mágicamente en la mesa, listo para ser saboreado, en el corazón de la ciudad más bulliciosa de América. Todo ello a un precio sumamente asequible incluso para el trabajador más humilde, impuestos incluidos.

Este hecho, que los políticos pasan por alto al solicitar fervientemente a los votantes que destituyan a sus oponentes, subraya una realidad que no puede ser ignorada: el pueblo no está siendo aplastado bajo el peso de los impuestos.

VIVIENDA: Esta familia reside en un confortable apartamento, provisto de calefacción a vapor, iluminación eléctrica y gas para cocinar, todo por tan solo $65,00 al mes. En ciudades más pequeñas o en zonas menos pobladas de Nueva York, un apartamento similar podría costar apenas 20 dólares mensuales.

Las tostadas del desayuno se preparaban en una moderna tostadora eléctrica, cuyo costo apenas representaba unos pocos dólares. La limpieza del apartamento se facilitaba con una práctica barredora aspiradora, alimentada por electricidad. Tanto en la cocina como en el cuarto de baño, el suministro de agua caliente y fría era constante. Los alimentos se conservaban frescos en un refrigerador eléctrico. La mujer se ocupaba de rizar su cabello, lavar y planchar la ropa con dispositivos eléctricos de fácil manejo, simplemente enchufándolos a la pared. Mientras tanto, el esposo se afeitaba con una moderna afeitadora eléctrica. Y para su entretenimiento, disponían de una amplia variedad de programas de radio sin costo adicional, accesibles las veinticuatro horas del día con solo girar el dial.

Estas comodidades en el hogar son solo un ejemplo de las muchas libertades y comodidades que disfrutan los estadounidenses. *No se trata de propaganda política o económica, sino de hechos concretos.*

VESTIMENTA: Tanto hombres como mujeres de clase media en Estados Unidos pueden vestirse cómoda y elegantemente por menos de 200 dólares al año.

Se han mencionado solo las necesidades básicas de alimentación, vestimenta y vivienda. Pero el ciudadano estadounidense promedio también disfruta de otros privilegios y ventajas a cambio de un esfuerzo modesto, no más de ocho horas de trabajo al día. Por ejemplo, el privilegio del transporte en automóvil, que permite desplazarse con gran libertad y a un costo bastante reducido.

El ciudadano promedio estadounidense disfruta de una seguridad sin igual en sus derechos de propiedad, una garantía que no se encuentra fácilmente en ningún otro rincón del mundo. Al depositar sus excedentes financieros en un banco, confía en la protección de su gobierno, quien lo resguardará y compensará en caso de que el banco declare quiebra. Asimismo, el simple deseo de viajar de un estado a otro no requiere de pasaporte ni de ningún permiso adicional. La libertad de movimiento es un privilegio innegable; puede partir y regresar a su antojo. Además, cuenta con una amplia gama de opciones de transporte, desde trenes hasta aviones, pasando por automóviles privados, autobuses o incluso barcos, todo según las posibilidades de su bolsillo. En contraste, en países como Alemania, Rusia, Italia y la mayoría de las naciones europeas y orientales, los ciudadanos no gozan de tal libertad de movimiento ni de la misma accesibilidad a los medios de transporte, que suelen ser más limitados y costosos.

El "Milagro" Que Ha Procurado Estas Bendiciones

Con frecuencia, escuchamos a los políticos alabar la libertad de Estados Unidos cuando buscan votos, pero rara vez se toman el tiempo o dedican el esfuerzo suficiente para analizar la verdadera fuente o naturaleza de esta "libertad". Sin agenda personal que perseguir ni motivos ocultos que guíen mis palabras, tengo el privilegio de adentrarme en un análisis sincero de ese "ALGO" misterioso, abstracto y ampliamente malinterpretado, que otorga a cada ciudadano de Estados Unidos más bendiciones, oportunidades para la acumulación de riqueza y libertades de todo tipo, que las que se pueden encontrar en cualquier otro país.

Me corresponde examinar la fuente y la esencia de este PODER INVISIBLE, pues durante más de un cuarto de siglo he conocido a muchos de los hombres que lo organizaron y a otros tantos que ahora son responsables de su mantenimiento.

Este misterioso benefactor de la humanidad se llama CAPITAL.

Pero el CAPITAL no se reduce únicamente al dinero; más bien, consiste en grupos de individuos altamente organizados e inteligentes que planifican cómo utilizar el dinero de manera eficaz en beneficio del público y de sí mismos.

Estos grupos están integrados por científicos, educadores, químicos, inventores, analistas de negocios, publicistas, expertos en transporte, contadores, abogados, médicos y personas con conocimientos altamente especializados en todos los ámbitos de la industria y los negocios. Son pioneros que abren camino en nuevos campos de actividad, mantienen instituciones educativas y de salud, construyen infraestructuras básicas, publican medios de comunicación, financian una parte sustancial del funcionamiento gubernamental y se ocupan de innumerables detalles esenciales para el progreso humano. En resumen, los capitalistas son los pilares de la civilización, ya que proporcionan el entorno necesario para toda educación, ilustración y avance humano.

El dinero, desprovisto de inteligencia, siempre conlleva riesgos. Sin embargo, cuando se utiliza adecuadamente, se convierte en el elemento esencial más importante de la civilización. El sencillo desayuno descrito aquí no podría haber llegado a manos de una familia neoyorquina por diez centavos cada uno, o *a cualquier otro precio*, si no fuera por el capital organizado que proporcionó la maquinaria, los barcos, los ferrocarriles y los equipos humanos necesarios para hacerlo posible.

Puedes comprender la importancia del CAPITAL ORGANIZADO al intentar imaginarte asumiendo la responsabilidad de recolectar y entregar el simple desayuno mencionado sin la ayuda del capital. Para obtener té, tendrías que viajar hasta China o la India, ambos países muy distantes de Estados Unidos. A menos que seas un nadador excepcional, te fatigarías antes de completar el viaje de ida y vuelta.

Además, surgiría la cuestión de qué utilizar como moneda, incluso si tuvieras la resistencia física para atravesar el océano a nado.

Para obtener azúcar, tendrías que emprender otro largo viaje a nado hasta Cuba o una extensa caminata hasta las plantaciones de remolacha azucarera en Utah. Sin embargo, incluso entonces, podrías regresar sin azúcar, pues se requiere una organización y recursos financieros para producirla, sin mencionar el esfuerzo necesario para refinarla, transportarla y servirla en cualquier mesa de desayuno en Estados Unidos.

Aunque los huevos podrían entregarse relativamente fácilmente desde granjas cercanas a Nueva York, tendrías que realizar un largo viaje hasta Florida y regresar para servir los dos vasos de jugo de pomelo. Y para obtener las cuatro rebanadas de pan de trigo, tendrías que realizar otra larga caminata hasta Kansas o alguno de los otros estados productores de trigo.

Las galletas de trigo tendrían que ser omitidas del menú, ya que no estarían disponibles a menos que una organización bien equipada con hombres y maquinaria adecuada se encargara de ello, TODO LO CUAL REQUIERE CAPITAL.

Mientras descansabas, podrías haberte permitido otro sesión de nado hasta Sudamérica para recoger un par de plátanos. A tu regreso, un breve paseo hasta la granja más cercana con una lechería habría sido suficiente para obtener un poco de mantequilla y nata.

Así, tu familia en Nueva York habría estado lista para sentarse y disfrutar del desayuno, *mientras tú cobrabas tus merecidas ganancias por tu trabajo.*

Parece absurdo, ¿verdad? Sin embargo, este procedimiento descrito sería la única forma posible de llevar estos simples alimentos al corazón de la ciudad de Nueva York si no contáramos con un sistema capitalista.

La suma de dinero requerida para la construcción y el mantenimiento de los ferrocarriles y los barcos de vapor utilizados en la entrega de ese simple desayuno es tan enorme que asombra a la imaginación, ascendiendo a cientos de millones de dólares. Sin mencionar los ejércitos de empleados necesarios para tripular los barcos y los trenes. Pero el transporte es solo una parte de las necesidades de la civilización moderna en este sistema capitalista.

Antes de que haya algo que transportar, es necesario cultivar algo de la tierra, o fabricarlo y prepararlo para el mercado. Esto requiere de millones de dólares para equipamiento, maquinaria, empaquetado, comercialización y para los salarios de millones de hombres y mujeres.

Los avances en transporte como los barcos de vapor y los ferrocarriles no emergen espontáneamente de la nada, sino que son el resultado directo del ingenio, la labor organizativa y la visión de hombres dotados de IMAGINACIÓN, FE, ENTUSIASMO, DECISIÓN y PERSISTENCIA. Estos visionarios son conocidos como capitalistas, impulsados por el afán de construir, servir a la sociedad, obtener beneficios y acumular riqueza. AL PROPORCIONAR SERVICIOS INDISPENSABLES PARA EL FUNCIONAMIENTO DE LA CIVILIZACIÓN, se encaminan hacia la consecución de grandes fortunas.

Para hacerlo más claro y comprensible, añadiré que estos empresarios son los mismos individuos a los que la mayoría de nosotros hemos escuchado mencionar en los discursos de los oradores públicos. Son aquellos a los que los radicales, los chantajistas, los políticos deshonestos y los líderes sindicales corruptos se refieren como "los intereses depredadores" o simplemente "Wall Street".

No tengo la intención de abogar a favor o en contra de ningún grupo de personas ni de ningún sistema económico en particular. Al referirme a los "líderes sindicales corruptos", no estoy condenando la negociación colectiva, ni tampoco estoy respaldando a todos los individuos identificados como capitalistas.

El propósito de este libro, *al cual he dedicado fielmente más de un cuarto de siglo*, es presentar a todos aquellos interesados el conocimiento y la filosofía más confiable a través de la cual los individuos pueden acumular riqueza en las cantidades que deseen.

Aquí he analizado las ventajas económicas del sistema capitalista con el doble propósito de demostrar que:

1. todos aquellos que buscan riqueza deben reconocer y adaptarse al sistema que controla todos los caminos hacia las fortunas, ya sean grandes o pequeñas, y de
2. presentar el lado opuesto del panorama que muestran los políticos y demagogos que deliberadamente oscurecen las cuestiones al referirse al capital organizado como algo venenoso.

Este país, arraigado en el sistema capitalista, ha florecido gracias al uso del capital. Nosotros, quienes reclamamos nuestro derecho a participar en las oportunidades y bendiciones de la libertad, debemos reconocer que tanto la riqueza como las oportunidades no estarían al alcance de nuestra mano sin la intervención del CAPITAL ORGANIZADO, el cual nos ha provisto de estos beneficios.

Durante más de dos décadas, diversos actores, desde radicales hasta políticos egoístas, chantajistas, líderes sindicales corruptos e incluso algunos líderes religiosos, han dirigido sus ataques hacia "WALL STREET, LOS AGENTES DE CAMBIO y LAS GRANDES CORPORACIONES".

Esta práctica se extendió tanto que, durante la depresión económica, fuimos testigos del asombroso espectáculo de altos funcionarios gubernamentales alineados con políticos de poca monta y líderes sindicales, con el objetivo manifiesto de asfixiar el sistema que ha convertido a los Estados Unidos en la nación más próspera del mundo. Esta alineación fue tan generalizada y estaba tan bien organizada que prolongó la peor depresión que hayamos experimentado, privando de empleo a millones de personas, ya que esos puestos de trabajo eran parte integral del sistema industrial y capitalista que constituye la columna vertebral de nuestra nación.

Durante esta peculiar alianza entre funcionarios gubernamentales y personas egoístas, que buscaban su propio beneficio al declarar una "temporada abierta" en el sistema industrial estadounidense, surgió un cierto tipo de líder obrero. Este líder se unió a los políticos y ofreció entregar votantes a cambio de legislación diseñada para permitir que los trabajadores reclamaran su parte JUSTA DE LA RIQUEZA INDUSTRIAL A TRAVÉS DE LA FUERZA ORGANIZADA DE LOS NÚMEROS. SIN EMBARGO, ESTA ESTRATEGIA IBA EN CONTRA DEL PRINCIPIO FUNDAMENTAL DE OBTENER UNA COMPENSACIÓN JUSTA POR UN DÍA DE TRABAJO HONESTO.

A lo largo del país, millones de hombres y mujeres se dedican a este popular pasatiempo de intentar OBTENER SIN CONTRIBUIR. Algunos se alinean con sindicatos, exigiendo MENOS HORAS DE TRABAJO Y MAYORES PAGOS. Otros ni siquiera se molestan en trabajar, PREFIRIENDO EXIGIR AYUDA DEL GOBIERNO Y RECIBIRLA SIN CONTRAPARTIDA. Su concepto de libertad y derechos quedó claramente ilustrado en un incidente en la ciudad de Nueva York, donde un grupo de beneficiarios de la asistencia pública protestó vehementemente ante el Jefe de Correos. ¿La razón? Los carteros los despertaban a las 7:30 de la mañana para entregar los cheques gubernamentales, por lo que EXIGIERON que la entrega se pospusiera hasta las 10:00 en punto.

Si eres de aquellos que sostienen la idea de que la acumulación de riquezas es posible simplemente mediante la organización en grupos y la DEMANDA DE MAYORES COMPENSACIONES POR SERVICIOS CADA VEZ MÁS ESCASOS, si eres de los que SOLICITAN asistencia del gobierno sin preocuparse por las molestias de recibir ayuda durante horas no convencionales, si crees en el intercambio de votos con políticos a cambio de leyes que faciliten el saqueo del erario público, entonces puedes descansar tranquilo en tus convicciones. ESTE PAÍS ES UN LUGAR DE LIBERTAD DONDE CADA INDIVIDUO PUEDE PENSAR SEGÚN SU PARECER. Aquí, la mayoría puede vivir sin grandes esfuerzos, y muchos pueden disfrutar de una buena calidad de vida sin tener que trabajar.

Sin embargo, es importante entender la verdad detrás de esta LIBERTAD, un concepto que se ostenta pero se comprende poco. Por más amplia que sea, por vastas que sean sus implicaciones, ESTA LIBERTAD NO OTORGA NI PUEDE OTORGAR RIQUEZAS SIN ESFUERZO.

Existe un único y fiable método para acumular y mantener riquezas de manera legal: ofrecer un servicio valioso. Nunca ha existido un sistema que permita a las personas adquirir riqueza legalmente simplemente por el poder de los números, o sin proporcionar un valor equivalente de alguna manera.

Este principio se conoce como la ley de la ECONOMÍA. No es meramente una teoría, sino una ley ineludible que ningún individuo puede eludir.

Marca cuidadosamente el principio y recuérdalo, pues es infinitamente más poderoso que cualquier político o maquinaria política. Se encuentra por encima y más allá del control ejercido por cualquier sindicato. Inmune a la influencia o el soborno de chantajistas y autoproclamados líderes de cualquier profesión. ADEMÁS, POSEE UN OJO OMNISCIENTE Y UN SISTEMA DE CONTABILIDAD PERFECTO, donde registra minuciosamente las transacciones de aquellos que persiguen ganancias sin ofrecer contrapartidas. Tarde o temprano, sus auditores llegan, revisan los registros de individuos grandes y pequeños, y exigen responsabilidad.

"Wall Street, las grandes corporaciones, los intereses capitalistas depredadores", o el término que prefieras para describir el sistema que ha nutrido la LIBERTAD ESTADOUNIDENSE, representa a una élite que comprende, respeta y se adapta a esta poderosa LEY ECONÓMICA. La continuidad de su prosperidad depende de su apego a esta ley.

La mayoría de los habitantes de Estados Unidos aprecian este país, su sistema capitalista y todas sus facetas. Personalmente, debo admitir que no conozco un país mejor, donde las oportunidades para acumular riqueza sean tan amplias. Sin embargo, observando las acciones y decisiones de algunos, parece haber quienes no comparten este sentimiento. Es su privilegio, por supuesto; si no les agrada este país, su sistema económico o las oportunidades que ofrece, *TIENEN EL PRIVILEGIO DE BUSCAR OTRO LUGAR*. Siempre existen países como Alemania, Rusia o Italia, donde pueden experimentar libertad y buscar fortuna si no son se tienen gustos demasiado particulares.

Estados Unidos ofrece una abundancia de libertad y oportunidades para aquellos que buscan acumular riquezas de manera honesta. Así como un cazador elige sus territorios de caza con cuidado, aquellos en búsqueda de riqueza naturalmente deben seguir una regla similar.

Si tu objetivo es la prosperidad económica, no subestimes las posibilidades que ofrece un país donde los ciudadanos gastan sumas significativas en productos de lujo, como los cientos de millones destinados anualmente a barras de labios, maquillaje y cosméticos. Reflexiona detenidamente, antes de intentar desmantelar el sistema capitalista de una nación cuyos habitantes gastan más de cincuenta millones de dólares anuales EN TARJETAS DE SALUDO, como muestra de gratitud por su LIBERTAD.

Si estás buscando oportunidades financieras, considera la realidad de un país donde se invierten enormes sumas de dinero en cigarrillos, generando ganancias para unas pocas grandes empresas que suministran este "constructor nacional" de tranquilidad superficial.

Además, reflexiona sobre un país donde se gastan anualmente más de quince millones de dólares en películas así como varios millones adicionales en licores, narcóticos y otras formas de entretenimiento menos edificantes.

Tómate tu tiempo antes de dejar atrás un país cuyos ciudadanos destinan con entusiasmo, e incluso avidez, millones de dólares cada año para el fútbol, el béisbol y los eventos de lucha con premios.

Y no OLVIDES un país donde se invierten más de un millón de dólares en productos cotidianos como chicles y cuchillas de afeitar.

Ten presente que esto marca apenas el inicio de las fuentes disponibles para la acumulación de riqueza. Hasta ahora hemos mencionado solo algunos de los artículos de lujo y no esenciales. Sin embargo, es crucial recordar que el negocio de producir, transportar y comercializar estos productos brinda empleo regular a MILLONES DE HOMBRES Y MUJERES, quienes reciben MILLONES DE DÓLARES por sus servicios cada mes, y los utilizan para acceder tanto a lujos como otras necesidades.

Es importante destacar que detrás de todo este intercambio de bienes y servicios personales se esconde un abanico de OPORTUNIDADES para la acumulación de riqueza. Aquí es donde nuestra LIBERTAD ESTADOUNIDENSE se convierte en una aliada invaluable. Nada nos impide, ni a nosotros ni a nadie, participar en cualquier parte del esfuerzo necesario para llevar adelante estos negocios. Aquellos con talento, educación y experiencia excepcionales pueden acumular grandes fortunas, mientras que aquellos menos afortunados pueden obtener ganancias más modestas. Incluso aquellos con habilidades más modestas pueden ganarse la vida a cambio de un esfuerzo nominal.

Entonces, aquí estamos: la OPORTUNIDAD se despliega ante nosotros. Es momento de avanzar, seleccionar lo que deseamos, trazar un plan, ponerlo en marcha y seguirlo CON FIRMEZA. ESTA NACIÓN CAPITALISTA SE ENCARGARÁ DEL RESTO. PUEDES ESTAR SEGURO DE QUE EN LOS ESTADOS UNIDOS CAPITALISTAS, TODAS LAS PERSONAS TIENEN LA OPORTUNIDAD DE OFRECER UN

SERVICIO VALIOSO Y RECIBIR UNA COMPENSACIÓN PROPORCIONAL AL VALOR DE DICHO SERVICIO.

El "Sistema" no priva a nadie de este derecho, pero tampoco promete ni puede prometer obtener ALGO A CAMBIO DE NADA. Está inexorablemente regido por la LEY DE LA ECONOMÍA, la cual no tolera ni reconoce EL OBTENER SIN DAR.

La LEY DE LA ECONOMÍA es una ley natural, aprobada por la misma Naturaleza. No hay una corte suprema a la que los infractores puedan apelar. Esta ley impone tanto castigos por su violación como recompensas por su observancia, *sin interferencia alguna de seres humanos*. Es inmutable, tan constante como las estrellas en el cielo, parte esencial del mismo sistema que controla los astros.

¿Puede alguien negarse a obedecer la LEY DE LA ECONOMÍA?

Por supuesto. Este es un país libre, donde todos nacen con los mismos derechos, incluso el privilegio de ignorar esta ley.

¿Qué sucede entonces? Bueno, no ocurre nada hasta que un grupo considerable de personas se une con el propósito explícito de ignorar la ley y tomar lo que desean por la fuerza.

ENTONCES, SURGE EL DICTADOR, CON SUS PELOTONES DE FUSILAMIENTO Y AMETRALLADORAS PERFECTAMENTE ORGANIZADAS.

Afortunadamente, todavía no hemos alcanzado ese punto en Estados Unidos. Sin embargo, hemos comprendido cómo funciona el sistema. Quizás tengamos la suerte de no enfrentarnos a una realidad tan sombría en persona. Sin duda, preferiremos mantener nuestra LIBERTAD DE EXPRESIÓN, LIBERTAD DE ACCIÓN y LIBERTAD DE OFRECER SERVICIOS VALIOSOS A CAMBIO DE RECOMPENSAS.

La práctica de algunos funcionarios gubernamentales de otorgar a hombres y mujeres el permiso de saquear el tesoro público a cambio de votos, a veces lleva a la victoria en las elecciones. Sin embargo, como una ley natural, llega el momento del pago final. Cada penique mal utilizado debe ser devuelto con intereses compuestos. Si los responsables del saqueo no son obligados a pagar, la carga recae sobre sus descendientes, hasta la tercera y cuarta generación. La deuda es inevitable.

Los trabajadores pueden unirse para mejorar salarios y reducir horas de trabajo, pero hay un límite. Es el punto en el que interviene la LEY DE LA ECONOMÍA, y tanto empleadores como empleados se enfrentan a las consecuencias legales.

Durante seis años, desde 1929 hasta 1935, los estadounidenses, tanto ricos como pobres, presenciaron cómo la Economía dejaba en manos del *sheriff* todas las empresas, industrias y bancos. No fue un espectáculo agradable. No aumentó nuestro respeto por la psicología de masas, por la cual los hombres dejan de lado la razón y buscan obtener SIN DAR.

Los que atravesamos esos seis años desalentadores, cuando el MIEDO DOMINABA Y LA FE FLAQUEABA, no podemos olvidar la crueldad con la que la LEY DE LA ECONOMÍA cobró su tributo, afectando a ricos y pobres, débiles y fuertes, viejos y jóvenes. No deseamos repetir esa experiencia.

Estas reflexiones no surgen de una experiencia pasajera. Son el resultado de veinticinco años de análisis cuidadoso de los métodos de los hombres más exitosos y fracasados que Estados Unidos ha conocido.

Capítulo 8: Decisión

El Dominio De La Procrastinación

El Séptimo Paso Hacia La Riqueza

Un MINUCIOSO análisis de más de 25.000 individuos, tanto hombres como mujeres, que experimentaron fracasos, reveló que la INDECISIÓN encabezaba la lista de las 30 principales causas de sus contratiempos. Este hallazgo no se fundamenta en teorías, *sino en hechos comprobados.*

La PROCRASTINACIÓN, antítesis de la DECISIÓN, se presenta como un enemigo común que prácticamente todos deben superar.

Al concluir la lectura de este libro y estar preparado para poner en PRÁCTICA sus principios, tendrás la oportunidad de poner a prueba tu habilidad para tomar DECISIONES *rápidas* y *contundentes.*

El análisis de varios cientos de individuos que lograron acumular fortunas considerablemente superiores al millón de dólares reveló un hecho: *cada uno de ellos* cultivaba el hábito de TOMAR DECISIONES CON CELERIDAD y, si acaso, modificarlas con PARSIMONIA, solo cuando era necesario. Por otro lado, aquellos que no lograban acumular riqueza, *sin excepción,* tendían a tomar decisiones, SI ACASO LAS TOMABAN, de manera *lenta* y a *cambiarlas con rapidez y frecuencia.*

Una de las cualidades más notables de Henry Ford radica en su *capacidad* para tomar decisiones de forma rápida y firme, y para modificarlas con cautela. Este rasgo es tan marcado en el Sr. Ford que le ha granjeado la reputación de ser obstinado. Fue precisamente esta cualidad la que lo impulsó a seguir produciendo su famoso Modelo "T" (considerado por muchos como el automóvil más feo del mundo), incluso cuando todos sus asesores y muchos de sus compradores le instaban a cambiarlo.

Es posible que el Sr. Ford haya tardado demasiado en realizar dicho cambio, pero la otra cara de la moneda es que su firmeza en la toma de decisiones le reportó una fortuna considerable mucho antes de que fuera *necesario* el cambio de modelo. Sin lugar a dudas, el hábito del Sr. Ford de mantener una firmeza en sus decisiones puede percibirse como obstinación, pero esta cualidad es preferible a la lentitud en la toma de decisiones y la rapidez para cambiarlas.

Muchas personas que luchan por alcanzar estabilidad financiera suelen caer fácilmente en la trampa de las "opiniones" ajenas. Ellos permiten que los medios de comunicación y los "chismes" de vecinos dicten sus "pensamientos". *"Las opiniones son la mercancía más barata del mundo".* Cada individuo tiene un arsenal de opiniones listas para ser ofrecidas a quien las acepte. Si permites que estas "opiniones" moldeen tus DECISIONES, será difícil alcanzar el éxito, especialmente en la tarea de transformar TUS PROPIOS DESEOS en riqueza.

Ceder ante las opiniones ajenas es renunciar a tu propio DESEO.

Es crucial mantener tu propio juicio al poner en práctica los principios descritos aquí, *tomar tus propias decisiones* y seguirlas con determinación. Confía únicamente en los miembros de tu "Mente Maestra", y selecciona cuidadosamente SOLO a quienes formarán parte de este grupo, asegurándote de que ESTÉN COMPLETAMENTE ALINEADOS CON TUS OBJETIVOS.

A menudo, amigos cercanos y familiares, sin intención maliciosa, pueden socavar tu confianza con "opiniones" o burlas que pretenden ser inofensivas.

Es triste ver cómo muchos viven con complejos de inferioridad toda su vida debido a comentarios de personas bien intencionadas pero ignorantes.

UTILIZA tu propio intelecto y juicio para tomar decisiones. Aunque a menudo necesitarás información de otros para hacerlo, asegúrate de obtenerla discretamente, sin revelar tus intenciones.

Es común que aquellos con un conocimiento superficial intenten aparentar ser expertos, hablando DEMASIADO y escuchando POCO. Para cultivar la habilidad de tomar decisiones rápidas, es crucial mantener los sentidos alerta y la lengua en SILENCIO. Para cultivar el hábito de tomar DECISIONES rápidas, es crucial recordar que aquellos que hablan demasiado suelen actuar con menor efectividad. Al priorizar la escucha sobre la palabra, no solo te abres a valiosas oportunidades para adquirir conocimientos, sino que también evitas revelar tus PLANES y PROPÓSITOS a aquellos que podrían intentar sabotearte por envidia.

Recuerda siempre que cada vez que compartes tus ideas en presencia de alguien con gran conocimiento, revelas tu propio nivel de entendimiento, ¡o incluso la FALTA del mismo! La auténtica sabiduría a menudo se manifiesta a través de la *modestia* y la *discreción*.

Ten presente que cada individuo con quien te relacionas, al igual que tú, busca oportunidades para prosperar financieramente. Si divulgas tus planes con demasiada soltura, podrías sorprenderte al descubrir que alguien ha ACTUADO SOBRE ESOS MISMOS PLANES ANTES QUE TÚ, simplemente por hablar imprudentemente.

Es crucial que una de tus primeras decisiones sea PRACTICAR EL ARTE DEL SILENCIO MIENTRAS MANTIENES TUS SENTIDOS ALERTA.

Como recordatorio para adherirte a este consejo, sería útil escribir y exhibir en un lugar visible el siguiente epigrama:

"DILE AL MUNDO LO QUE PRETENDES HACER, PERO PRIMERO MUÉSTRASELO".

En otras palabras, los logros hablan más alto que las palabras.

La Libertad O La Muerte En Una Decisión

El valor intrínseco de una decisión se mide por la valentía requerida para tomarla. Las decisiones trascendentales que han moldeado la historia de la civilización fueron forjadas en la fragua del riesgo, a menudo enfrentando la sombra inminente de la muerte.

La determinación de Lincoln al promulgar la Proclamación de Emancipación, un acto que otorgó libertad a los afroamericanos en Estados Unidos, fue un ejemplo de valor palpable. Consciente de que su acción desencadenaría la ira de muchos y acarrearía consecuencias sangrientas en el campo de batalla, Lincoln pagó el precio final con su propia vida.

La elección de Sócrates de beber la cicuta en lugar de renunciar a sus convicciones personales fue un acto de valentía singular. Este acto marcó un hito en la historia, catapultando al futuro la noción fundamental de libertad de pensamiento y expresión.

La decisión del general Robert E. Lee de separarse de la Unión para defender la causa del Sur también fue una muestra de coraje. Consciente de los riesgos mortales tanto para él como para otros, Lee demostró una valentía inquebrantable al enfrentar las consecuencias de su elección.

Sin embargo, la mayor decisión en la historia de Estados Unidos se gestó en Filadelfia el 4 de julio de 1776. Cuando cincuenta y seis hombres estamparon sus firmas en un documento que simbolizaba la promesa de libertad para todos los estadounidenses, estaban plenamente conscientes de que su acción podía significar la libertad o *la horca para cada uno de ellos.*

Seguramente has escuchado hablar de este famoso acontecimiento, pero es posible que no hayas captado la profunda lección de superación personal que tan claramente ilustra.

Todos recordamos la fecha de esta decisión trascendental, pero pocos comprendemos verdaderamente el coraje que implicó. Recordamos nuestra historia tal como nos fue enseñada: fechas, nombres de los hombres que lucharon, lugares emblemáticos como Valley Forge y Yorktown, figuras como George Washington y Lord Cornwallis. Sin embargo, conocemos poco sobre las fuerzas subyacentes que impulsaron esos acontecimientos. Conocemos aún menos sobre el PODER intangible que aseguró nuestra libertad *mucho antes de que los ejércitos de Washington llegaran a Yorktown.*

Al leer la historia de la Revolución, solemos imaginar que George Washington fue el padre fundador de nuestra nación, que fue él quien nos otorgó la libertad. Pero la verdad es que Washington fue más bien un testigo tardío, pues la victoria de sus ejércitos estaba prácticamente asegurada mucho antes de que Lord Cornwallis se rindiera. No es mi intención restarle mérito a Washington; más bien, quiero enfocar la atención en el asombroso poder que fue la verdadera fuerza detrás de su triunfo.

Es una tragedia que los historiadores hayan pasado por alto completamente la mínima mención de este PODER irresistible que dio origen y libertad a una nación destinada a establecer nuevos estándares de independencia para todos los pueblos del mundo. Llamo a esto una tragedia porque este mismo PODER es el que cada individuo debe invocar para superar las adversidades de la vida y obligar a la vida a pagar el precio que se le exige.

Retrocedamos brevemente para examinar los eventos que desencadenaron este PODER. Todo comenzó con un incidente en Boston, el 5 de marzo de 1770. Los soldados británicos patrullaban las calles, provocando abiertamente a los ciudadanos con su presencia armada. Los colonos se sintieron agraviados por la presencia de estos hombres armados entre ellos y comenzaron a expresar su resentimiento lanzando piedras y epítetos hacia los soldados. La situación llegó a un punto crítico cuando el oficial al mando ordenó: "¡Fijad las bayonetas... a la carga!"

Así dio inicio la batalla, que resultó en muertes y heridas. Este incidente avivó un resentimiento tan profundo que la Asamblea Provincial, compuesta por destacados colonos, convocó una reunión para tomar medidas decisivas. Dos de los miembros más destacados de esta asamblea eran John Hancock y Samuel Adams, CUYOS NOMBRES DEBEN SER RECORDADOS. Con valentía, declararon la necesidad de expulsar a todos los soldados británicos de Boston.

Recuerda esto: una DECISIÓN, en la mente de dos hombres, podría ser considerada como el principio de la libertad que nosotros, los estadounidenses, disfrutamos hoy en día. Ten en cuenta también que la DECISIÓN de estos dos hombres requería FE y CORAJE, ya que era peligrosa.

Antes de que la Asamblea levantara la sesión, Samuel Adams fue designado para contactar al Gobernador de la Provincia, Hutchinson, y exigir la retirada de las tropas británicas.

La petición fue aceptada y las tropas fueron retiradas de Boston, pero el incidente no quedó cerrado. Este episodio desencadenó una situación destinada a cambiar el rumbo de la civilización. ¿No es curioso cómo los grandes cambios, como la Revolución Estadounidense y la Guerra Mundial, a menudo tienen sus comienzos en circunstancias aparentemente insignificantes? También resulta interesante observar que estos cambios importantes suelen comenzar con una DECISIÓN DEFINITIVA en la mente de un número relativamente reducido de personas. Muchos de nosotros no conocemos la historia de nuestro país lo suficientemente bien como para darnos cuenta de que John Hancock, Samuel Adams y Richard Henry Lee (de la provincia de Virginia) fueron los verdaderos Padres Fundadores de nuestra nación.

Richard Henry Lee se convirtió en un personaje clave en esta historia debido a su frecuente comunicación (por correspondencia) con Samuel Adams, compartiendo libremente sus temores y esperanzas respecto al bienestar de la gente de sus provincias.

A partir de esta práctica, Adams concibió la idea de que un intercambio mutuo de cartas entre las trece colonias podría ayudar a coordinar los esfuerzos tan necesarios para resolver sus problemas. Dos años después del enfrentamiento con los soldados en Boston (marzo de 1772), Adams presentó esta idea a la Asamblea en forma de moción para establecer un Comité de Correspondencia entre las colonias, con corresponsales designados definitivamente en cada una de ellas, "con el fin de cooperar amistosamente para el mejoramiento de las Colonias de la América Británica".

¡Presta atención a este incidente! Fue el inicio de la organización del poder que eventualmente nos otorgaría la libertad a ti y a mí. La Mente Maestra ya estaba en marcha, formada por Adams, Lee y Hancock. "Os digo además, que si dos de vosotros se ponen de acuerdo sobre la tierra respecto a cualquier cosa que pidáis, os vendrá de Mi Padre, que está en los Cielos".

Se estableció el Comité de Correspondencia. Observa cómo este movimiento abrió el camino para aumentar el poder de la Mente Maestra al incluir hombres de todas las colonias. Observa cómo este procedimiento marcó la primera PLANIFICACIÓN ORGANIZADA de los colonos descontentos.

¡En la unión está la fuerza! Los ciudadanos de las colonias habían estado librando una guerra desorganizada contra los soldados británicos, mediante incidentes similares al motín de Boston, pero no habían logrado nada beneficioso. Sus quejas individuales no se habían consolidado bajo una Mente Maestra. Ningún grupo de individuos había unido sus corazones, mentes, almas y cuerpos en una DECISIÓN definida para resolver sus dificultades con los británicos de una vez por todas, hasta que Adams, Hancock y Lee se unieron.

Mientras tanto, los británicos no estaban inactivos. También estaban realizando su propia PLANIFICACIÓN y maestría, con la ventaja de contar con dinero y soldados organizados a sus espaldas.

La Corona designó a Gage para reemplazar a Hutchinson como Gobernador de Massachusetts. Uno de los primeros actos del nuevo Gobernador fue enviar a un emisario a visitar a Samuel Adams, con la intención de aplacar su oposición... por medio del TEMOR.

Para captar plenamente el espíritu de este acontecimiento, podemos citar la conversación entre el coronel Fenton, el mensajero enviado por Gage, y Adams.

Coronel Fenton: "He sido autorizado por el gobernador Gage para asegurarle, Sr. Adams, que el gobernador está dispuesto a conferirle beneficios que puedan resultar satisfactorios [intentando ganarse a Adams mediante la promesa de sobornos], a condición de que usted cese en su oposición a las medidas del gobierno. El gobernador le aconseja, señor, que no incurra en más desavenencias con su majestad. Su conducta lo ha puesto en una posición que lo expone a las penalidades de un decreto de Enrique VIII, que permite enviar personas a Inglaterra para ser juzgadas por traición o complicidad en traición, a discreción del gobernador de una provincia. Sin embargo, si MODIFICA SU POSTURA POLÍTICA, no solo obtendrá grandes ventajas personales, sino que también reconciliará su relación con el Rey".

Samuel Adams se enfrentaba a dos alternativas. Podía detener su oposición y recibir beneficios personales, o podía PERSEVERAR, ARRIESGANDO SER COLGADO.

Era evidente que Adams se encontraba en una *encrucijada*, una DECISIÓN que podía costarle la vida. Para muchos hombres, tomar una decisión tan crucial habría sido extremadamente difícil. La mayoría habría dado una respuesta evasiva, ¡pero no Adams! Insistió en la palabra de honor del coronel Fenton, de que este entregaría al gobernador la respuesta exacta tal como la recibiera de Adams.

La respuesta de Adams fue contundente: "Entonces, dile al gobernador Gage que confío en que hace mucho tiempo he reconciliado mi conciencia con el Rey de Reyes. Ningún incentivo personal me llevará a abandonar la justa causa de mi país. Y, DILE AL GOBERNADOR GAGE QUE SAMUEL ADAMS LE ACONSEJA que no menosprecie más los sentimientos de un pueblo exasperado".

Es superfluo hacer comentarios sobre el carácter de este hombre. Debe resultar evidente para todos los que lean este notable mensaje que su remitente poseía una lealtad de la más alta estirpe. *Esto es significativo*. (Los chantajistas y los políticos deshonestos han mancillado el honor por el cual hombres como Adams dieron su vida).

Cuando el gobernador Gage recibió la cáustica respuesta de Adams, se enfureció y emitió una proclama que declaraba: "Por la presente, en nombre de su majestad, ofrezco y prometo el más clemente perdón a todas las personas que depongan inmediatamente las armas y regresen a sus deberes como súbditos pacíficos, excepto a SAMUEL ADAMS Y JOHN HANCOCK, cuyos delitos son de tal gravedad que merecen un castigo ejemplar".

Como se diría en términos modernos, Adams y Hancock estaban "en la mira". La amenaza del iracundo gobernador obligó a ambos hombres a tomar otra decisión igualmente peligrosa. Convocaron rápidamente una reunión secreta con sus seguidores más leales. (Aquí es donde la Mente Maestra empezó a ganar impulso). Una vez reunidos, Adams cerró la puerta con llave y comunicó a todos los presentes que era imperativo organizar un Congreso de los Colonos, y que NADIE DEBERÍA SALIR DE LA SALA HASTA QUE SE TOMARA LA DECISIÓN DE CONVOCAR DICHO CONGRESO.

Hubo una gran agitación. Algunos evaluaron las posibles consecuencias de semejante radicalismo. (Miedo a lo desconocido). Otros expresaron serias reservas sobre la prudencia de tomar una *decisión tan definitiva*, desafiando a la Corona. Pero dentro de esa habitación había DOS HOMBRES inmunes al miedo, ciegos ante la perspectiva del fracaso: Hancock y Adams. Gracias a la influencia de sus mentes, persuadieron a los demás a que a través del Comité de Correspondencia, se preparara la convocatoria para una reunión del Primer Congreso Continental, a celebrarse en Filadelfia el 5 de septiembre de 1774.

Graba esta fecha en tu memoria, pues supera en importancia al 4 de julio de 1776. Sin la determinación de convocar un Congreso Continental, la Declaración de Independencia nunca habría visto la luz.

Antes de la primera sesión del nuevo Congreso, en otra parte del país, un líder estaba inmerso en la publicación de una "Visión Sumaria de los Derechos de la América Británica". Este era Thomas Jefferson, de Virginia, cuya tensa relación con Lord Dunmore, representante de la Corona en Virginia, rivalizaba con la de Hancock y Adams con su gobernador.

Poco después de la publicación de su célebre Resumen de Derechos, Jefferson fue advertido de posibles cargos de alta traición contra la corona. Inspirado por esta amenaza, su colega Patrick Henry proclamó audazmente su opinión, culminando con la memorable frase: *"Si esto es traición, que así sea".*

Hombres como estos, desprovistos de poder, autoridad, fuerza militar o dinero, se reunieron para deliberar sobre el destino de las colonias desde la inauguración del Primer Congreso Continental. Esta deliberación continuó intermitentemente durante dos años, hasta que el 7 de junio de 1776, Richard Henry Lee se levantó y, ante una asamblea sorprendida, presentó la moción:

"Caballeros, propongo que estas Colonias Unidas sean, y por derecho deban ser, estados libres e independientes, absueltos de toda lealtad a la Corona británica, y que toda conexión política con Gran Bretaña sea totalmente disuelta".

La sorprendente moción de Lee generó un intenso debate que comenzaba a agotar la paciencia de muchos. Finalmente, tras días de discusión, Lee tomó la palabra nuevamente con firmeza: "Señor Presidente, hemos discutido esta cuestión durante días. Es el único camino que podemos seguir. ¿Por qué, entonces, señor, nos demoramos más? ¿Por qué seguir deliberando? Dejemos que este día auspicioso dé inicio a una República Americana, no para devastar y conquistar, sino para restaurar el reino de la paz y la ley. Los ojos de Europa están puestos en nosotros, exigiendo un vivo ejemplo de libertad que contraste con la creciente tiranía".

Antes de que su moción fuera votada, Lee tuvo que regresar a Virginia debido a una grave enfermedad familiar. Antes de partir, confió su causa a su amigo Thomas Jefferson, quien prometió luchar hasta el final.

Poco después, el presidente del Congreso, Hancock, designó a Jefferson como presidente de un comité para redactar una Declaración de Independencia.

El comité trabajó arduamente en un documento que implicaría, al ser aceptado por el Congreso, que CADA HOMBRE QUE LO FIRMARA ESTARÍA FIRMANDO SU PROPIA SENTENCIA DE MUERTE en caso de que las Colonias perdieran la lucha contra Gran Bretaña, una lucha que seguramente seguiría.

El documento fue redactado y el 28 de junio se presentó el borrador original ante el Congreso. Durante varios días se debatió, se modificó y se preparó. El 4 de julio de 1776, Thomas Jefferson se presentó ante la Asamblea y leyó sin vacilar la DECISIÓN más trascendental jamás plasmada en papel.

"Cuando, en el curso de los asuntos humanos, se hace necesario que un pueblo disuelva los lazos políticos que lo han unido a otro y asuma, entre las potencias de la tierra, una posición separada e igual, a la que las leyes de la naturaleza y del Dios de la naturaleza le otorgan, el respeto debido a las opiniones de la humanidad exige que declare las causas que lo impulsan a la separación..."

Cuando Jefferson terminó, el documento fue votado, aceptado y firmado por los cincuenta y seis hombres, cada uno de los cuales arriesgó su vida al PONER su firma. Fue gracias a esta DECISIÓN que nació una nación destinada a otorgar a la humanidad el privilegio eterno de tomar DECISIONES.

A través de decisiones imbuidas de un espíritu de fe similar, los hombres pueden resolver sus problemas personales y forjar para sí mismos una riqueza tanto material como espiritual. Esta verdad perdurable, que no debe ser olvidada, se ilustra claramente al analizar los eventos que condujeron a la Declaración de Independencia.

Contemplemos cómo esta nación, ahora posicionada con imponente respeto y poder entre todas las demás, surgió de una DECISIÓN surgida de una Mente Maestra compuesta por cincuenta y seis visionarios. Es esencial reconocer que fue esta DECISIÓN la que aseguró el triunfo de los ejércitos de Washington. El *espíritu* de esa determinación ardía en el corazón de cada soldado que luchaba a su lado, erigiéndose como un poder espiritual que desconocía la noción de FRACASO.

Asimismo, observemos con atención que el mismo PODER que otorgó libertad a esta nación es el mismo poder que todo individuo puede aprovechar para su propio autodeterminación. Este PODER reside en los principios descritos en estas páginas. En la historia de la Declaración de Independencia, identificamos al menos seis de estos principios: DESEO, DECISIÓN, FE, PERSISTENCIA, MENTE MAESTRA y PLANIFICACIÓN ORGANIZADA.

A lo largo de esta filosofía, se sugiere que el pensamiento respaldado por un ferviente DESEO tiende a manifestarse en su equivalente físico. Antes de continuar, permíteme sugerirte que en esta historia, así como en la organización de la United States Steel Corporation, encontrarás una descripción precisa del método mediante el cual el pensamiento realiza esta asombrosa transformación.

Al buscar el secreto de este método, no busques un milagro, pues no lo hallarás. Solo encontrarás las leyes eternas de la Naturaleza, disponibles para todo aquel que posea la FE y el CORAJE de utilizarlas. Estas leyes pueden ser empleadas para asegurar la libertad de una nación o para acumular riquezas, y su costo es simplemente el tiempo necesario para comprenderlas y aplicarlas.

Quienes toman DECISIONES con prontitud y determinación poseen una clara visión de lo que desean y, por lo general, logran alcanzarlo. Los líderes en todas las esferas de la vida se destacan por su habilidad para tomar DECISIONES rápidas y firmes, y esta capacidad es fundamental para su liderazgo. El mundo tiende a seguir a aquellos cuyas palabras y acciones reflejan una clara dirección y propósito.

La INDECISIÓN es un hábito que a menudo se arraiga desde la juventud. Este hábito persiste a través de la escuela primaria, secundaria e incluso la universidad, donde la falta de DEFINICIÓN DE PROPÓSITO es evidente. La mayor deficiencia de nuestros sistemas educativos radica en la falta de enseñanza y fomento del hábito de la DECISIÓN DEFINIDA.

Sería provechoso que ninguna universidad permitiera la matriculación de estudiantes sin que estos declaren su propósito principal. Además, sería aún más beneficioso obligar a los estudiantes de posgrado a adquirir el HÁBITO DE LA DECISIÓN y someterlos a un examen sobre este tema antes de avanzar en sus estudios.

El hábito de la INDECISIÓN, arraigado por las deficiencias en nuestros sistemas educativos, continúa afectando a los estudiantes incluso después de elegir su ocupación. Con frecuencia, aquellos recién graduados se lanzan a cualquier trabajo disponible, aceptando la primera oportunidad que se presenta debido a esta tendencia a la INDECISIÓN. Es alarmante observar que la gran mayoría de los trabajadores asalariados hoy en día ocupan sus puestos simplemente porque CARECÍAN DE UNA CLARA DEFINICIÓN de lo que querían y de cómo seleccionar un empleador adecuado.

Una DECISIÓN DEFINIDA siempre conlleva valor, a veces incluso una gran dosis de valentía. Los cincuenta y seis hombres que dejaron su firma en la Declaración de Independencia arriesgaron sus vidas por el acto DECISIVO de comprometerse con ese documento. Quien toma la decisión DEFINITIVA de perseguir un trabajo específico y está dispuesto a pagar el precio que conlleva, no solo arriesga su vida, sino su LIBERTAD ECONÓMICA. La independencia financiera, la riqueza y las posiciones destacadas en los negocios y en la profesión no están al alcance de aquellos que descuidan o se resisten a ESPERAR, PLANIFICAR y EXIGIR esas metas. Quien anhela la riqueza con la misma pasión que Samuel Adams deseaba la libertad para las colonias, está destinado a alcanzarla.

En el capítulo dedicado a la Planificación Organizada, encontrarás una guía detallada sobre cómo comercializar tus servicios personales y cómo seleccionar el empleador y el trabajo que realmente deseas. Sin embargo, toda esta información carecerá de valor a menos que te COMPROMETAS DECIDIDAMENTE A IMPLEMENTARLA en un plan de acción concreto.

Capítulo 9: Persistencia

El Esfuerzo Sostenido Necesario Para Inducir La Fe

El Octavo Paso Hacia La Riqueza

La PERSEVERANCIA se erige como un componente esencial en el proceso de transformar los anhelos en una equivalencia monetaria tangible. En el corazón de esta perseverancia reside el PODER DE LA VOLUNTAD.

La voluntad firme y el deseo, cuando se amalgaman con destreza, forjan una alianza irresistible. Aquellos hombres que acumulan grandes fortunas suelen ser tachados de tener una frialdad calculada y, en ocasiones, de ser despiadados. Sin embargo, suelen ser malinterpretados. Lo que realmente poseen es una fuerza de voluntad que, combinada con una persistencia incansable, respalda sus aspiraciones hasta alcanzar sus metas.

Henry Ford, en particular, ha sido injustamente etiquetado como despiadado y frío. Esta percepción errónea surgió del hábito de Ford de seguir con FIRMEZA todos sus planes hasta el final.

La mayoría de las personas están dispuestas a abandonar sus metas al menor signo de oposición o adversidad. Solo unos pocos PERSEVERAN, desafiando toda resistencia, hasta alcanzar sus objetivos. Estos pocos son los Ford, los Carnegie, los Rockefeller y los Edison.

Aunque la palabra "persistencia" no suele evocar heroísmo, esta cualidad es para el carácter humano lo que el carbono es para el acero.

La acumulación de una fortuna, por lo general, requiere la aplicación de los trece principios delineados en esta filosofía. Estos principios deben ser comprendidos y aplicados con persistencia por todos aquellos que buscan el éxito financiero.

Si te sumerges en las páginas de este libro con la firme intención de poner en práctica los conocimientos que brinda, te enfrentarás a tu primera prueba de PERSISTENCIA al comenzar a seguir los seis pasos detallados en el segundo capítulo. A menos que ya seas uno de los raros dos de cada cien que cuentan con un OBJETIVO DEFINIDO al que aspiran y un PLAN DEFINIDO para alcanzarlo, es posible que leas las instrucciones y luego simplemente sigas con tu rutina diaria, dejando pasar la oportunidad de cumplir con esas instrucciones.

El autor te desafía en este punto, señalando que la falta de persistencia es una de las principales causas de fracaso. Además, la experiencia con miles de individuos ha demostrado que la falta de persistencia es una debilidad común en la mayoría de las personas. Sin embargo, es una debilidad que puede superarse con esfuerzo. La facilidad con la que se puede vencer la falta de persistencia dependerá *completamente* de la INTENSIDAD DEL DESEO.

Recuerda siempre que el punto de partida de cualquier logro es el DESEO. Los deseos débiles producen resultados débiles, al igual que una pequeña llama produce poco calor. Si te encuentras falto de persistencia, esta debilidad puede superarse avivando un fuego más intenso bajo tus deseos.

Sigue leyendo hasta el final y luego regresa al capítulo dos para comenzar de *inmediato* a seguir las instrucciones relacionadas con los seis pasos. La determinación con la que sigas estas instrucciones te indicará claramente cuánto DESEAS realmente acumular riqueza. Si te resulta indiferente, es probable que aún no hayas adquirido la "conciencia del dinero" necesaria para asegurar tu fortuna.

Las fortunas tienden a gravitar hacia aquellos cuyas mentes están preparadas para "atraerlas", de la misma manera que el agua gravita hacia el océano. En este libro encontrarás todos los estímulos necesarios para "sintonizar" cualquier mente con las vibraciones que atraerán el objeto de tus deseos.

Si descubres que careces de PERSISTENCIA, concéntrate en las instrucciones contenidas en el capítulo sobre "Poder", busca rodearte de un grupo de "MENTES MAESTRAS" y, mediante los esfuerzos cooperativos de los miembros de este grupo, podrás desarrollar la persistencia. Además, encontrarás instrucciones adicionales para el desarrollo de la persistencia en los capítulos sobre la autosugestión y la mente subconsciente. Sigue las instrucciones descritas en estos capítulos hasta que tu mente subconsciente tenga una imagen clara del objeto de tu DESEO. A partir de ese momento, la falta de persistencia no será un obstáculo.

Recuerda que tu mente subconsciente trabaja constantemente, tanto mientras estás despierto como mientras duermes.

Los esfuerzos esporádicos o intermitentes para aplicar las reglas no te llevarán a ningún lado. Para obtener RESULTADOS, debes aplicar todas las reglas hasta que su aplicación se convierta en un hábito arraigado en ti. Solo así podrás desarrollar la necesaria "conciencia del dinero".

La POBREZA gravita hacia aquel cuya mentalidad la favorece, al igual que el dinero es atraído por quien ha entrenado deliberadamente su mente para atraerlo, siguiendo las mismas leyes. LA CONCIENCIA DE LA POBREZA OCUPARÁ VOLUNTARIAMENTE LA MENTE QUE NO ESTÉ OCUPADA CON LA CONCIENCIA DEL DINERO. Mientras tanto, la conciencia de la riqueza se desarrolla con hábitos conscientes y favorables, o bien se debe nacer con ella.

Comprender plenamente las afirmaciones anteriores revela la importancia de la PERSISTENCIA en la acumulación de riqueza.

Sin PERSISTENCIA, uno está destinado a ser derrotado incluso antes de comenzar. Pero con DETERMINACIÓN, se alcanza la victoria.

Si alguna vez has experimentado una pesadilla, entenderás el valor intrínseco de la persistencia. Te encuentras acostado en la cama, en un estado medio consciente, con la sensación de que la asfixia está al acecho. Te encuentras paralizado, incapaz de moverte o cambiar de posición. Es entonces cuando te das cuenta de la IMPERIOSA NECESIDAD de recuperar el dominio sobre tus músculos. Con un ESFUERZO SOSTENIDO DE VOLUNTAD, finalmente logras mover los dedos de una mano. Continúas este proceso, extendiendo tu dominio sobre los músculos de un brazo y luego del otro, hasta que finalmente recuperas el control completo sobre tu cuerpo y "escapas" de la pesadilla. Este logro se alcanza paso a paso.

En ocasiones, es necesario liberarse de la inercia mental mediante un proceso similar, avanzando gradualmente al principio y luego aumentando la velocidad hasta lograr un control total sobre tu voluntad. La PERSISTENCIA es clave, sin importar cuán lento sea el progreso inicial. EL ÉXITO LLEGA CON LA PERSISTENCIA.

Al elegir cuidadosamente a tu grupo de "Mentes Maestras", asegúrate de incluir al menos a una persona que te ayude a cultivar la PERSISTENCIA. Algunas personas han acumulado grandes fortunas por NECESIDAD, desarrollando así el hábito de la PERSISTENCIA debido a la presión de las circunstancias.

¡LA PERSISTENCIA ES IRREMPLAZABLE! No existe cualidad que pueda sustituirla. Mantén esto presente, será tu aliento en los momentos iniciales, cuando el camino se antoje arduo y lento.

Aquellos que han cultivado el HÁBITO de la persistencia parecen tener un seguro contra el fracaso. No importa cuántas veces sean derrotados, eventualmente alcanzan la cima de la escalera. A veces parece como si hubiera un Guía oculto cuya tarea es someter a los hombres a una variedad de experiencias desalentadoras. Pero aquellos que se levantan tras la derrota y persisten, llegan; y el mundo les aplaude: "¡Bravo! ¡Sabía que lo lograrías!" La Guía oculta no permite que nadie alcance un gran éxito sin superar la PRUEBA DE LA PERSISTENCIA. Aquellos que no pueden superarla, simplemente no están a la altura.

Quienes logran "pasarla" son recompensados generosamente por su persistencia. Obtienen, como compensación, cualquier objetivo que persigan. Pero eso no es todo. Reciben algo infinitamente más valioso que la recompensa material: el conocimiento de que "CADA FRACASO TRAE CONSIGO LA SEMILLA DE UNA VENTAJA EQUIVALENTE".

Existen excepciones a esta regla; algunas pocas personas conocen por experiencia la solidez de la persistencia. Son aquellos que no han aceptado la derrota como algo más que temporal, cuyos DESEOS se APLICAN TAN PERSISTENTEMENTE que la derrota se transforma finalmente en victoria. Desde nuestra posición al margen de la vida, observamos el abrumador número de aquellos que caen derrotados, sin levantarse nuevamente. Sin embargo, también vemos a unos pocos que toman el castigo de la derrota como un *estímulo para un mayor esfuerzo*. Afortunadamente, estos nunca aprenden a aceptar la marcha atrás de la vida. Pero lo que la mayoría de nosotros NO VE, lo que nunca sospechamos que existe, es el PODER silencioso pero irresistible que acude al rescate de aquellos que luchan contra el desánimo. Si hablamos de este poder, lo llamamos PERSISTENCIA, y lo dejamos así. Una cosa sabemos todos: sin PERSISTENCIA, no se alcanza un éxito digno de mención en ninguna vocación.

Mientras escribo estas líneas, levanto la vista de mi trabajo y veo ante mí, a menos de una manzana de distancia, el gran y misterioso "Broadway", el "Cementerio de las Esperanzas Muertas" y el "Pórtico de las Oportunidades".

Desde todas partes del mundo, la gente ha venido a Broadway en busca de fama, fortuna, poder, amor o cualquier otra cosa que los seres humanos llamen éxito. De vez en cuando, alguien sale de la larga procesión de buscadores y el mundo se entera de que otra persona ha dominado Broadway. Pero Broadway no se conquista fácil ni rápidamente. Reconoce el talento, reconoce el genio, paga en dinero, pero solo DESPUÉS de que uno se haya negado a RENUNCIAR.

Entonces sabemos que ha descubierto el secreto de cómo conquistar Broadway. Y ese secreto siempre va unido inseparablemente a una palabra: ¡PERSISTENCIA!

El secreto se encarna en la lucha de Fannie Hurst, cuya PERSISTENCIA conquistó el Gran Camino Blanco. Llegó a Nueva York en 1915 con el sueño de convertir la escritura en riqueza. La conversión no llegó rápidamente, PERO LLEGÓ. Durante cuatro años, la Srta. Hurst conoció las aceras de Nueva York por experiencia propia. Pasó los días trabajando y las noches esperando. Cuando la esperanza se desvaneció, no dijo: "Muy bien, Broadway, tú ganas". Dijo: "Muy bien, Broadway, puedes azotar a algunos, pero no a mí. Voy a obligarte a rendirte".

Un editor de *The Saturday Evening Post* le envió treinta y seis cartas de rechazo antes de que finalmente "rompiera el hielo" y lograra transmitir una historia. La mayoría de los escritores, como en otros aspectos de la vida, habrían abandonado después de recibir la primera carta de rechazo. Sin embargo, durante cuatro años, ella persistió, caminando por las calles bajo el eco constante del "NO" del editor, porque estaba decidida a tener éxito.

Finalmente, llegó la "recompensa". El encantamiento se rompió, y Fannie Hurst demostró su determinación. Desde entonces, los editores llegaron a su puerta como si fuera un camino de rosas. El dinero fluía tan rápido que apenas podía contarlo. Pronto, la industria cinematográfica la descubrió y el dinero llegó en abundancia. Los derechos cinematográficos de su última novela, "*Great Laughter*", alcanzaron los 100.000 dólares, el precio más alto jamás pagado por una historia antes de ser publicada. Sus derechos de autor por la venta del libro probablemente superarán con creces esa cifra.

En resumen, esto es una demostración de lo que la PERSISTENCIA puede lograr. Fannie Hurst no es una excepción. Dondequiera que hombres y mujeres hayan acumulado grandes riquezas, puedes estar seguro de que primero adquirieron PERSISTENCIA. Broadway puede dar una taza de café y un bocadillo a cualquier mendigo, pero exige PERSISTENCIA a aquellos que buscan grandes logros.

Kate Smith responderá con un "amén" al leer esto. Durante años, entonó su voz sin un centavo de compensación, frente a cualquier micrófono que encontrara a su alcance. Broadway le desafió: "Ven y prueba suerte, si te atreves". Ella aceptó el desafío, hasta que un día afortunado, Broadway se rindió y le preguntó: "¿Qué sentido tiene esto? No sabes tu propio valor, así que declara tu precio y ponte a trabajar en serio". La señorita Smith estableció su tarifa. Era considerable. Se elevó a cifras tan exorbitantes que su salario semanal superaba con creces lo que la mayoría gana en un año entero.

¡La PERSISTENCIA realmente vale la pena!

Y aquí hay una afirmación alentadora que encierra una sugerencia de gran importancia: MILES DE CANTANTES TAN TALENTOSOS COMO KATE SMITH RECORREN BROADWAY EN BUSCA DE UNA OPORTUNIDAD, SIN ÉXITO. Muchos otros han venido y se han ido; algunos cantaban con habilidad, pero les faltaba la determinación para seguir adelante, hasta que Broadway se cansaba de rechazarlos.

La persistencia es un estado mental que puede ser cultivado, al igual que cualquier otro estado mental, tiene causas definidas, entre las cuales se incluyen las siguientes:

a. DEFINICIÓN DEL PROPÓSITO: El primer y quizás más crucial paso hacia el desarrollo de la persistencia es saber lo que uno quiere. Un motivo poderoso impulsa a superar numerosas dificultades.

b. DESEO: Es relativamente sencillo adquirir y mantener la persistencia cuando se persigue un deseo intenso.

c. AUTOESTIMA: La creencia en la propia capacidad para llevar a cabo un plan anima a seguir adelante con persistencia. La confianza en uno mismo puede ser cultivada siguiendo los principios descritos en el capítulo sobre autosugestión.

d. DEFINICIÓN DE PLANES: Aunque los planes sean débiles o totalmente impracticables, su organización fomenta la persistencia.

- e. CONOCIMIENTO PRECISO: Saber que los propios planes están bien fundamentados, basándose en la experiencia o la observación, promueve la persistencia; "adivinar" en lugar de "saber" debilita la persistencia.
- f. COOPERACIÓN: La simpatía, la comprensión y la cooperación armoniosa con los demás contribuyen al desarrollo de la persistencia.
- g. FUERZA DE VOLUNTAD: El hábito de concentrar los pensamientos en la elaboración de planes para alcanzar un objetivo definido conduce a la persistencia.
- h. HÁBITO: La persistencia es el resultado directo del hábito. La mente absorbe y se nutre de las experiencias cotidianas. El miedo, el peor de los enemigos, puede ser superado eficazmente mediante la *repetición forzada de actos valientes*, como bien lo saben todos los que han estado en servicio activo en la guerra.

Antes de concluir el tema de la PERSISTENCIA, es útil hacer un inventario personal y determinar en qué aspectos, si los hay, se carece de esta cualidad esencial. Es importante analizarse punto por punto y evaluar cuántos de los ocho factores de la persistencia se poseen. Este análisis puede llevar a descubrimientos que proporcionen un nuevo control sobre uno mismo.

Síntomas De Una Falta De Persistencia

Aquí te presento los verdaderos obstáculos que se interponen entre tú y el logro de metas notables. No solo revelo los "síntomas" que indican una falta de persistencia, sino también las raíces subconscientes profundamente arraigadas de esta debilidad. Te insto a que estudies esta lista detenidamente y te enfrentes a ti mismo sin reservas SI REALMENTE DESEAS CONOCER TU VERDADERO POTENCIAL. Estas son las debilidades que deben ser superadas por aquellos que aspiran a la acumulación de riqueza:

1. No definir con claridad y precisión tus objetivos.
2. La tendencia a procrastinar, ya sea con o sin justificación. (A menudo acompañada de una amplia gama de excusas y justificaciones).
3. Falta de interés en adquirir conocimientos especializados.
4. Indecisión, evitando enfrentar los problemas de manera directa y posponiendo decisiones importantes. (A menudo acompañada de excusas).
5. Dependencia de excusas en lugar de elaborar planes concretos para resolver problemas.
6. Complacencia. Esta aflicción tiene poco remedio y ninguna esperanza para quienes la sufren.
7. Indiferencia, manifestada en una disposición a ceder en lugar de enfrentar la oposición y luchar contra ella.
8. La tendencia a culpar a otros por tus propios errores y aceptar circunstancias desfavorables como inevitables.
9. DEBILIDAD EN EL DESEO, debido a la negligencia en la elección de motivaciones para la acción.
10. La disposición a rendirse al primer signo de fracaso. (Basada en uno o más de los 6 miedos básicos).

11. Falta de planes organizados y escritos para su análisis.
12. La tendencia a no actuar sobre las ideas o desaprovechar oportunidades cuando se presentan.
13. DESEO en lugar de voluntad.
14. Tendencia a conformarse con la pobreza en lugar de aspirar a la riqueza. Falta de ambición para ser, hacer y poseer.
15. Búsqueda de atajos hacia la riqueza, tratando de OBTENER sin OFRECER un equivalente justo, lo que se refleja en la búsqueda de gangas y en intentar hacer "negocios rápidos".
16. MIEDO A LA CRÍTICA, lo que impide la creación y ejecución de planes debido a la preocupación por lo que otros pensarán, harán o dirán. Este es el primer enemigo en la lista, ya que a menudo reside en el subconsciente y pasa desapercibido. (Consultar los Seis Miedos Básicos en un capítulo posterior).

Examinemos algunos de los síntomas del Miedo a la Crítica. La mayoría de las personas permiten que sus parientes, amigos y el público en general les influyan tanto que no pueden vivir su propia vida, debido al temor a las críticas.

Un gran número de personas cometen errores en el matrimonio, se quedan en situaciones perjudiciales y pasan por la vida miserable e infelizmente, porque les aterra la crítica que podría seguir si intentan corregir esos errores. Aquellos que han experimentado este tipo de miedo saben el daño irreparable que causa, al minar la ambición, la confianza en uno mismo y el deseo de alcanzar metas.

Millones de personas renuncian a continuar su educación después de abandonar la escuela, simplemente porque temen las críticas.

Un número incontable de hombres y mujeres, tanto jóvenes como mayores, permiten que sus familiares destruyan sus vidas en nombre del DEBER, porque les aterra la crítica. Sin embargo, el deber no exige que una persona sacrifique sus ambiciones personales y el derecho a vivir su propia vida como desee.

La gente evita asumir riesgos en los negocios por miedo a las críticas que podrían enfrentar en caso de fracaso. *En estos casos, el miedo a las críticas supera al DESEO de éxito.*

Demasiadas personas se abstienen de fijar objetivos elevados o incluso de elegir una carrera debido al temor a las críticas de sus familiares y amigos, quienes podrían decirles: "No te pongas tan ambicioso, la gente pensará que estás loco".

Cuando Andrew Carnegie me sugirió dedicar veinte años a desarrollar una filosofía del éxito personal, mi primera reacción fue el miedo al qué dirán. La sugerencia me pareció un objetivo desproporcionadamente grande. Instantáneamente, mi mente comenzó a generar excusas y dudas, todas alimentadas por el MIEDO A LA CRÍTICA inherente. Una voz interior me decía: "No puedes hacerlo, el trabajo es demasiado grande y requiere demasiado tiempo. ¿Qué pensarán tus familiares? ¿Cómo te ganarás la vida? Nadie ha organizado nunca una filosofía del éxito. ¿Quién eres tú para aspirar tan alto? Recuerda tu humilde origen. ¿Qué sabes tú de filosofía? La gente pensará que estás loco (y así fue). ¿Por qué no lo ha hecho alguien más antes?"

Estas y otras preguntas asaltaron mi mente, buscando atención. Parecía como si el mundo entero hubiera centrado su atención en mí para ridiculizarme y disuadirme de seguir la sugerencia de Carnegie.

En ese momento, tuve una tentadora oportunidad de abandonar la ambición antes de que se apoderara de mí. Más adelante, tras analizar a miles de personas, descubrí que LA MAYORÍA DE LAS IDEAS SURGEN Y REQUIEREN EL IMPULSO DE LA VIDA A TRAVÉS DE PLANES DEFINIDOS DE ACCIÓN INMEDIATA. El momento de nutrir una idea es en su nacimiento. Cada minuto que pasa le otorga más posibilidades de sobrevivir. El MIEDO A LA CRÍTICA es la causa subyacente de la destrucción de la mayoría de las ideas que nunca llegan a la etapa de PLANIFICACIÓN y ACCIÓN.

La percepción común sugiere que el éxito financiero es el resultado de "golpes de suerte" favorables. Esta idea tiene su validez, pero aquellos que dependen únicamente de la fortuna suelen encontrarse desilusionados. ¿Por qué? Porque descuidan otro factor crucial que debe estar presente para garantizar el éxito: el conocimiento que permite forjar oportunidades por encargo.

En tiempos de la Gran Depresión, W. C. Fields, reconocido cómico, se vio desprovisto de todo su capital y se encontró sin empleo, en un mundo donde su principal fuente de ingresos, el vodevil, había desaparecido. Además, ya había superado los sesenta años, una edad donde muchos consideran que las oportunidades se desvanecen. Sin embargo, su deseo de reinventarse lo llevó a ofrecer sus servicios sin costo en un nuevo campo: el cine. A pesar de enfrentar múltiples adversidades, incluida una lesión en el cuello, Fields PERSEVERÓ. Consciente de que solo avanzando podría encontrar oportunidades, persistió y finalmente las oportunidades llegaron, pero no por casualidad.

Marie Dressler se encontró en la ruina, sin dinero ni trabajo, cuando rondaba los sesenta años. A pesar de ello, buscó incansablemente las "oportunidades" y las conquistó. Su TENACIDAD le otorgó un asombroso triunfo al final de su vida, superando con creces la edad en la que la mayoría de las personas dejan de aspirar a logros significativos.

Eddie Cantor perdió todo su dinero en el colapso bursátil de 1929, pero mantuvo intacta su DETERMINACIÓN y valentía. Con estas cualidades, además de sus característicos ojos saltones, logró recuperarse y alcanzar unos ingresos de 10.000 dólares a la semana. Verdaderamente, la persistencia puede ser suficiente para triunfar sin necesidad de muchas otras cualidades.

La única "oportunidad" en la que uno puede confiar es la que se crea a sí mismo, y esto se logra mediante la aplicación constante de la PERSISTENCIA. El primer paso es DEFINIR CLARAMENTE LOS PROPÓSITOS.

Si observas a las cien primeras personas que encuentres y les preguntas cuál es su mayor deseo en la vida, probablemente noventa y ocho de ellas no podrán responder. Algunas mencionarán la SEGURIDAD, otras el DINERO, unas pocas la FELICIDAD, la FAMA, el PODER o el RECONOCIMIENTO SOCIAL. Sin embargo, ninguna podrá definir estos términos ni ofrecer un plan concreto para alcanzarlos. La riqueza no responde a los deseos vagos, sino a planes definidos respaldados por deseos claros y mantenidos mediante una persistencia constante.

Observa a las primeras cien personas que encuentres y, al preguntarles sobre sus mayores aspiraciones en la vida, te sorprenderá descubrir que la mayoría de ellas no pueden articular claramente sus deseos. Si las presionas, podrían mencionar la SEGURIDAD, otras hablarán del DINERO, unas cuantas mencionarán la FELICIDAD, y otras podrían referirse a la FAMA, el PODER, el RECONOCIMIENTO SOCIAL o la capacidad para realizar actividades como CANTAR, BAILAR o ESCRIBIR. Sin embargo, ninguna de ellas podrá definir con precisión estos conceptos ni proporcionar un plan concreto para alcanzar sus vagos deseos. La mera riqueza no satisface los deseos; solo aquellos con metas definidas, respaldadas por deseos claros y mantenidas con una constante PERSISTENCIA, lograrán encontrar el éxito.

Cómo Desarrollar Persistencia

Existen cuatro simples pasos que conducen al desarrollo del hábito de la PERSISTENCIA. No requieren una gran inteligencia, ni una educación especial, ni una inversión considerable de tiempo o esfuerzo. Estos pasos son:

1. Tener un PROPÓSITO DEFINIDO, respaldado por un ardiente deseo de alcanzarlo.
2. Contar con un PLAN DEFINIDO, manifestado a través de una acción continua.
3. Mantener una MENTE FIRME, resistente a todas las influencias negativas y desalentadoras, incluso las sugerencias pesimistas de familiares, amigos y conocidos.
4. Establecer una ALIANZA AMISTOSA con una o más personas que animen a seguir adelante con el plan y el propósito.

Estos cuatro pasos son fundamentales para el éxito en todas las áreas de la vida. El propósito de los trece principios de esta filosofía es prepararnos para adoptar estos cuatro pasos como un *hábito* arraigado.

Son los pasos mediante los cuales uno puede moldear su destino económico.

Conducen a la libertad y a la independencia de pensamiento.

Son el camino hacia la riqueza, sea en pequeñas o grandes cantidades.

Conducen al poder, la fama y el reconocimiento mundano.

Son los pasos que garantizan oportunidades favorables.

Transforman los sueños en realidades tangibles.

Además, conducen al dominio del MIEDO, el DESCONTENTO y la INDIFERENCIA.

Para quienes aprenden a seguir estos cuatro pasos, existe una magnífica recompensa: el privilegio de trazar su propio camino y de forjar su destino según sus deseos.

Aunque carezco de datos concretos, me aventuro a especular que el profundo amor de la Sra. Wallis Simpson por un hombre no fue mero accidente, ni el simple resultado de circunstancias afortunadas. Se intuía un deseo ardiente y una búsqueda meticulosa en cada paso del camino. Su primer deber era amar. ¿Qué puede ser más sublime en este mundo? El Maestro lo llamó amor, no las normas fabricadas por el hombre, las críticas, el resentimiento, las difamaciones o los "matrimonios" políticos, sino el amor genuino.

Ella conocía sus deseos, no solo después de conocer al Príncipe de Gales, sino mucho antes. A pesar de no encontrarlo en dos ocasiones, tuvo el coraje de continuar su búsqueda.

"Sé fiel a ti mismo, y así como sigue la noche al día, no podrás ser falso con ningún hombre".

Su ascenso desde la oscuridad fue gradual, persistente y constante, pero indudablemente exitoso. Desafiando probabilidades abrumadoras, Wallis Simpson emergió como un ejemplo asombroso de perseverancia, enseñándonos valiosas lecciones sobre autodeterminación. Independientemente de las opiniones sobre ella o sobre el rey que abdicó por amor, su historia es un testimonio vivo de cómo la persistencia puede conquistar incluso los desafíos más insuperables.

Cuando reflexionamos sobre Wallis Simpson, recordamos a alguien que tenía claro su objetivo y desafió al más poderoso de los imperios para alcanzarlo. Aquellas que sienten que el mundo favorece a los hombres y limita las oportunidades de las mujeres encontrarán inspiración en el estudio de la vida de esta mujer extraordinaria, que, en una etapa de la vida en la que muchas consideran que las oportunidades se desvanecen, capturó el corazón del soltero más codiciado del mundo.

Y ¿qué lección podemos extraer del papel del rey Eduardo en este drama mundial? ¿Fue el precio que pagó por el amor de la mujer que eligió demasiado alto?

Sin duda, solo él posee la clave precisa, mientras que el resto de nosotros simplemente podemos especular. Esta es la realidad que conocemos: el rey llegó al mundo sin haber solicitado su entrada. Fue dotado con vastas riquezas sin haberlas pedido, y se le presentaron incontables propuestas matrimoniales por parte de políticos y líderes de toda Europa, quienes ofrecieron viudas y princesas a sus pies. Como primogénito de sus padres, recibió una corona que no anhelaba, ni quizás buscaba. Durante más de cuatro décadas, estuvo limitado en su libertad, sin poder vivir a su antojo, experimentando escasa intimidad y, finalmente, asumiendo los deberes que le fueron impuestos al ascender al trono.

Algunos podrían argumentar: "Con todos estos dones, el rey Eduardo debería haber hallado paz mental, satisfacción y gozo de vivir".

La cruda realidad es que, detrás de todos los privilegios inherentes a una corona, más allá de la opulencia, la fama y el poder que le fueron conferidos al rey Eduardo, persistía un vacío que solo el amor podía colmar.

Su ANHELO más profundo era el amor. Mucho antes de conocer a Wallis Simpson, seguramente sentía esta poderosa emoción universal, que tiraba de las fibras de su corazón, golpeando la puerta de su alma y clamando por ser expresada.

Cuando finalmente encontró un espíritu afín, ansioso por el mismo sagrado privilegio de expresión, lo reconoció. Sin temor ni reservas, abrió su corazón y le permitió entrar. Todos los difamadores del mundo no pueden ensombrecer la belleza de este drama internacional, en el cual dos almas encontraron el amor y tuvieron la valentía de desafiar la crítica pública, renunciando a TODO LO DEMÁS para darle expresión a este amor *sagrado*.

La decisión del rey Eduardo de abandonar la corona del imperio más poderoso del mundo en favor de acompañar el resto de su vida con la mujer de su elección fue un acto de valentía sin precedentes. Esta elección, aunque conllevó un precio, ¿quién tiene la autoridad para juzgar si fue demasiado alto? Seguramente no aquel que nos recuerda: "Aquel de vosotros que esté libre de pecado, que tire la primera piedra".

Para aquellos con malas intenciones que buscan culpar al duque de Windsor por seguir su DESEO de AMOR, al declarar abiertamente su amor por Wallis Simpson y renunciar a su trono por ella, es importante recordar que la REVELACIÓN PÚBLICA no era obligatoria. Podría haber seguido la tradición de mantener relaciones clandestinas, una práctica común en Europa durante siglos, sin sacrificar ni su trono ni a su amada, y NO HABRÍA PROVOCADO CRÍTICAS NI DE LA IGLESIA NI DE LOS LAICOS. Sin embargo, este hombre excepcional estaba hecho de una fibra diferente. Su amor era puro, profundo y sincero. Representaba la única cosa que, por ENCIMA DE TODO, DESEABA sinceramente, por lo que tomó lo que quería y pagó el precio que se le exigía.

Si Europa hubiese sido agraciada con gobernantes más afines al corazón humano y a los principios de honestidad encarnados por el ex rey Eduardo durante el siglo pasado, el trágico hemisferio, ahora sumido en la codicia, el odio, la lujuria, la complicidad política y las amenazas de guerra, contaría con una historia completamente diferente y más enriquecedora. Una narrativa en la que el amor prevalecería sobre el odio.

En palabras de Stuart Austin Wier, elevamos nuestras copas en honor al ex rey Eduardo y Wallis Simpson:

"Es bendito aquel que ha comprendido que nuestros pensamientos más oscuros son los más dulces".

"Es bendito aquel que, desde las profundidades más sombrías, puede vislumbrar la radiante figura del AMOR, y al verla, canta; y al cantar, declara: 'Más dulces que los lamentos expresados son los pensamientos que tengo de ti'".

Con estas palabras, rendimos tributo a las dos figuras que, más que ninguna otra en tiempos modernos, han sido objeto de crítica y abuso, simplemente porque encontraron el tesoro más preciado de la vida y lo reclamaron.[1]

La mayoría del mundo aplaudirá al Duque de Windsor y a Wallis Simpson por su PERSEVERANCIA en la búsqueda hasta hallar la máxima recompensa de la vida. Todos nosotros podemos beneficiarnos al seguir su ejemplo en nuestra propia búsqueda de lo que anhelamos en la vida.

¿Qué poder místico confiere a los hombres de PERSEVERANCIA la capacidad de superar las dificultades? ¿Acaso la cualidad de PERSEVERANCIA despierta algún tipo de actividad espiritual, mental o química que otorga acceso a fuerzas sobrenaturales? ¿Se alinea la Inteligencia Infinita del lado de aquellos que continúan luchando, incluso después de haber perdido la batalla, con el mundo entero en su contra?

Al contemplar figuras como Henry Ford, que desde la nada edificó un vasto imperio industrial, o Thomas A. Edison, quien con menos de tres meses de educación formal se convirtió en el inventor más prominente del mundo, surgen preguntas como estas y otras similares. El común denominador que destaca en sus historias es la PERSEVERANCIA. Edison materializó este valor en la invención de la máquina parlante, la cámara cinematográfica y la luz incandescente, entre más de quinientos inventos útiles.

Tuve el privilegio de estudiar tanto al Sr. Edison como al Sr. Ford durante un largo período de tiempo, año tras año, lo que me brindó la oportunidad de conocerlos de cerca. Por lo tanto, puedo afirmar con certeza que no encontré ninguna cualidad, excepto la PERSEVERANCIA, en ninguno de los dos, que sugiriera siquiera remotamente la fuente principal de sus extraordinarios logros.

Cuando se analiza imparcialmente la vida de profetas, filósofos, "hombres milagrosos" y líderes religiosos del pasado, se llega a la inevitable conclusión de que la PERSEVERANCIA, la concentración del esfuerzo y la DEFINICIÓN DE PROPÓSITO fueron las principales fuentes de sus logros.

Considera, por ejemplo, la intrigante historia de Mahoma; estudia su vida, compárala con los hombres de logros de esta era moderna en la industria y las finanzas, y observa cómo comparten un rasgo distintivo en común: ¡la PERSEVERANCIA!

Si deseas adentrarte en el misterioso poder que impulsa la PERSEVERANCIA, te recomiendo que leas una biografía de Mahoma, especialmente la escrita por Essad Bey. Una breve reseña de este libro, escrita por Thomas Sugrue en el Herald-Tribune, te dará

---

[1] La Sra. Simpson leyó y aprobó este análisis.

una idea anticipada del placer que aguarda a aquellos que se tomen el tiempo para explorar la historia completa de uno de los ejemplos más asombrosos del poder de la PERSEVERANCIA conocidos por la humanidad.

El Último Gran Profeta

Revisado por Thomas Sugrue

"Mahoma, un profeta sin milagros a su nombre, no surgió como un místico ni poseedor de estudios formales. Su misión no comenzó hasta que alcanzó los cuarenta años. En medio de la incredulidad y la burla, proclamó ser el Mensajero de Dios, portador de la auténtica palabra religiosa. Desdeñado y humillado, enfrentó zancadillas de niños y arrojos de inmundicias por parte de las mujeres. La Meca, su hogar, lo desterró junto a sus seguidores, despojándolos de sus bienes y enviándolos al desierto. A pesar de llevar una década predicando, solo halló destierro, pobreza y desprecio. Sin embargo, en menos de diez años más, Mahoma emergió como el gobernante de toda Arabia, dominando La Meca y liderando una religión que pronto se expandiría hasta el Danubio y los Pirineos. Este impulso fue estimulado por la fuerza de sus palabras, la eficacia de la oración y la conexión íntima entre el hombre y Dios.

"La trayectoria de Mahoma parece un viaje sin rumbo, iniciado en los humildes entornos de una destacada familia en La Meca. Esta ciudad, epicentro del mundo, donde la mística Caaba y el bullicio comercial convergen, era inhóspita, llevando a Mahoma a ser criado por beduinos en el vasto desierto. Allí, entre nómadas, encontró sustento en la leche materna y aprendió la resiliencia. Pastoreó ovejas y más tarde se convirtió en el líder de caravanas al ser contratado por una viuda adinerada. Recorrió tierras orientales, dialogando con personas de diversas creencias y presenciando el desgaste del cristianismo en sectas beligerantes. A los veintiocho años, Khadija, la viuda, lo aceptó como esposo, burlando la oposición paterna mediante artimañas. Durante los siguientes doce años, Mahoma prosperó como hábil comerciante, respetado y adinerado. Sin embargo, su vida daría un giro cuando optó por retirarse al desierto. Fue allí donde, según relata, el arcángel Gabriel se le apareció, anunciándole su destino como Mensajero de Dios y revelándole los primeros versículos del Corán, un momento crucial en la historia del Islam.

"El Corán, la revelación divina de Dios, representó un verdadero milagro en la vida de Mahoma. Aunque no era poeta ni poseía el don de la elocuencia, los versículos que recibía y recitaba a los fieles superaban en belleza a cualquier composición de los poetas profesionales de las tribus. Este hecho era considerado un milagro por los árabes, quienes valoraban enormemente el arte de la palabra, otorgando al poeta un estatus de poder absoluto. Además, el mensaje del Corán proclamaba la igualdad de todos los seres humanos ante Dios y abogaba por un mundo regido por principios democrático-islámicos. Fue precisamente esta idea política revolucionaria, junto con el deseo de Mahoma de erradicar los 360 ídolos del patio de la Caaba, lo que desencadenó su exilio. Los ídolos atraían a las tribus del desierto hacia La Meca, lo que significaba oportunidades comerciales. Por lo tanto, los comerciantes y capitalistas de La Meca, entre los cuales se contaba Mahoma, se opusieron ferozmente a sus acciones. Como respuesta, Mahoma se retiró al desierto y proclamó su soberanía sobre el mundo.

"El ascenso del Islam marcó un punto de inflexión en la historia, una llama ardiente que emergió del desierto y se negó a extinguirse: un ejército unido en su lucha y dispuesto a sacrificarse sin titubear. Mahoma extendió una invitación abierta a judíos y cristianos, no para fundar una nueva religión, sino para unirse en una fe única en un solo Dios. Sin embargo, esta visión de unidad no fue abrazada por aquellos a quienes se dirigía. Si hubieran aceptado, el Islam podría haber alcanzado un dominio global. Pero esto no sucedió. Incluso la innovación de Mahoma en la forma de hacer la guerra, que abogaba por la humanidad en el conflicto, fue rechazada. Cuando los ejércitos del profeta entraron en Jerusalén, lo hicieron con una clemencia notable hacia quienes profesaban diferentes creencias[2]. Por el contrario, siglos después, cuando los cruzados tomaron la ciudad, la violencia y el derramamiento de sangre se convirtieron en su legado[3].

Sin embargo, hubo un aspecto en el que los cristianos adoptaron una idea islámica: el concepto de la institución educativa, la universidad.

---

[2] Una de las raras ciudades que compartieron un destino similar fue Antioquía, donde el general musulmán Baybars conquistó en 1268, causando la muerte de 14.000 cristianos y vendiendo como esclavos a decenas de miles más. En otra ocasión, el caudillo musulmán Zengi llevó a cabo una masacre en la ciudad cristiana de Edesa en la Nochebuena de 1144. Según el relato de un testigo presencial: "Mataban indiscriminadamente a los ciudadanos con sus espadas, sin importar la edad, la condición o el género. No hacían distinción entre la viuda y el forastero, entre el huérfano y el anciano, entre el joven y la virgen".

[3] Los informes sobre las pérdidas de vidas durante el asedio cristiano de Jerusalén en 1099 varían considerablemente, algunos incluso señalan cifras que superan la población total de la ciudad en ese momento. Sin embargo, todos los relatos coinciden en un hecho: se produjeron muertes. Esto se debió a la negativa de la ciudad musulmana a rendirse y a pagar un impuesto anual, una medida que tanto los habitantes cristianos como judíos habían optado por realizar en el año 637 para evitar una masacre a manos del ejército musulmán.

Capítulo 10: El Poder De La Mente Maestra

La Fuerza Impulsora

El Noveno Paso Hacia La Riqueza

El PODER es esencial para el éxito y la acumulación de dinero.

Los PLANES, por sí solos, son estáticos y carecen de utilidad si no se respaldan con el suficiente PODER para llevarlos a la ACCIÓN. En este capítulo, exploraremos el método mediante el cual un individuo puede adquirir y aplicar el PODER de manera efectiva.

El PODER puede entenderse como "el CONOCIMIENTO organizado y dirigido de manera inteligente". Aquí, el término poder se refiere al esfuerzo COORDINADO necesario para convertir el DESEO en su equivalente monetario. Este esfuerzo ORGANIZADO implica la colaboración de dos o más personas trabajando hacia un objetivo específico en un ambiente de armonía.

Es crucial entender que EL PODER ES IMPRESCINDIBLE TANTO PARA LA ACUMULACIÓN COMO PARA LA RETENCIÓN DEL DINERO ACUMULADO.

Ahora, exploremos cómo adquirir ese poder. Si el poder es "conocimiento organizado", veamos sus fuentes:

a. La INTELIGENCIA INFINITA. Esta fuente de conocimiento puede ser accesible a través de la Imaginación Creadora, como se describe en otro capítulo.

b. La EXPERIENCIA ACUMULADA. La vasta experiencia acumulada por la humanidad (o al menos una parte significativa de ella que ha sido organizada y registrada) puede encontrarse en cualquier biblioteca pública bien equipada. Gran parte de esta valiosa experiencia se imparte en las escuelas y universidades públicas, donde ha sido meticulosamente clasificada y estructurada.

c. La EXPERIMENTACIÓN E INVESTIGACIÓN. En el vasto campo de la ciencia y en prácticamente todos los ámbitos de la vida, los individuos constantemente recopilan, clasifican y organizan nuevos datos. Esta reserva de información se convierte en un recurso invaluable cuando la experiencia directa no está disponible. Es en este punto donde la imaginación creativa se vuelve esencial, siendo una herramienta necesaria para explorar nuevos horizontes y encontrar soluciones innovadoras.

El conocimiento puede obtenerse de estas fuentes y convertirse en PODER al ser organizado en PLANES definidos y expresados en términos de ACCIÓN.

El análisis de estas tres fuentes principales de conocimiento revela la dificultad que enfrentaría un individuo al intentar reunir el conocimiento por sí solo y expresarlo en planes de ACCIÓN definidos, especialmente si sus objetivos son amplios y ambiciosos. En tales casos, generalmente necesitará inducir a otros a cooperar antes de poder implementar los planes con el PODER necesario.

Ganando Poder A Través De La Mente Maestra

La "Mente Maestra" puede ser definida como la coordinación de conocimientos y esfuerzos, en un espíritu de armonía, entre dos o más personas, con el propósito definido de alcanzar una meta.

Ningún individuo puede alcanzar un gran poder sin aprovecharse de la "Mente Maestra". En un capítulo previo, se proporcionaron instrucciones para la creación de planes con el fin de transformar el DESEO en su equivalente monetario. Si sigues estas instrucciones con PERSISTENCIA e inteligencia, y eliges cuidadosamente tu grupo de "Mentes Maestras", habrás avanzado hacia tu objetivo incluso antes de darte cuenta.

Para comprender mejor las potencialidades "intangibles" de poder que tienes a través de un grupo de "Mente Maestra" bien seleccionado, explicaremos aquí las dos características del principio de la Mente Maestra, una de naturaleza económica y la otra psíquica. La característica económica es clara: cualquier persona puede obtener ventajas económicas al rodearse del consejo, asesoramiento y cooperación personal de un grupo de individuos dispuestos a brindar ayuda incondicional en un espíritu de PERFECTA ARMONÍA. Esta forma de alianza cooperativa ha sido la base de casi todas las grandes fortunas. Tu comprensión de esta gran verdad puede determinar definitivamente tu situación financiera.

La fase psíquica del principio de la Mente Maestra es más abstracta y difícil de comprender, ya que se refiere a las fuerzas espirituales con las que la raza humana, en su conjunto, no está completamente familiarizada. Puedes captar una sugerencia significativa de esta afirmación: "Nunca se unen dos mentes sin que se cree una tercera fuerza, invisible e intangible, que puede compararse a una tercera mente".

Ten en cuenta que solo hay dos elementos conocidos en todo el universo: la energía y la materia. Es un hecho bien conocido que la materia puede descomponerse en unidades de moléculas, átomos y electrones. Hay unidades de materia que pueden aislarse, separarse y analizarse.

Del mismo modo, existen unidades de energía.

La mente humana es una forma de energía, y una parte de ella es de naturaleza espiritual. Cuando las mentes de dos personas se coordinan en un ESPÍRITU DE ARMONÍA, las unidades espirituales de energía de cada mente forman una afinidad que constituye la fase "psíquica" de la Mente Maestra.

El principio de la Mente Maestra, o más bien su característica económica, fue señalado por primera vez por Andrew Carnegie hace más de veinticinco años. El descubrimiento de este principio fue responsable de la elección del trabajo de mi vida.

El círculo de la Mente Maestra del Sr. Carnegie reunía a cerca de cincuenta hombres, meticulosamente seleccionados con un OBJETIVO CLARO: la manufactura y comercialización del acero. Él atribuía su inmensa fortuna al PODER generado por esta "Mente Maestra".

Si analizamos la trayectoria de aquellos que han acumulado grandes riquezas, así como de aquellos con fortunas más modestas, encontraremos que consciente o inconscientemente han aplicado el principio de la "Mente Maestra".

NO HAY OTRO PRINCIPIO PARA ACUMULAR UN GRAN PODER.

La ENERGÍA constituye el fundamento universal que la Naturaleza emplea para erigir todas las manifestaciones materiales del universo, incluyendo al hombre y toda forma de vida animal y vegetal. A través de un proceso intrínseco, solo comprendido plenamente por la Naturaleza, la energía se transforma en materia.

Los elementos primigenios de la Naturaleza están al alcance del ser humano, ¡manifestados en la energía contenida en el pensamiento! El cerebro humano puede asimilarse a una batería eléctrica, absorbiendo energía del éter, que permea cada átomo de materia y llena el cosmos.

Es un hecho ampliamente reconocido que un conjunto de baterías eléctricas ofrece más energía que una sola. Del mismo modo, es sabido que una pila individual proporciona energía según el número y capacidad de sus células.

El cerebro opera de manera similar. Esto explica por qué algunos cerebros son más eficientes que otros, y nos lleva a esta reveladora afirmación: un conjunto de mentes coordinadas (o conectadas) en un espíritu de armonía, genera más energía de pensamiento que una mente individual, al igual que un conjunto de baterías eléctricas supera a una sola.

Mediante esta analogía, se vuelve patente que el principio de la Mente Maestra encierra el secreto del PODER ejercido por aquellos que se rodean de otros con mentes afines.

Ahora, avancemos hacia una afirmación que nos acerque aún más a la comprensión de la faceta psíquica del principio de la Mente Maestra: cuando un grupo de mentes individuales se coordina y opera en armonía, el incremento de energía generado por esa sinergia está disponible para cada mente individual del grupo.

Es ampliamente conocido que Henry Ford inició su carrera empresarial en condiciones desfavorables de pobreza, analfabetismo e ignorancia. Lo que es igualmente conocido es que en un asombrosamente breve lapso de diez años, el Sr. Ford superó estas tres desventajas, y en veinticinco años ascendió para convertirse en uno de los hombres más adinerados de Estados Unidos.

Añade a este hecho el conocimiento adicional de que los avances más significativos de Ford se manifestaron cuando estableció una estrecha amistad con Thomas A. Edison, y empezarás a comprender el poder de la influencia de una mente sobre otra. Y si profundizas un poco más, considerando que los logros más notables de Ford surgieron cuando entabló amistad con Harvey Firestone, John Burroughs y Luther Burbank (cada uno de ellos dotado de una gran capacidad intelectual), tendrás aún más evidencia de que el poder puede materializarse a través de la colaboración entre mentes afines.

No hay duda de que Henry Ford figura entre los individuos mejor informados del ámbito empresarial e industrial. Su riqueza es innegable y no requiere mayor discusión.

Al observar de cerca los amigos íntimos de Ford, algunos de los cuales ya hemos mencionado, estarás preparado para entender la siguiente afirmación: "Los hombres adoptan la naturaleza, los hábitos y el PODER DEL PENSAMIENTO de aquellos con quienes se asocian en un espíritu de simpatía y armonía".

Henry Ford desafió la pobreza, el analfabetismo y la ignorancia al aliarse con mentes brillantes, absorbiendo las vibraciones de sus pensamientos en su propia mente. Al asociarse con Edison, Burbank, Burroughs y Firestone, Ford agregó a su propio poder intelectual la suma y sustancia de la inteligencia, la experiencia, el conocimiento y las energías espirituales de estos cuatro hombres. Además, aplicó y se benefició del principio de la Mente Maestra utilizando los métodos descritos en este libro.

Este principio está al alcance de todos.

Hemos mencionado a Mahatma Gandhi. Muchos podrían considerar a Gandhi simplemente como un hombre excéntrico que desafía al gobierno británico sin preocuparse por tener una vestimenta formal.

Sin embargo, en realidad, Gandhi ES EL INDIVIDUO MÁS PODEROSO EN LA ACTUALIDAD, valorado por el número de seguidores y la fe que éstos depositan en él. Es probablemente uno de los hombres más poderosos que haya existido. Su poder es pasivo, pero es real.

Veamos cómo alcanzó Gandhi este asombroso PODER. Puede explicarse en pocas palabras: obtuvo poder al inducir a más de doscientos millones de personas a coordinarse, mente y cuerpo, en un espíritu de ARMONÍA para un PROPÓSITO DEFINIDO.

En resumen, Gandhi ha logrado un MILAGRO. Es un milagro cuando se puede inducir, no forzar, a doscientos millones de personas a cooperar en ARMONÍA durante un tiempo indefinido. Si tienes dudas de que esto sea un milagro, intenta inducir a DOS PERSONAS a cooperar en armonía durante *cualquier período de tiempo*.

Todos los líderes empresariales saben lo difícil que es lograr que los empleados trabajen juntos en un espíritu de armonía mínima.

La lista de las principales fuentes de PODER está encabezada, como has visto, por la INTELIGENCIA INFINITA. Cuando dos o más personas se coordinan en un espíritu de armonía y trabajan hacia un objetivo definido, se colocan en una posición en la que pueden absorber poder directamente del vasto depósito universal de la Inteligencia Infinita. Esta es la mayor de todas las fuentes de PODER. Es la fuente a la que recurre el genio. Es la fuente a la que acuden todos los grandes líderes, ya sean conscientes de ello o no.

Las otras dos fuentes principales de conocimiento necesarias para acumular PODER pueden ser tan falibles como los cinco sentidos humanos, los cuales no siempre son confiables. La Inteligencia Infinita, por otro lado, NUNCA SE EQUIVOCA.

En capítulos posteriores se detallarán los métodos para contactar más fácilmente con la Inteligencia Infinita.

Este libro se centra en finanzas, dejando claro desde el principio que no pretende adentrarse en cuestiones religiosas ni influir en las prácticas religiosas de nadie. Su objetivo es proporcionar al lector una guía sobre cómo CONVERTIR SUS ASPIRACIONES MONETARIAS EN REALIDAD.

Se invita al lector a leer, *REFLEXIONAR* y meditar durante su lectura. Pronto, los temas se desplegarán y cobrarán perspectiva. Actualmente, se están detallando los contenidos de cada capítulo.

El dinero se asemeja a una doncella de tiempos antaño: tímido y esquivo. Requiere ser cortejado y conquistado con métodos similares a los empleados por un amante decidido en busca de su amada. El PODER utilizado en este "cortejo" del dinero no difiere mucho del utilizado en la conquista de una doncella. Este poder, cuando se aplica con éxito en la búsqueda del dinero, debe ir acompañado de FE, DESEO y PERSISTENCIA, y debe ser implementado mediante un plan de ACCIÓN.

Cuando el dinero fluye en cantidades significativas, este se dirige hacia aquellos que lo acumulan con la misma facilidad con la que el agua desciende por una pendiente. En este flujo, existe una PODEROSA corriente invisible que puede compararse con un río: un lado fluye en una dirección, elevando a todos los que se sumergen en él hacia la RIQUEZA, mientras que el otro lado fluye en dirección opuesta, arrastrando a aquellos que caen en él hacia la miseria y la POBREZA, sin posibilidad de escape.

Cada individuo que ha logrado acumular una gran fortuna ha sido consciente de la existencia de esta corriente de la vida. Esta corriente se constituye a través del propio PROCESO DEL PENSAMIENTO: las emociones positivas que surgen del pensamiento conforman el lado de la corriente que nos guía hacia la prosperidad, mientras que las emociones negativas forman el lado que nos conduce hacia la pobreza.

Este principio reviste una importancia trascendental para aquellos que siguen las enseñanzas de este libro con el propósito de alcanzar una fortuna.

Si te encuentras en el lado de la corriente de PODER que conduce a la pobreza, este conocimiento puede servirte como un remo, con el cual puedes impulsarte hacia el lado opuesto de la corriente. Sin embargo, este remo SOLO tendrá utilidad si lo aplicas y utilizas activamente. La simple lectura y reflexión, ya sea en un sentido u otro, no te proporcionarán ningún beneficio real.

Hay quienes atraviesan la corriente, fluyendo entre los aspectos positivos y negativos de la vida financiera. El colapso de Wall Street en 1929 arrastró a millones desde la prosperidad hacia la adversidad. Ahora, esos millones luchan, algunos con desesperación y temor, por regresar al lado positivo de la corriente. Este libro ha sido concebido especialmente para ellos.

La fluctuación entre la pobreza y la riqueza es una realidad común. La Gran Depresión reveló esta verdad al mundo, aunque su lección se ha desvanecido con el tiempo en la memoria colectiva. La pobreza a menudo reemplaza a la riqueza sin resistencia, mientras que la riqueza requiere PLANES meticulosamente concebidos y ejecutados para recuperar su lugar. La pobreza no necesita ayuda; es intrépida y despiadada. En cambio, la riqueza es tímida y reservada, requiere ser "atraída".

CUALQUIERA puede ANHELAR la riqueza, y la mayoría lo hace, pero solo unos pocos comprenden que un plan concreto, junto con un DESEO ARDIENTE de riqueza, son los únicos medios confiables para acumularla.

Capítulo 11: El Misterio De La Transmutación Del Sexo

El Décimo Paso Hacia La Riqueza

El término "transmutar", en palabras simples, se refiere al cambio o transferencia de un elemento o forma de energía a otro.

La emoción del sexo conduce a un estado mental.

Sin embargo, debido a la falta de conocimiento sobre el tema, este estado mental suele asociarse principalmente con lo físico. Además, las influencias inapropiadas a las que la mayoría de las personas han estado expuestas han sesgado considerablemente la percepción de la sexualidad, inclinándola hacia lo puramente físico.

La emoción del sexo lleva consigo tres potencialidades constructivas fundamentales:

1. La perpetuación de la humanidad.
2. El mantenimiento de la salud, ya que actúa como una agencia terapéutica incomparable.
3. La transformación de la mediocridad en genialidad a través de la transmutación.

La transmutación sexual se puede explicar de manera sencilla: implica cambiar los pensamientos de expresión física por pensamientos de otra naturaleza.

El deseo sexual es el más poderoso de los deseos humanos. Cuando este deseo impulsa a las personas, desarrollan una agudeza de imaginación, valor, fuerza de voluntad, persistencia y capacidad creativa que rara vez experimentan en otros momentos. Es tan fuerte y dominante que algunos están dispuestos a arriesgar su vida y reputación para satisfacerlo. Sin embargo, si se canaliza y redirige adecuadamente, esta fuerza motivadora conserva todos sus atributos y puede ser utilizada como una poderosa fuerza creativa en diversas áreas como la literatura, el arte o la acumulación de riqueza.

La transmutación de la energía sexual requiere fuerza de voluntad, pero la recompensa justifica el esfuerzo.

El deseo de expresión sexual es innato y natural y no debe ser suprimido ni eliminado. Sin embargo, debe ser canalizado hacia formas de expresión que enriquezcan el cuerpo, la mente y el espíritu del individuo. De lo contrario, buscará salidas a través de canales puramente físicos.

La represión de un río puede controlar sus aguas temporalmente, pero al final, este buscará su curso natural. De manera similar, la energía sexual puede ser contenida y regulada por un tiempo, pero su esencia misma anhela expresarse. Si no se canaliza hacia algún esfuerzo creativo, buscará una salida menos noble.

Es verdaderamente afortunada la persona que descubre cómo transformar la energía sexual en creatividad, pues con ese hallazgo alcanza un estado cercano al genio.

La investigación científica ha revelado hechos significativos al respecto:

1. Los individuos más destacados suelen tener una naturaleza sexualmente vigorosa; han dominado el arte de transmutar la energía sexual.

2. Aquellos que han amasado grandes fortunas y han alcanzado reconocimiento en la literatura, el arte, la industria, la arquitectura y otras profesiones, han sido motivados por la influencia de una pasión amorosa.

Esta investigación se ha extendido a lo largo de más de dos mil años, a través de biografías y registros históricos. Cada vez que se han examinado las vidas de hombres y mujeres de logros sobresalientes, se ha encontrado evidencia convincente de su vigor sexual.

La energía del sexo es una fuerza irresistible que supera cualquier resistencia. Cuando se canaliza apropiadamente, otorga un poder sobrenatural para la acción. Comprender este principio es captar el verdadero significado de cómo la transmutación sexual puede elevarnos a la categoría de genios creativos.

La energía sexual encierra el secreto de la capacidad creativa.

Al eliminar las glándulas sexuales, tanto en humanos como en animales, se extingue la fuente principal de acción. Basta con observar el efecto de la castración en cualquier animal para confirmarlo: un toro castrado se vuelve tan dócil como una vaca. La castración elimina la vitalidad y la LUCHA inherente al macho, ya sea hombre o bestia.

Los Diez Estímulos De La Mente

La mente humana se ve influida por estímulos que tienen el poder de elevarla a niveles óptimos de vibración, manifestándose en estados como el entusiasmo, la imaginación creativa y el deseo intenso, entre otros. Entre los estímulos que despiertan una respuesta más natural de la mente, se encuentran:

1. El deseo de expresión sexual
2. El amor
3. El anhelo ardiente de fama, poder o RIQUEZA
4. La música
5. La amistad entre personas del mismo sexo o del sexo opuesto
6. Una alianza de Mentes Maestras que se basa en la armonía de dos o más personas unidas en aras del progreso, ya sea en el plano espiritual o temporal
7. El sufrimiento mutuo, tal como el experimentado por las personas que padecen persecución
8. La autosugestión
9. El miedo
10. Los narcóticos y el alcohol

La pasión sexual encabeza la lista de estímulos que más eficazmente impulsan las vibraciones mentales y ponen en marcha la acción física. Ocho de estos estímulos son naturales y constructivos, mientras que dos son destructivos. Presentamos esta lista para que puedas realizar un estudio comparativo de las principales fuentes de estimulación mental. A partir de este análisis, resulta evidente que la emoción sexual es, con gran diferencia, el estímulo mental más intenso y poderoso.

Esta comparación es esencial como fundamento para demostrar la afirmación de que la transmutación de la energía sexual puede elevar a una persona a la categoría de genio. Ahora, veamos qué constituye un genio.

Un sabelotodo alguna vez definió a un genio como alguien que "lleva el pelo largo, come comida extraña, vive en soledad y se convierte en blanco de bromas". Sin embargo, una definición más precisa de genio sería la siguiente: "un individuo que ha dominado el arte de elevar las vibraciones del pensamiento hasta el punto de poder establecer comunicación directa con fuentes de conocimiento que están más allá del alcance de la mente común".

Aquella mente inquisitiva que reflexiona sobre esta definición del genio podría plantear varias preguntas. La primera de ellas sería: "¿Cómo es posible comunicarse con fuentes de conocimiento que están más allá de la HABITUAL tasa de vibración del pensamiento?"

La próxima pregunta se plantea así: "¿Hay fuentes de conocimiento reconocidas que solo estén accesibles para genios? Y en caso afirmativo, ¿CUÁLES SON ESAS FUENTES y cómo se puede acceder a ellas de manera precisa?"

En este libro, respaldaremos algunas de las afirmaciones más significativas con evidencia sólida o, al menos, proporcionaremos vías para obtener evidencia a través de la experimentación. Al hacerlo, responderemos a estas dos preguntas.

El "Genio" Es Desarrollado A Través Del Sexto Sentido

La existencia de un "sexto sentido" se ha establecido firmemente, y este sexto sentido se identifica como la "Imaginación Creativa". Es una facultad que la mayoría de las personas apenas aprovechan a lo largo de su vida, y aquellos que lo hacen, a menudo lo hacen de manera accidental. Sin embargo, un selecto grupo de individuos emplea con deliberación y propósito esta capacidad. Quienes utilizan esta facultad de manera consciente y comprenden su funcionamiento son verdaderos genios. La imaginación creadora actúa como el puente directo entre la mente finita del hombre y la Inteligencia Infinita. Todas las revelaciones, tanto en el ámbito religioso como en los descubrimientos de nuevos principios o inventos, surgen a través de esta facultad de la imaginación creadora.

Las ideas o corazonadas que surgen en la mente pueden tener diversas fuentes:

1. La Inteligencia Infinita
2. La mente subconsciente, donde residen todas las impresiones sensoriales y los impulsos que han llegado hasta el cerebro a través de los cinco sentidos
3. De la mente de otra persona que haya liberado el pensamiento, idea o concepto a través del pensamiento consciente
4. Del subconsciente de otra persona

No existen otras fuentes CONOCIDAS de donde puedan emanar ideas inspiradoras o corazonadas.

La imaginación creativa alcanza su máximo potencial cuando la mente está vibrando a una velocidad excepcionalmente alta, resultado de alguna forma de estimulación mental. Es decir, cuando la mente opera a una frecuencia de vibración que supera el pensamiento ordinario y convencional.

Cuando se estimula la actividad cerebral a través de uno o más de los diez estimulantes mentales, se logra elevar al individuo por encima del horizonte del pensamiento común, permitiéndole visualizar PENSAMIENTOS de una distancia, alcance y calidad inaccesibles en el plano inferior, como aquel ocupado mientras uno resuelve los problemas cotidianos de los negocios y la rutina profesional.

Cuando uno alcanza este nivel de pensamiento superior, a través de cualquier forma de estimulación mental, experimenta una perspectiva equiparable a la de quien asciende en un avión hasta una altura que le permite vislumbrar más allá del horizonte que limita su visión desde el suelo. En este estado de pensamiento elevado, las preocupaciones cotidianas, tales como la obtención de alimentos, vestimenta y refugio, dejan de ser obstáculos o limitaciones. Es como adentrarse en un mundo mental donde los pensamientos COMUNES, relacionados con el trabajo diario, se disipan con la misma eficacia con la que las colinas y valles desaparecen bajo la vista desde lo alto de una aeronave.

En este nivel superior del PENSAMIENTO, la facultad creativa de la mente disfruta de plena libertad. El camino ha sido despejado para que el sexto sentido entre en acción, receptivo a ideas que de otra manera no podrían alcanzar al individuo. Este "sexto sentido" es la distinción entre un genio y una persona común.

La capacidad creativa se agudiza y se vuelve más receptiva a las influencias externas cuanto más se ejercita y se confía en ella. Este poder solo puede ser cultivado y potenciado a través de su uso constante.

La conciencia, tal como la conocemos, opera principalmente a través del sexto sentido, esa intuición sutil que nos conecta con un conocimiento más profundo.

Los grandes artistas, escritores, músicos y poetas alcanzan la grandeza porque aprenden a confiar en esa "voz interior" que habla desde la fuente de la imaginación creativa. Los que tienen una imaginación aguda saben que sus mejores ideas surgen de esas corazonadas repentinas.

Incluso un orador excepcional no alcanza su máximo potencial hasta que se sumerge completamente en la facultad de la imaginación creativa. Al cerrar los ojos, se conecta con las ideas que emergen desde su interior, elevando así su discurso a nuevas alturas.

Un prominente financiero estadounidense adoptaba la costumbre de cerrar los ojos brevemente antes de tomar decisiones importantes. Cuando se le preguntaba por qué lo hacía, respondía que así podía acceder a una fuente de inteligencia superior.

El ilustre Dr. Elmer R. Gates, de Chevy Chase, Maryland, dejó un legado de más de 200 patentes innovadoras, muchas de ellas fundamentales, forjadas a través de un proceso único de cultivo y aplicación de la creatividad. Su método es una fascinante ventana para aquellos que aspiran a alcanzar la genialidad, un estatus que el Dr. Gates sin duda alguna poseía. Aunque menos reconocido que otros, fue uno de los gigantes científicos de nuestro tiempo.

En su laboratorio, contaba con lo que él denominaba su "sala de comunicación personal". Este santuario estaba meticulosamente diseñado para bloquear cualquier ruido externo y filtrar la luz. Una pequeña mesa ocupaba el centro, provista siempre de un bloc de papel. Frente a ella, en la pared, reposaba un interruptor que controlaba la iluminación. Cuando el Dr. Gates ansiaba invocar las fuerzas de su Imaginación Creativa, entraba en este sagrado espacio, se sentaba, sumergía la habitación en oscuridad y se sumía en una profunda CONCENTRACIÓN en los factores CONOCIDOS del invento en el que trabajaba. Allí permanecía hasta que su mente comenzaba a destellar con ideas relacionadas con los factores aún DESCONOCIDOS de su creación.

Hubo una ocasión en la que las ideas fluían tan velozmente que se vio compelido a escribir durante casi tres horas seguidas. Al revisar sus notas una vez que la corriente de pensamientos cesó, quedó sorprendido al encontrar una detallada descripción de principios que desafiaban los conocimientos científicos convencionales.

No solo eso, la solución a su problema estaba magistralmente delineada en esas mismas notas. Así, el Dr. Gates llegó a completar más de 200 patentes que habían sido iniciadas pero abandonadas por mentes "inmaduras". La evidencia de la veracidad de esta afirmación reside en los registros de la Oficina de Patentes de Estados Unidos.

El Dr. Gates se dedicaba a "cultivar ideas" para individuos y empresas, generando ingresos de esta manera. Algunas de las corporaciones más prominentes de Estados Unidos le otorgaban honorarios sustanciales, compensándolo por su tiempo dedicado a "cultivar ideas".

La facultad de razonamiento suele ser imperfecta, ya que se basa principalmente en la experiencia acumulada. Sin embargo, no todo el conocimiento adquirido a través de la "experiencia" es preciso. Las ideas generadas por la facultad creativa son considerablemente más confiables, procedentes de fuentes más sólidas que aquellas a las que tiene acceso la facultad de razonamiento de la mente.

La distinción principal entre el genio y el inventor corriente "monótono" radica en que el genio opera a través de su facultad de imaginación creativa, mientras que el "monótono" carece de esta habilidad. El inventor científico (como el Sr. Edison y el Dr. Gates) emplea tanto la facultad sintética como la creativa de la imaginación.

Por ejemplo, el inventor científico o "genio" inicia un proyecto combinando y organizando ideas conocidas o principios adquiridos mediante la experiencia, utilizando la facultad sintética (es decir, la facultad de razonar). Si considera que este conocimiento acumulado no es suficiente para llevar a cabo su invención, entonces recurre a las fuentes de conocimiento a las que tiene acceso a través de su facultad *creadora*. Aunque los métodos pueden variar entre individuos, este es el resumen y la esencia de su proceso.

1. ÉL ESTIMULA SU MENTE PARA ELEVARSE POR ENCIMA DE LA MEDIA, utilizando uno o varios de los diez estímulos mentales o cualquier otro que elija.
2. Él DIRIGE su atención hacia los aspectos conocidos, aquellos ya completados en su creación, y visualiza con precisión los aspectos desconocidos, aquellos aún por concluir. Fija esta imagen perfecta en su mente, permitiendo que su subconsciente la absorba. Luego, se sumerge en un estado de relajación, liberando su mente de cualquier distracción, y aguarda a que la respuesta "parpadee" en su conciencia.

A veces, los resultados son concluyentes y rápidos. Otras veces, dependiendo del grado de desarrollo de tu "sexto sentido" o habilidad creadora, los resultados pueden ser negativos.

Thomas Edison probó más de 10.000 combinaciones distintas de ideas a través de la facultad sintética de su imaginación antes de "sintonizar" mediante la habilidad creadora, logrando así la respuesta que perfeccionó la luz incandescente. Su experiencia fue similar cuando desarrolló el fonógrafo.

Existen numerosas pruebas convincentes de la existencia de la facultad de la imaginación creadora. Estas evidencias se encuentran en el análisis detallado de hombres que se han convertido en líderes en sus campos sin haber recibido una educación extensa. Abraham Lincoln fue un ejemplo notable de un gran líder que alcanzó la grandeza al descubrir y utilizar su facultad de imaginación creativa. Descubrió y comenzó a utilizar esta facultad como resultado del estímulo amoroso que experimentó tras conocer a Anne Rutledge, una revelación de suma importancia en el estudio de la fuente del genio.

La historia está repleta de relatos sobre destacados líderes cuyos triunfos se atribuyen directamente a la influencia de mujeres que avivaron las llamas de su creatividad mediante la estimulación del deseo sexual. Napoleón Bonaparte figura entre ellos. Cuando estaba inspirado por su primera esposa, Josefina, era irresistible e invencible.

Sin embargo, al apartarse de Josefina por lo que él consideraba su "mejor juicio", comenzó a declinar, hasta encontrarse con la derrota y su destierro a Santa Elena.

Si el buen gusto lo permitiera, podríamos citar numerosos hombres, conocidos por el público estadounidense, que alcanzaron grandes hazañas bajo la inspiradora influencia de sus esposas, solo para sucumbir a la destrucción DESPUÉS de que la riqueza y el poder les nublaran el juicio y abandonaran a sus esposas por otras nuevas. Napoleón no fue el único en descubrir que la influencia sexual, *cuando proviene de la fuente adecuada*, es más poderosa que cualquier otro incentivo creado por la mera razón.

¡La mente humana responde a la estimulación, y uno de los estímulos más poderosos es el impulso sexual!

Cuando se canaliza y transforma adecuadamente, esta fuerza motriz tiene el poder de elevar a los individuos a niveles superiores de pensamiento, permitiéndoles dominar las fuentes de preocupación y las molestias menores que obstaculizan su camino en niveles inferiores.

Cuando canalizamos y transformamos esta fuerza impulsora, somos capaces de elevarnos a un nivel superior de pensamiento que nos permite superar las preocupaciones y molestias cotidianas que encontramos en nuestro camino. Lamentablemente, solo los genios han hecho este descubrimiento. Otros han experimentado el impulso sexual sin reconocer su potencialidad, lo que explica por qué hay muchos más "otros" en comparación con el número limitado de genios.

Para recordar algunos hechos de las biografías de ciertos hombres destacados, aquí presentamos algunos nombres de individuos con logros sobresalientes, cada uno conocido por tener una naturaleza sexualmente activa. Sin duda, encontraron su fuente de poder en la transmutación de esa energía sexual.

GEORGE WASHINGTON	NAPOLEON BONAPARTE	WILLIAM SHAKESPEARE
ABRAHAM LINCOLN	RALPH W. EMERSON	ROBERT BURNS
THOMAS JEFFERSON	ELBERT HUBBARD	ELBERT H. GARY
OSCAR WILDE	WOODROW WILSON	JOHN H. PATTERSON
ANDREW JACKSON	ENRICO CARUSO	

La comprensión profunda de la vida de cada individuo nos invita a reflexionar sobre este tema. Si examinamos detenidamente la historia de la civilización, difícilmente encontraremos a alguien que haya alcanzado un éxito excepcional en su campo sin estar impulsado por una vitalidad sexual bien desarrollada. Incluso si preferimos no remontarnos a biografías históricas, un análisis de las personas de renombre en la actualidad nos llevará a la misma conclusión.

La energía sexual, en su esencia, es el motor creativo que impulsa a los genios. *No hay ni habrá líderes destacados, constructores o artistas que carezcan de esta fuerza vital.*

Sin embargo, es importante matizar que no TODOS los individuos altamente sexuados se convierten en genios. La verdadera genialidad SOLO se alcanza CUANDO se estimula la mente para canalizar estas energías a través de la facultad creadora de la imaginación.

Sin duda, estas afirmaciones son claras: no TODOS aquellos con una alta libido son automáticamente genios. La verdadera genialidad se alcanza ÚNICAMENTE CUANDO el individuo estimula su mente, canalizando sus energías hacia la creatividad y la imaginación. La energía sexual puede ser el estímulo primordial para esta elevación, pero su mera posesión no garantiza la genialidad.

Es crucial *transmutar* esta energía de un mero deseo físico hacia *otras* formas de deseo y acción para ascender a la categoría de genio.

Lamentablemente, la mayoría de las personas, al no comprender o utilizar correctamente esta poderosa fuerza, se ven reducidas a comportamientos más primitivos, en lugar de alcanzar la grandeza.

Por Qué Los Hombres Rara Vez Tienen Éxito Antes De Los Cuarenta

A partir del análisis exhaustivo de más de 25.000 individuos, se evidencia que los hombres que alcanzan un éxito excepcional raramente lo logran antes de los cuarenta años; más comúnmente, su verdadera excelencia se manifiesta después de los cincuenta. Este hallazgo tan sorprendente me impulsó a investigar cuidadosamente su causa a lo largo de un período de más de doce años.

El estudio reveló que la razón principal por la que la mayoría de los hombres exitosos no alcanzan su pleno potencial antes de los cuarenta o cincuenta años radica en su tendencia a DISPERSAR sus energías a través de una indulgencia excesiva en la expresión física de la emoción sexual. La mayoría nunca comprende que el impulso sexual posee otras dimensiones de gran importancia más allá de la mera manifestación física. Aquellos que hacen este descubrimiento, generalmente *después de haber malgastado años* en su plenitud sexual, entre los cuarenta y los cincuenta, a menudo logran hazañas notables.

La vida de muchos hombres hasta los cuarenta años, e incluso más allá, a menudo refleja una continua disipación de energía que podría haber sido canalizada de manera más efectiva. Sus emociones más profundas y poderosas se dispersan como polen transportado por abejas. De esta tendencia surge la expresión *"ir de flor en flor"*.

El deseo de expresión sexual es la emoción humana más fuerte y urgente; sin embargo, cuando se *canaliza y transmuta en acción* más allá de lo físico, puede elevar a una persona a la categoría de genio.

Un empresario estadounidense destacado admitió abiertamente que su secretaria atractiva era la fuente principal de sus ideas creativas. Reconoció que su mera presencia le inspiraba niveles de creatividad que no alcanzaba bajo ningún otro estímulo.

Uno de los hombres más exitosos de Estados Unidos atribuye gran parte de su éxito a la influencia de una joven encantadora que ha sido su fuente de inspiración durante más de doce años. Aunque su nombre es ampliamente reconocido, la VERDADERA FUENTE de sus logros permanece oculta para muchos.

La historia está repleta de ejemplos de hombres que alcanzaron la genialidad gracias al uso de estimulantes mentales artificiales, como el alcohol y los narcóticos. Edgar Allan Poe escribió "El Cuervo" bajo la influencia del licor, explorando "sueños que los mortales nunca se atreverían a soñar". James Whitcomb Riley encontró su mejor pluma bajo los efectos del alcohol, vislumbrando una realidad onírica donde los molinos se alzaban sobre ríos envueltos en neblina. Robert Burns parece haber desatado su genialidad literaria bajo la influencia del licor: *"For Auld Lang Syne, my dear, we'll take a cup of kindness yet, for Auld Lang Syne"*.

Sin embargo, es crucial recordar que muchos de estos hombres se consumieron a sí mismos en el proceso. La naturaleza misma ofrece sus propias pócimas, seguras y poderosas, que permiten a la mente vibrar en frecuencias que conectan con pensamientos elevados, provenientes de una fuente desconocida. No existe sustituto satisfactorio para estos estímulos naturales.

Los psicólogos reconocen la estrecha relación entre los impulsos sexuales y los espirituales, un fenómeno que explica el comportamiento peculiar de aquellos que participan en las orgías espirituales conocidas como *"revivals"*, especialmente comunes entre culturas primitivas.

Las emociones humanas gobiernan el mundo y determinan el destino de la civilización. Nuestras acciones están más influenciadas por los "sentimientos" que por la razón. La mente creativa se activa principalmente por las emociones, *no por la lógica fría*. Entre todas, el sexo es la emoción más poderosa. Aunque existen otros estímulos mentales, ninguno se iguala al impulso del sexo.

Un estímulo mental se define como cualquier influencia que aumenta temporal o permanentemente la actividad cognitiva. Dentro de esta categoría, se destacan diez estimulantes primarios que son utilizados con mayor frecuencia. A través de estas fuentes, es posible sintonizar con la Inteligencia Infinita o acceder, de manera voluntaria, al almacén de la mente subconsciente, ya sea la propia o la de otra persona. Este proceso, sin duda, *es una manifestación de genialidad.*

Un profesor, con experiencia en la formación y dirección de más de 30.000 vendedores, hizo un descubrimiento sorprendente: los individuos altamente sexuados son los vendedores más eficaces. La explicación radica en que el "magnetismo personal", un factor crucial en la personalidad, es en esencia energía sexual. Aquellos con alta energía sexual poseen un suministro abundante de magnetismo. Esta vitalidad, cuando se cultiva y se comprende, puede ser aprovechada para beneficio en las relaciones humanas. Esta energía puede ser transmitida a otros mediante los siguientes medios:

1. El *saludo de manos* revela al instante la presencia o ausencia de magnetismo entre individuos.

2. La *entonación vocal* adquiere matices de magnetismo o energía sensual, dotándola de encanto y melodía.

3. La *postura y elegancia corporal* son señales de una sexualidad vibrante y enérgica.

4. Las *vibraciones mentales* reflejan la conexión entre la emoción sexual y los pensamientos, permitiendo influir en quienes nos rodean.

5. El *cuidado y estilo en el vestir* son rasgos distintivos de aquellos con una alta carga de sensualidad, quienes seleccionan prendas que reflejan su personalidad, físico y carácter.

Cuando se busca contratar vendedores, el gerente de ventas más competente prioriza la cualidad del magnetismo personal como *requisito fundamental*. Aquellos carentes de energía sexual difícilmente generarán entusiasmo o inspirarán a otros, y sabemos que el entusiasmo es vital en la venta, sin importar el producto o servicio que se ofrezca.

El orador, predicador, abogado o vendedor que carece de energía sexual es considerado un "fracaso" en términos de su capacidad para influir en los demás. Considerando que la mayoría de las personas son influenciadas principalmente por sus emociones, se comprende la importancia de la energía sexual como parte inherente de la habilidad del vendedor. Los vendedores expertos alcanzan la maestría en ventas porque, consciente o inconscientemente, ¡*transmutan* la energía sexual en ENTUSIASMO DE VENTAS! En esta afirmación, encontramos una sugerencia valiosa sobre el verdadero significado de la transmutación sexual.

El vendedor que logra desviar su atención del tema del sexo y la enfoca en el esfuerzo de ventas con el mismo fervor y determinación que aplicaría a su objetivo original, ha dominado el arte de la transmutación sexual, ya sea que lo sepa o no. La mayoría de los vendedores que transmutan su energía sexual lo hacen sin ser conscientes de cómo lo hacen o de que lo están haciendo.

La transmutación de la energía sexual requiere una fuerza de voluntad que muchas personas no suelen emplear para este fin. Aquellos que encuentren difícil reunir esta fuerza de voluntad pueden desarrollar gradualmente esta capacidad. Aunque esto demande esfuerzo, la recompensa de la práctica supera con creces la inversión.

El tema de la sexualidad es un área donde prevalece una lamentable ignorancia en la mayoría de las personas. Durante mucho tiempo, los ignorantes y los malintencionados han tergiversado, difamado y ridiculizado el impulso sexual, hasta el punto en que la propia palabra "sexo" apenas se menciona en la sociedad educada. Aquellos hombres y mujeres que se sabe que han sido BENDECIDOS, sí, bendecidos, con naturalezas altamente sexuales, a menudo son vistos con desconfianza. En lugar de reconocerlos como afortunados, son etiquetados como desafortunados.

Incluso en esta era de avances, millones de personas aún sufren complejos de inferioridad debido a la falsa creencia de que una naturaleza sexualmente activa es una maldición. Sin embargo, es importante señalar que la virtud de la energía sexual no justifica la libertinaje. El poder emocional del sexo se convierte en una virtud SOLO cuando se canaliza con inteligencia y discernimiento. Cuando se malinterpreta o se utiliza de manera irresponsable, puede degenerar en una fuerza que corrompe tanto el cuerpo como la mente. El objetivo de este capítulo es enseñar a usar este poder de manera efectiva.

El autor encontró revelador descubrir que prácticamente todos los grandes líderes que había tenido el privilegio de analizar fueron hombres cuyos logros fueron en gran medida inspirados por una mujer. En muchos casos, esta "mujer del caso" era una esposa modesta y abnegada, de la que el público sabía poco o nada. En unos pocos casos, la fuente de inspiración se rastreaba hasta "otra mujer". Tal vez estos casos te resulten familiares.

La falta de moderación en los hábitos sexuales puede ser igual de perjudicial que la falta de moderación en el consumo de alimentos o alcohol. En la era contemporánea, iniciada con la guerra mundial, esta falta de moderación en los asuntos sexuales se ha vuelto común. Esta ola de indulgencia puede ser la razón detrás de la escasez de grandes líderes. Ningún individuo puede alcanzar su máximo potencial creativo cuando disipa sus energías de manera descontrolada. El ser humano es único en su capacidad para desviarse del propósito natural en este aspecto. Mientras que otras criaturas siguen su instinto sexual con moderación y alineadas con las leyes naturales, el hombre a menudo declara una "temporada abierta" sin considerar las consecuencias.

Cualquier persona sensata reconoce que la estimulación excesiva, ya sea a través del alcohol o los narcóticos, es una forma de falta de moderación que destruye los órganos vitales del cuerpo, incluido el cerebro. Sin embargo, no todos comprenden que la indulgencia excesiva en la expresión sexual puede convertirse en un hábito tan destructivo y perjudicial para el esfuerzo creativo como los narcóticos o el alcohol.

Un individuo obsesionado con el sexo no difiere fundamentalmente de un adicto a las drogas. Ambos han perdido el dominio sobre su facultad de razonar y su fuerza de voluntad. La indulgencia en lo sexual no solo puede socavar la razón y la determinación, sino también llevar a una locura transitoria o permanente. Muchos casos de hipocondría (enfermedad imaginaria) tienen su origen en hábitos formados en la ignorancia de la verdadera función del sexo.

De estas breves menciones al tema se desprende claramente que la falta de conocimiento sobre la transmutación del sexo inflige enormes penas a los ignorantes y, al mismo tiempo, les priva de beneficios igualmente significativos.

La falta general de conocimiento sobre el tema del sexo se debe en parte a su entorno rodeado de misterio y envuelto en un silencio opresivo. Esta conspiración de misterio y silencio ha provocado en las mentes jóvenes un efecto similar al de la psicología de la prohibición. Como consecuencia, ha surgido un incremento en la curiosidad y el deseo de obtener más información sobre este tema "tabú". Resulta lamentable que, a pesar de que los legisladores y la mayoría de los médicos están mejor capacitados por su formación para educar a la juventud en este tema, la información no ha estado fácilmente disponible.

Es raro que alguien se lance a un esfuerzo altamente creativo en cualquier campo antes de los cuarenta años. La mayoría alcanza su pico creativo entre los cuarenta y los sesenta. Estas observaciones se basan en el análisis meticuloso de miles de individuos. Esto debería ser alentador para aquellos que aún no han alcanzado su máximo potencial antes de los cuarenta, así como para aquellos que se sienten ansiosos por la proximidad de la "vejez" alrededor de esa edad. Por lo general, los años entre los cuarenta y los cincuenta son los más fructíferos. Deberíamos abordar esta etapa con esperanza y entusiasmo, no con miedo y aprensión.

Si buscas evidencia de que la mayoría de las personas no alcanzan su mejor desempeño antes de los cuarenta, examina los registros de los hombres más exitosos conocidos en la sociedad estadounidense, y encontrarás que es así. Henry Ford no había alcanzado su plenitud hasta después de los cuarenta. Andrew Carnegie ya tenía más de cuarenta cuando comenzó a cosechar las recompensas de sus esfuerzos. James J. Hill seguía trabajando en el telégrafo a los cuarenta, y sus mayores logros llegaron después de esa edad. Las biografías de los industriales y financieros estadounidenses están repletas de evidencia de que el periodo entre los cuarenta y los sesenta años es el más productivo.

Entre los treinta y los cuarenta años, el individuo comienza a aprender (si es que lo hace) el arte de la transmutación del sexo. Este descubrimiento suele ser accidental y la mayoría de las veces el individuo no es consciente de ello. Puede notar un aumento en sus habilidades de realización hacia los treinta y cinco o cuarenta años, pero en muchos casos desconoce la causa de este cambio. La naturaleza comienza a armonizar las emociones del amor y el sexo entre los treinta y los cuarenta para que el individuo pueda aprovechar estas grandes fuerzas y aplicarlas conjuntamente como estímulos para la acción.

El poder del deseo sexual es innegable, una fuerza tan arrolladora como un ciclón que a menudo escapa a nuestro control. Sin embargo, cuando el amor se entrelaza con esta pasión, surge una serenidad de propósito, una calma que nos otorga claridad de juicio y equilibrio emocional. ¿Quién, al alcanzar la madurez de los cuarenta años, no puede corroborar estas afirmaciones con su propia experiencia?

Cuando un hombre se deja llevar únicamente por el deseo de satisfacer a una mujer, motivado por la emoción pura del sexo, puede lograr grandes hazañas, pero sus acciones pueden carecer de dirección, estar distorsionadas y resultar totalmente destructivas. Esta misma pasión puede llevarlo a cometer actos deshonestos, incluso crímenes. Sin embargo, cuando el AMOR se entremezcla con el deseo sexual, sus acciones estarán guiadas por la cordura, el equilibrio y la razón.

Los estudios criminológicos han revelado que incluso los criminales más incorregibles pueden ser reformados por el *amor* de una mujer. No hay evidencia que demuestre que el mero acto sexual pueda inducir a la reforma. Estos hechos son ampliamente reconocidos, aunque su causa a menudo es pasada por alto. La verdadera reforma proviene del *corazón*, del aspecto emocional del individuo, y *no* de la razón. La reforma implica un cambio profundo en el corazón, no simplemente un ajuste en la mente. Aunque la razón pueda motivar ciertos cambios en el comportamiento para evitar consecuencias no deseadas, la VERDADERA REFORMA solo surge del DESEO genuino de cambiar.

El amor, el romance y el sexo son fuerzas emocionales capaces de llevar a los individuos a alcanzar nuevas alturas. El amor actúa como una salvaguarda, asegurando equilibrio, confianza y esfuerzo constructivo. Cuando se fusionan, estas tres emociones pueden elevar a una persona al nivel de la genialidad. Sin embargo, hay genios que apenas conocen la emoción del amor. Muchos de ellos se involucran en acciones destructivas o, al menos, carentes de justicia y equidad hacia los demás. Si lo permitiera el buen juicio, podría mencionarse a una serie de genios en los campos de la industria y las finanzas, quienes avanzan sin escrúpulos sobre los derechos de sus semejantes, aparentemente desprovistos de conciencia. Cada lector podría fácilmente identificar a su propia lista de individuos que encajen en esta descripción.

Las emociones representan estados de la mente. La naturaleza ha equipado a la humanidad con una "química de la mente", la cual opera de manera análoga a los principios de la química de la materia. Es un hecho bien establecido que, mediante la química de la materia, un químico puede crear un veneno mortal al combinar ciertos elementos, ninguno de los cuales es intrínsecamente dañino en las proporciones adecuadas. De manera similar, las emociones pueden amalgamarse para dar forma a un veneno mortal. La combinación de emociones como el deseo sexual y los celos puede transformar a una persona en una bestia descontrolada.

La presencia de una o más emociones destructivas en la mente humana, a través de la química de la mente, genera un veneno capaz de corroer el sentido de justicia y equidad. En situaciones extremas, la presencia de cualquier combinación de estas emociones en la mente puede anular la razón.

El sendero hacia la genialidad radica en el desarrollo, control y uso consciente del sexo, amor y romance. De manera concisa, este proceso puede resumirse de la siguiente manera:

Promueve el predominio de estas emociones como los pensamientos principales en la mente, mientras disuade la manifestación de emociones destructivas. La mente, como una criatura de hábitos, se nutre de los pensamientos *predominantes* que la alimentan. A través de la voluntad, se puede inhibir la presencia de cualquier emoción no deseada y fomentar la presencia de cualquier otra. El dominio de la mente, a través del poder de la voluntad, no es una tarea ardua. Este dominio se logra a través de la persistencia y la práctica habitual. El secreto del control radica en comprender el proceso de transmutación. Cuando surge cualquier emoción negativa en la mente, puede ser transformada en una emoción positiva o constructiva mediante el simple acto de cambiar nuestros pensamientos.

NO HAY OTRA SENDA HACIA LA GENIALIDAD QUE NO SEA EL ESFUERZO VOLUNTARIO PERSONAL. Un individuo puede alcanzar grandes logros financieros o empresariales únicamente mediante la energía sexual como motor, pero la historia está repleta de ejemplos que demuestran que esto suele llevar consigo ciertos rasgos de carácter que obstaculizan su capacidad para mantener o disfrutar de su fortuna. Este fenómeno merece ser analizado, reflexionado y meditado, pues evidencia una verdad cuyo conocimiento puede ser de provecho tanto para hombres como para mujeres. La ignorancia de esto ha privado a innumerables personas del privilegio de la FELICIDAD, aun cuando poseían riquezas.

Las emociones del amor y del sexo dejan marcas inconfundibles en los rasgos faciales. Estas señales son tan visibles que cualquiera puede interpretarlas si así lo desea. El hombre que se deja arrastrar por la tormenta de la pasión, basada únicamente en deseos sexuales, lo manifiesta claramente al mundo a través de la expresión de sus ojos y los rasgos de su rostro. Por otro lado, la emoción del amor, cuando se fusiona con la del sexo, suaviza, modifica y embellece la expresión facial. No se necesita un análisis del carácter para percibirlo; es evidente para quienquiera que observe.

El amor despierta y nutre la naturaleza artística y estética del ser humano. Deja una marca indeleble en el alma, incluso después de que el fuego se haya extinguido por el tiempo y las circunstancias.

Los recuerdos de amor perduran eternamente. Permanecen, guían e influyen mucho después de que la fuente de estímulo se haya desvanecido. No hay nada nuevo en esto. Cualquiera que haya experimentado un AMOR GENUINO sabe que este deja huellas imperecederas en el corazón humano. El efecto del amor perdura porque es de naturaleza espiritual. Aquel que no puede ser impulsado a grandes alturas de logro por el amor carece de esperanza; está muerto, aunque parezca estar vivo.

Incluso los recuerdos del amor tienen el poder de elevarnos a un plano superior de esfuerzo creativo. Aunque la fuerza del amor pueda agotarse y extinguirse como un fuego consumido, deja una marca indeleble como prueba de su paso. Su partida a menudo prepara el corazón humano para un amor aún más grande.

Regresa a tus recuerdos pasados de vez en cuando y sumérgete en los bellos recuerdos del amor. Esto suavizará la influencia de las preocupaciones y molestias presentes. Te proporcionará una vía de escape de las desagradables realidades de la vida, y quizás, ¿quién sabe?, durante este breve retiro al mundo de la fantasía, las ideas o los planes, puedas transformar completamente tu estado financiero o espiritual.

Si alguna vez te has sentido desafortunado por haber "amado y perdido", desecha ese pensamiento. Quien ha experimentado el verdadero amor nunca lo pierde por completo. El amor es caprichoso y volátil, llega y se va sin previo aviso. Acepta su naturaleza efímera y disfrútalo mientras esté presente, pero no malgastes energías preocupándote por su partida. La preocupación nunca lo traerá de vuelta.

También es importante desechar la noción de que el amor solo se presenta una vez. El amor puede florecer y desvanecerse en innumerables ocasiones, pero cada experiencia es única en su impacto. Puede que haya una experiencia amorosa que deje una huella más profunda en el corazón que otras, pero todas son enriquecedoras, salvo para aquellos que se tornan resentidos y cínicos cuando el amor se desvanece.

No hay lugar para la decepción en el amor, siempre y cuando se entienda la diferencia entre las emociones del amor y las del sexo. El amor es espiritual, mientras que el sexo es biológico. Ninguna experiencia que toque el corazón con una fuerza espiritual puede ser perjudicial, excepto por ignorancia o celos.

Indudablemente, el amor constituye la experiencia suprema de la vida. Nos conecta con una Inteligencia Infinita y, al amalgamarse con las emociones del romance y el sexo, nos impulsa hacia las cimas más elevadas del esfuerzo creativo. Las emociones del amor, el sexo y el romance, conforman los pilares del genio constructor de logros, manifestando así el eterno triángulo de la inspiración. Ninguna otra fuerza en la naturaleza engendra genialidad de manera tan poderosa.

El amor se manifiesta en una variedad de facetas, matices y tonalidades. El amor filial o paternal difiere considerablemente del amor romántico de pareja, siendo este último intrínsecamente entrelazado con la pasión del sexo.

A su vez, el amor verdadero en la amistad posee una esencia distinta, aunque igualmente poderosa.

Incluso encontramos amor por entidades inanimadas, como las maravillas naturales. Sin embargo, la más intensa y ferviente expresión de amor surge de la amalgama entre el amor y el sexo. Los matrimonios desprovistos de esta unión equilibrada raramente alcanzan la felicidad y perdurabilidad. Ni el amor ni el sexo por separado pueden garantizar la dicha conyugal; solo su armoniosa fusión puede propiciar un estado mental cercano a lo espiritual en este plano terrenal.

Cuando al amor y al sexo se les añade el romance, los obstáculos entre la mente humana finita y la Inteligencia Infinita se desvanecen.

En ese momento, nace un genio.

Qué diferente es esta historia de las que normalmente se asocian con la emoción del sexo. Es una interpretación que eleva dicha emoción más allá de lo común, convirtiéndola en la materia prima en manos de Dios, quien moldea todo lo hermoso e inspirador a partir de ella. Esta perspectiva, entendida correctamente, podría restablecer la armonía en matrimonios donde el caos es demasiado común. Las discordias, que a menudo se manifiestan como disputas, suelen surgir de la *falta de comprensión* sobre el tema del sexo. Donde reinan el amor, el romance y una comprensión adecuada de la emoción y función del sexo, no hay discordia entre los esposos.

Afortunado es el esposo cuya pareja entiende la íntima conexión entre las emociones del amor, la pasión y el romanticismo. Impulsado por este sagrado trío, ningún deber se vuelve pesado, pues hasta la tarea más modesta se transforma en una expresión de afecto.

Desde tiempos inmemoriales, ha perdurado el antiguo adagio que proclama que "la mujer de un hombre puede ser su salvación o su perdición", sin embargo, el significado subyacente a menudo se escapa. Este "salvación" o "perdición" reside en la capacidad de la esposa para comprender, o no, las complejidades emocionales del amor, la intimidad y el romanticismo.

Aunque los hombres son naturalmente polígamos, es verdad que ninguna mujer tiene tanta influencia sobre un hombre como su esposa, a menos que esta esté totalmente desconectada de su naturaleza. Si una mujer permite que su esposo pierda interés en ella y se interese en otras mujeres, suele ser debido a su ignorancia o indiferencia hacia estos temas. Esta afirmación supone, por supuesto, que hubo un amor genuino entre ellos en algún momento. Estos mismos hechos se aplican igualmente a un hombre que permite que su esposa pierda interés en él.

Las parejas casadas a menudo discuten por nimiedades. Sin embargo, si se analizan con detalle, se descubre que la verdadera causa de los problemas es la ignorancia o indiferencia hacia estos temas.

La mayor fuerza motivadora en la vida del hombre es su anhelo de satisfacer a la mujer. Desde los tiempos de los cazadores destacados en la prehistoria, antes incluso del surgimiento de la civilización, el impulso de impresionar a la mujer ha sido una constante. Aunque los tiempos han cambiado, la esencia del deseo masculino permanece inalterada. El moderno "cazador" no regresa a casa con pieles de animales, sino que busca ganarse el favor femenino con lujos como elegantes vestimentas, automóviles potentes y riquezas materiales. El deseo de complacer a la mujer sigue siendo una fuerza poderosa en la vida del hombre contemporáneo. Lo que ha evolucionado es la forma en que busca lograrlo. Aquellos que acumulan fortunas y alcanzan altos niveles de poder y fama, lo hacen, en gran medida, para satisfacer ese *anhelo de complacer a las mujeres.*

Sacar a las mujeres de sus vidas dejaría a muchos hombres desprovistos de la verdadera riqueza. *Es el deseo innato de satisfacer a la mujer lo que otorga a esta última un poder innegable sobre el destino de un hombre.*

La mujer que comprende la esencia masculina y la satisface con delicadeza no tiene motivo para temer a la competencia. Aunque los hombres puedan mostrar fortaleza y determinación ante otros hombres, son fácilmente influenciados por las mujeres que eligen.

Aunque muchos hombres no lo admitirán, su voluntad puede ser moldeada por las mujeres que prefieren, pues desean ser vistos como los más fuertes. Sin embargo, la mujer astuta comprende este aspecto de la masculinidad y lo maneja con sabiduría, sin darle mayor relevancia.

Ciertos hombres son conscientes de que están siendo influenciados por las mujeres que han elegido: sus esposas, novias, madres o hermanas. Sin embargo, optan por abstenerse con tacto de rebelarse contra esta influencia. Son lo suficientemente astutos como para comprender que NINGÚN HOMBRE PUEDE EXPERIMENTAR PLENITUD O FELICIDAD SIN LA INFLUENCIA TRANSFORMADORA DE LA MUJER ADECUADA. Aquel que no reconoce esta verdad fundamental se priva del poder que ha sido fundamental para impulsar a los hombres hacia el éxito más que cualquier otra fuerza.

Capítulo 12: La Mente Subconsciente

El Enlace Conector

El Undécimo Paso Hacia La Riqueza

El SUBCONSCIENTE es un campo de conciencia donde se clasifican y registran todos los impulsos de pensamiento que llegan a la mente consciente a través de los sentidos. Puedes compararlo con un archivo del que puedes extraer pensamientos como si fueran cartas.

Esta recibe y almacena impresiones sensoriales o pensamientos, independientemente de su naturaleza. Puedes implantar VOLUNTARIAMENTE en tu mente subconsciente cualquier plan, pensamiento o propósito que desees manifestar en su equivalente físico o monetario. El subconsciente opera primero en los deseos predominantes que se han imbuido de sentimientos emocionales, como la fe.

Considera esto en relación con las instrucciones proporcionadas en el capítulo sobre el DESEO, siguiendo los seis pasos delineados allí, así como las instrucciones dadas en el capítulo sobre la formulación y ejecución de planes, y comprenderás la importancia del pensamiento transmitido.

LA MENTE SUBCONSCIENTE TRABAJA DÍA Y NOCHE. A través de un método de procedimiento desconocido para el hombre, la mente subconsciente aprovecha las fuerzas de la Inteligencia Infinita para obtener el poder con el que transforma voluntariamente los deseos en su equivalente físico, empleando siempre los medios más prácticos para lograr este fin.

No puedes ejercer un control *total* sobre tu mente subconsciente, pero puedes cederle voluntariamente cualquier plan, deseo o propósito que desees materializar. Relee las instrucciones para utilizar la mente subconsciente en el capítulo sobre la autosugestión.

Existen numerosas pruebas que respaldan la creencia de que la mente subconsciente actúa como el vínculo de conexión entre la mente finita del hombre y la Inteligencia Infinita. Es el intermediario a través del cual se pueden invocar a voluntad las fuerzas de la Inteligencia Infinita. Solo ella contiene el proceso secreto mediante el cual los impulsos mentales se modifican y se transforman en su equivalente espiritual. Solo ella es el medio a través del cual la oración puede ser transmitida a la fuente capaz de responder a ella.

Las oportunidades para la creatividad ligada al poder del subconsciente son asombrosas e insondables, inspirando un profundo sentido de admiración.

Nunca me adentro en la exploración del subconsciente sin sentir una humilde reverencia, quizás debido a la limitación lamentable del conocimiento humano sobre este tema. El simple hecho de que el subconsciente actúe como intermediario entre la mente consciente y la Infinita Inteligencia es, por sí mismo, un concepto que desafía la comprensión.

Una vez que aceptes plenamente la existencia de la mente subconsciente y comprendas sus potencialidades para convertir tus ANHELOS en realidades físicas o monetarias, descubrirás el verdadero significado de las indicaciones ofrecidas en el capítulo sobre el

DESEO. También comprenderás la importancia de EXPRESAR CLARAMENTE TUS DESEOS Y PLASMARLOS POR ESCRITO. Asimismo, entenderás la necesidad de mantener una PERSISTENCIA firme en seguir estas instrucciones.

Los trece principios son las herramientas mediante las cuales puedes acceder a tu mente subconsciente y ejercer influencia sobre ella. No te desalientes si no obtienes resultados de inmediato. Recuerda que *solo a través del hábito* puedes dirigir tu mente subconsciente, tal como se explica en el capítulo sobre la FE. Aún estás en el proceso de dominar esa fe. Sé paciente. Mantén la perseverancia.

Muchas afirmaciones de los capítulos sobre la fe y la autosugestión se repiten aquí, en beneficio de TU mente subconsciente. Recuerda que tu mente subconsciente opera de manera involuntaria, *ya sea que intentes influir en ella o no*. Esto implica que los pensamientos de temor, escasez y cualquier otro pensamiento negativo actúan como estímulos para tu mente subconsciente, *a menos que* domines esos impulsos y le suministres un alimento más favorable.

¡La mente subconsciente nunca permanecerá ociosa! Si no siembras DESEOS en tu mente subconsciente, esta se alimentará de los pensamientos que lleguen como *resultado de tu negligencia*. Ya hemos explicado que la mente subconsciente recibe continuamente impulsos de pensamiento, tanto negativos como positivos, procedentes de las cuatro fuentes mencionadas en el capítulo sobre la Transmutación del Sexo.

Por ahora, es importante que tengas presente que *cada día* estás inmerso en una corriente constante de impulsos de pensamiento que llegan a tu mente subconsciente sin que te des cuenta. Algunos de estos impulsos son negativos, otros son positivos. Tu tarea actual es trabajar en cerrar el flujo de pensamientos negativos y dirigir conscientemente impulsos positivos de DESEO hacia tu mente subconsciente.

Una vez logres esto, obtendrás la llave que abre la puerta de tu mente subconsciente. Tendrás un control tan completo sobre esta puerta que ningún pensamiento indeseable podrá influir en tu mente subconsciente.

Es esencial recordar que todo lo que el ser humano crea COMIENZA como un impulso de pensamiento. Nada puede ser creado si primero no se concibe en la MENTE. La imaginación juega un papel crucial, permitiendo que estos impulsos de pensamiento se fusionen en planes concretos. Cuando se utiliza de manera controlada, la imaginación puede ser empleada para crear planes o propósitos que nos conduzcan al éxito en nuestras ocupaciones elegidas.

Cada impulso de pensamiento, con la intención de materializarse en el plano físico, debe ser sembrado deliberadamente en el jardín de la mente subconsciente, donde se entrelaza con la imaginación y la fe. La fusión de la fe con un plan o propósito, destinado a ser arraigado en la mente subconsciente, SOLO puede lograrse mediante el poder creativo de la imaginación.

Al reflexionar sobre estas premisas, es evidente que el aprovechamiento consciente de la mente subconsciente requiere una armoniosa integración y aplicación de todos los principios involucrados.

Ella Wheeler Wilcox demostró su comprensión del potencial de la mente subconsciente al escribir:

"Nunca sabes qué hará un pensamiento,
puede traerte amor o resentimiento
Pues los pensamientos son cosas, con alas ligeras,

más rápidos que las palomas mensajeras.
Siguen la ley del universo con precisión,
cada cosa engendra su propia versión.
Y vuelan sobre el rastro con gran virtud,
devolviendo lo que envías con plenitud".

La Sra. Wilcox alcanzó una revelación fundamental: los pensamientos que brotan de la mente no solo flotan en la superficie, sino que también se arraigan profundamente en el subconsciente, actuando como poderosos imanes, moldes o planos que moldean la realidad física. En verdad, los pensamientos son entidades tangibles, pues toda manifestación material se origina como energía mental.

El subconsciente es particularmente receptivo a los pensamientos impregnados de emoción o sentimiento, más que a aquellos que solo provienen de la mente racional. La evidencia abunda en favor de la premisa de que SOLO los pensamientos cargados emocionalmente ejercen una influencia VERDADERA sobre el subconsciente. Es un hecho ampliamente reconocido que las emociones gobiernan la mayoría de las acciones humanas. Si aceptamos que el subconsciente responde de manera más pronta y efectiva a los pensamientos fusionados con emoción, es crucial comprender las emociones primordiales. Existen siete emociones positivas fundamentales y siete emociones negativas principales. Las últimas son *fácilmente absorbidas* por los pensamientos, asegurando su ingreso al subconsciente. Por otro lado, las emociones positivas deben ser infundidas deliberadamente a través del principio de la autosugestión en los pensamientos que deseamos arraigar en el subconsciente (ver el capítulo sobre autosugestión para más detalles).

Estas emociones, o impulsos de sentimiento, son como la levadura en la masa de pan, pues catalizan la ACCIÓN y transforman los pensamientos de un estado pasivo a uno activo. Esta dinámica explica por qué los pensamientos impregnados de emoción se manifiestan más fácilmente que aquellos nacidos de la mera lógica.

Te estás preparando para influir y controlar tu "audiencia interior", es decir, tu subconsciente, con el fin de implantar el DESEO de riqueza que anhelas ver materializado. Por ello, es crucial entender cómo abordar esta "audiencia interior". Debes hablar su lenguaje, o de lo contrario, tus instrucciones caerán en oídos sordos. Y ese lenguaje es el de la emoción y el sentimiento. A continuación, exploraremos las siete principales emociones positivas y las siete principales emociones negativas, para que puedas invocar las primeras y evitar las segundas al dar instrucciones a tu subconsciente.

Las Siete Emociones Positivas Principales

La emoción del DESEO
La emoción de la FE
La emoción del AMOR
La emoción del SEXO
La emoción del ENTUSIASMO
La emoción del ROMANCE
La emoción de la ESPERANZA

Estas son las siete emociones más poderosas, fundamentales en el camino de la creatividad. Dominarlas requiere práctica constante, pues solo a través del USO activo se internalizan verdaderamente. Al hacerlo, se abre la puerta para acceder a otras emociones positivas cuando más se necesiten. Recuerda que este libro tiene como objetivo nutrir tu "conciencia financiera" *a través del cultivo de emociones positivas*. La mente no puede llenarse de emociones negativas y esperar alcanzar la riqueza interior.

Las Siete Emociones Negativas Principales (Deben Evitarse)

La emoción del MIEDO
La emoción de la ENVIDIA
La emoción del ODIO
La emoción de la VENGANZA
La emoción de la CODICIA
La emoción de la SUPERSTICIÓN
La emoción de la IRA

Las emociones positivas y negativas no pueden coexistir en la mente simultáneamente; una debe prevalecer sobre la otra. Es tu responsabilidad asegurar que las emociones positivas sean la fuerza dominante en tu mente. En este sentido, la ley del HÁBITO se convierte en tu aliada: *¡Cultiva el hábito* de fomentar y utilizar emociones positivas! Con el tiempo, estas emociones se arraigarán tan profundamente en tu mente que lo *negativo no encontrará espacio para entrar.*

Solo siguiendo estas instrucciones con meticulosidad y de manera constante podrás ejercer control sobre tu mente subconsciente. La presencia de un solo pensamiento negativo en tu mente consciente puede anular cualquier posibilidad de ayuda constructiva proveniente de tu mente subconsciente.

Si eres observador, seguramente has notado que la mayoría de las personas recurren a la oración SOLO cuando todas las demás opciones han FRACASADO. O bien, realizan sus plegarias mediante un ritual mecánico, sin verdadero sentido. Es un hecho que la mayoría de quienes rezan LO HACEN COMO ÚLTIMO RECURSO, llenos de MIEDO y DUDAS, *emociones que son captadas por la mente subconsciente* y transmitidas a la Inteligencia Infinita. De igual modo, esas mismas emociones son las que recibe y SOBRE LAS QUE ACTÚA la Inteligencia Infinita.

Cuando rezas por algo, pero lo haces con miedo, temiendo no recibirlo o que tu oración no sea escuchada por la Inteligencia Infinita, entonces *tu plegaria carece de efecto*.

Sin embargo, a veces la oración resulta en la manifestación de lo solicitado. Si alguna vez has experimentado la realización de una PETICIÓN, reflexiona sobre tu ESTADO MENTAL durante la oración, y comprenderás que lo descrito aquí va más allá de una simple teoría.

Llegará un momento en el que las escuelas y las instituciones educativas del país incluirán la enseñanza de lo que podríamos llamar la "ciencia de la oración". De hecho, en ese futuro cercano, la oración será comprendida y tratada como una ciencia precisa. Cuando ese momento llegue (lo cual sucederá tan pronto como la humanidad esté lista para ello y lo demande), nadie se aproximará a la Mente Universal con temor, ya que esa emoción habrá sido superada. La ignorancia, la superstición y las enseñanzas erróneas habrán desaparecido, y el ser humano habrá alcanzado su verdadera naturaleza como hijo de la Inteligencia Infinita. Algunos ya han experimentado esta transformación.

Si te parece esta profecía demasiado audaz, solo mira hacia atrás en la historia de la humanidad. Hace menos de cien años, la gente creía que los rayos eran manifestaciones de la ira divina, y los temían. Hoy, gracias al poder de la FE, los seres humanos han aprendido a utilizar la energía de los rayos para impulsar la industria. Hace incluso menos tiempo, se pensaba que el espacio entre los planetas era simplemente un vacío inerte. Sin embargo, ahora, gracias a esa misma FE, sabemos que ese espacio está lleno de vida y vibración, quizás incluso más que cualquier otra forma conocida de energía, exceptuando quizás el PENSAMIENTO. Además, comprendemos que esta energía vibrante y vital, que impregna toda materia y llena el espacio, conecta cada mente humana con las demás.

Entonces, ¿por qué dudar de que esta misma energía conecte cada mente humana con la Inteligencia Infinita?

No hay barreras entre la mente finita del hombre y la Inteligencia Infinita. La comunicación no requiere ningún pago, solo paciencia, fe, persistencia, comprensión y un DESEO SINCERO de comunicarse. Además, el acercamiento debe ser personal. Las oraciones pagadas no tienen valor alguno. La Inteligencia Infinita no hace negocios a cambio de poder. O te comunicas directamente o no lo haces en absoluto.

Puedes adquirir libros llenos de frases y repetirlas incansablemente, pero encontrarás que esto no te lleva a ninguna parte. Los pensamientos que desees transmitir a la Inteligencia Infinita deben atravesar una transformación, una metamorfosis que solo tu propia mente subconsciente puede llevar a cabo.

El método para comunicarte con la Inteligencia Infinita guarda una sorprendente similitud con el funcionamiento de una radio, que transmite vibraciones sonoras a través del éter. Si comprendes cómo opera una radio, entenderás que el sonido no puede viajar por el éter hasta que sea "amplificado" o transformado en una frecuencia de vibración imperceptible para el oído humano. La estación emisora capta el sonido de la voz humana, lo "codifica" o modifica elevando su vibración millones de veces, permitiendo así que la vibración del sonido se comunique a través del éter. Una vez que esta transformación ha ocurrido, el éter recoge la energía (originalmente en forma de vibraciones sonoras), la transporta a las estaciones receptoras, que luego "reducen" la energía a su frecuencia original para que sea reconocida como sonido.

La mente subconsciente actúa como intermediaria, traduciendo tus pensamientos en términos que la Inteligencia Infinita pueda entender. Presenta el mensaje y recibe la respuesta en forma de un plan o idea concreta para lograr el objetivo de tus pensamientos.

Comprender este principio te revelará por qué las simples palabras impresas en un libro de oraciones no pueden y nunca podrán servir como canal de comunicación entre la mente humana y la Inteligencia Infinita.

Antes de que tus pensamientos alcancen la Inteligencia Infinita (solo una teoría del autor), es probable que se transformen desde su vibración inicial de pensamiento hasta términos de vibración espiritual. La fe es el único vehículo conocido que puede conferir a tus pensamientos una naturaleza espiritual. La FE y el MIEDO no pueden coexistir; *donde está uno, el otro no puede estar.*

Capítulo 13: El Cerebro

Una Estación De Recepción Y Transmisión De Pensamientos

El Duodécimo Paso Hacia La Riqueza

Hace MÁS de dos décadas, el autor, en colaboración con el fallecido Dr. Alexander Graham Bell y el Dr. Elmer R. Gates, hizo una observación notable: cada cerebro humano funciona como una estación transmisora y receptora de la vibración del pensamiento.

Al igual que el principio de la radiodifusión, a través del éter, cada mente humana puede captar las vibraciones del pensamiento emitidas por otras mentes.

En este contexto, se compara y analiza la descripción de la Imaginación Creadora, tal como se presenta en el capítulo dedicado a la Imaginación. La Imaginación Creativa actúa como el receptor del cerebro, encargado de recibir los pensamientos liberados por otras mentes. Sirve como la interfaz de comunicación entre la mente consciente o racional y las diversas fuentes de estímulos del pensamiento.

Cuando se eleva o "potencia" el nivel de vibración, la mente se vuelve más receptiva a las corrientes de pensamiento que fluyen a través del éter desde fuentes externas. Este proceso de "potenciación" se desencadena mediante emociones tanto positivas como negativas, las cuales actúan como impulsores para aumentar las vibraciones del pensamiento.

El éter solo transmite las vibraciones que se mueven a una velocidad excepcionalmente alta de un cerebro a otro. El pensamiento, siendo una forma de energía, viaja a esta velocidad elevada de vibración. Aquellos pensamientos que son modificados o "potenciados" por emociones primarias, vibran a una frecuencia mucho más intensa que los pensamientos ordinarios. Son estos pensamientos los que se transmiten de un cerebro a otro a través del complejo sistema de transmisión cerebral humano.

Entre todas las emociones humanas, el impulso sexual encabeza la lista en términos de intensidad y fuerza impulsora. Un cerebro estimulado por la emoción sexual vibra a un ritmo considerablemente más rápido que cuando esa emoción está ausente o en reposo.

El fruto de la transmutación sexual radica en el incremento de la velocidad de vibración de los pensamientos, alcanzando un punto donde la Imaginación Creativa se torna sumamente receptiva a las ideas que captura del éter. Además, cuando el cerebro vibra a un ritmo acelerado, no solo atrae pensamientos e ideas liberados por otros cerebros a través del éter, sino que también otorga a los propios pensamientos ese "sentimiento" crucial para que la mente subconsciente los capte y actúe en consecuencia.

El principio de emisión radica en la fusión del sentimiento o la emoción con los pensamientos, transmitiéndolos así a la mente subconsciente.

Esta última actúa como la "estación emisora" del cerebro, desde la cual se irradian las vibraciones del pensamiento, mientras que la Imaginación Creativa sirve como el "conjunto receptor", captando estas vibraciones del éter.

Considerando los pilares fundamentales de la mente subconsciente y la poderosa facultad de la Imaginación Creativa, que conforman los componentes emisor y receptor de tu complejo sistema de transmisión mental, es crucial ahora adentrarse en el principio de la autosugestión. Este principio actúa como el vehículo mediante el cual puedes activar tu propia estación de "radiodifusión".

Dentro del capítulo dedicado a la autosugestión, se te brinda una guía definitiva sobre el método a través del cual el DESEO puede transformarse en una manifestación monetaria tangible.

La operación de tu estación mental es un proceso que, en su esencia, es relativamente simple. Solo necesitas tener presente y aplicar tres principios esenciales cuando desees emplear tu estación mental: la MENTE SUBCONSCIENTE, la IMAGINACIÓN CREATIVA y la AUTOSUGESTIÓN. Ya hemos explorado los estímulos que activan estos tres principios; el procedimiento arranca con el DESEO.

Las Fuerzas Mayores Son "Intangibles"

La Gran Depresión llevó a la humanidad al umbral de la comprensión de las fuerzas sutiles e invisibles que nos rodean. A lo largo de los siglos, nos hemos aferrado demasiado a nuestros sentidos físicos, limitando nuestro conocimiento a lo que podemos ver, tocar, pesar y medir.

Ahora nos adentramos en una era fascinante, una era que nos revelará las fuerzas intangibles que gobiernan nuestro mundo. Quizás durante este período aprendamos que nuestro "yo" interior es más poderoso que el reflejo físico que vemos en el espejo.

A veces, de manera despreocupada, mencionamos lo intangible, aquello que no podemos percibir con ninguno de nuestros cinco sentidos. Sin embargo, estas *menciones deberían recordarnos que todos estamos sujetos a fuerzas invisibles que nos rodean.*

La humanidad en su totalidad carece del poder para enfrentarse o controlar la fuerza intangible que reside en las ondulantes olas del océano. No podemos comprender la fuerza intangible de la gravedad, que sostiene este pequeño planeta en el espacio, ni mucho menos controlarla. Nos encontramos completamente a merced de la fuerza intangible de una tormenta y somos igualmente vulnerables ante la fuerza invisible de la electricidad. De hecho, ¿quién puede afirmar entender qué es la electricidad, de dónde proviene o cuál es su propósito?

Y esto apenas rasca la superficie de la ignorancia humana en lo que respecta a lo invisible e intangible. No comprendemos la fuerza sutil (y la inteligencia) que reside en el suelo de la tierra, la *fuerza que nos proporciona cada bocado de comida, cada prenda que vestimos, cada dólar que llevamos en nuestros bolsillos.*

La Dramática Historia Del Cerebro

Por último, pero no menos importante, el ser humano, con toda su supuesta erudición y educación, apenas comprende la fuerza intangible, la más poderosa de todas: el *pensamiento*. Conoce escasamente el complejo entramado del cerebro físico y su intrincada maquinaria, a través de la cual el poder del pensamiento se materializa. Sin embargo, nos hallamos en una era que promete arrojar luz sobre este enigma. Los científicos ya han comenzado a dirigir su atención hacia el estudio de esta maravilla llamada cerebro, y aunque aún están en las primeras etapas de sus investigaciones, han descubierto suficiente para comprender que la complejidad del cerebro humano, con sus incontables conexiones neuronales, es asombrosa.

El Dr. C. Judson Herrick, de la Universidad de Chicago, comentó: "La magnitud de este número es tan extraordinaria que las cifras astronómicas que intentan medir distancias de cientos de millones de años luz parecen insignificantes en comparación.

"Se estima que la corteza cerebral humana alberga entre 10.000.000.000 y 14.000.000.000 de células nerviosas, las cuales se organizan en patrones definidos, revelando así una disposición ordenada en lugar de aleatoria. Avances recientes en electrofisiología han permitido la extracción precisa de corrientes de acción de células o fibras mediante microelectrodos, amplificándolas con tubos de radio y registrando diferencias de potencial tan minúsculas como una millonésima de voltio".

Es inconcebible que una red tan intrincada de maquinaria cerebral exista únicamente para llevar a cabo funciones físicas básicas. ¿No es plausible que el mismo sistema que permite la comunicación entre miles de millones de células cerebrales también facilite la comunicación con otras fuerzas intangibles?

Antes de enviar este libro a la editorial, surgió un artículo en el New York Times que señalaba que al menos una destacada universidad y un investigador pionero en el campo de los fenómenos mentales estaban llevando a cabo investigaciones que llegaban a conclusiones similares a las descritas en este capítulo y en el siguiente. El artículo examinaba brevemente el trabajo realizado por el Dr. Rhine y sus colegas de la Universidad de Duke.

¿Qué es la Telepatía?

"Hace un mes, en estas páginas, compartimos algunos de los destacados hallazgos del profesor Rhine y su equipo de la Universidad de Duke, derivados de más de cien mil pruebas destinadas a explorar la existencia de la 'telepatía' y la 'clarividencia'. Estos resultados fueron resumidos en los dos primeros artículos de la revista Harpers. En este segundo artículo recientemente publicado, el autor, E. H. Wright, se esfuerza por condensar lo aprendido, o lo que parece ser una deducción razonable, acerca de la naturaleza precisa de estos fenómenos 'extrasensoriales' de percepción.

"La plausibilidad cada vez mayor de la existencia de la telepatía y la clarividencia ha comenzado a ganar terreno entre algunos científicos gracias a los experimentos de Rhine. En estos experimentos, se solicitó a varios sujetos que identificaran tantas cartas de una baraja especial como pudieran, sin verlas y sin otro acceso sensorial a ellas. Se descubrió que aproximadamente una veintena de individuos podían nombrar consistentemente tantas cartas correctamente 'que no había ni una sola posibilidad entre muchos millones de que hubieran logrado tales hazañas por pura suerte o casualidad'.

"Sin embargo, ¿cómo lo lograban? Estos poderes, en caso de existir, parecen estar más allá de lo sensorial. No se ha identificado ningún órgano asociado a ellos. Los experimentos funcionaron igual de bien tanto a distancias de varios cientos de kilómetros como en la misma habitación. Estos hechos, según el Sr. Wright, descartan cualquier intento de explicar la telepatía o la clarividencia mediante alguna teoría física de la radiación. Todas las formas conocidas de energía radiante disminuyen inversamente al cuadrado de la distancia recorrida, mientras que la telepatía y la clarividencia no muestran esa tendencia.

"Aunque estos fenómenos se ven influenciados por factores físicos, al igual que nuestros otros poderes mentales, contrariamente a la creencia popular, no mejoran cuando el percipiente está dormido o medio dormido, sino más bien cuando está más despierto y alerta. Rhine observó que un narcótico siempre reducía consistentemente el rendimiento de un percipiente, mientras que un estimulante siempre lo aumentaba. Aparentemente, incluso el percipiente más competente no puede obtener una puntuación satisfactoria si no se esfuerza al máximo.

"Una conclusión que Wright llega con certeza es que la telepatía y la clarividencia son, en esencia, un mismo don. Es decir, la capacidad de 'ver' una carta boca abajo sobre una mesa parece ser exactamente la misma que la de 'leer' un pensamiento que reside exclusivamente en otra mente. Hay varios motivos que respaldan esta afirmación. Hasta el momento, ambos dones se han encontrado en todas las personas que poseen alguno de ellos. Además, en todos los casos hasta ahora, ambos han demostrado tener un vigor prácticamente idéntico. Además, ni las pantallas, los muros, ni las distancias parecen tener efecto alguno sobre ninguno de los dos. Partiendo de esta conclusión, Wright avanza con lo que él considera como una mera 'corazonada': que otras experiencias extrasensoriales, como sueños proféticos, premoniciones de catástrofes, y fenómenos similares, también podrían formar parte de esta misma facultad. No se espera que el lector acepte estas conclusiones a menos que lo considere necesario, pero las pruebas acumuladas por Rhine siguen siendo impresionantes".

En vista del anuncio del Dr. Rhine sobre las condiciones en las que la mente responde a lo que él llama modos extrasensoriales de percepción, ahora me siento honrado de agregar algo a su testimonio. Afirmo que mis colaboradores y yo hemos descubierto lo que creemos que son las condiciones ideales para estimular la mente y hacer que el sexto sentido, descrito en el siguiente capítulo, funcione de manera práctica.

Estas condiciones consisten en una estrecha colaboración entre dos miembros de mi equipo y yo. A través de la experimentación y la práctica, hemos descubierto cómo estimular nuestras mentes (aplicando el principio utilizado en relación con los "Consejeros Invisibles" descritos en el siguiente capítulo) para poder, mediante un proceso de fusión de nuestras tres mentes en una sola, encontrar soluciones a una amplia variedad de problemas personales presentados por mis clientes.

El procedimiento es bastante simple. Nos sentamos en una mesa de conferencias, exponemos claramente la naturaleza del problema que estamos abordando y comenzamos a discutirlo. Cada uno aporta sus pensamientos. Lo peculiar de este método de estimulación mental es que conecta a cada participante con fuentes desconocidas de conocimiento, definitivamente más allá de su propia experiencia.

Si comprendes el principio delineado en el capítulo sobre la Mente Maestra, sin duda reconocerás que el método de la mesa redonda aquí presentado es una aplicación práctica de dicha teoría.

Este enfoque de estimulación mental, a través de la armoniosa discusión de temas definidos entre tres personas, ejemplifica el uso más accesible y funcional de la Mente Maestra.

Al adoptar y seguir un plan similar, cualquier estudiante de esta filosofía puede eventualmente dominar la famosa fórmula Carnegie, como se describe brevemente en la introducción. Si en este momento estas palabras no te resuenan, te animo a marcar esta página y regresar a ella una vez hayas concluido el último capítulo.

La "depresión" se reveló como una bendición camuflada. Ha puesto al mundo entero en un punto de reinicio, otorgándonos a todos una nueva oportunidad.

Capítulo 14: El Sexto Sentido

La Puerta Hacia El Templo De La Sabiduría

El Decimotercer Paso Hacia La Riqueza

EL "decimotercer" principio, conocido como el SEXTO SENTIDO, representa la culminación de esta filosofía. Es la puerta de acceso a la comunicación voluntaria con la Inteligencia Infinita, sin esfuerzo ni exigencia por parte del individuo.

Sin embargo, su comprensión y aplicación SOLO son posibles tras dominar los otros doce principios previamente mencionados.

El SEXTO SENTIDO, conocido como la Imaginación Creativa o el "conjunto receptor", es la faceta de nuestra mente subconsciente donde las ideas, planes y pensamientos emergen. A veces, estos "destellos" se manifiestan como "corazonadas" o "inspiraciones", desafiando cualquier intento de descripción concreta. Solo aquellos que han dominado los otros principios de esta filosofía pueden entenderlo plenamente, ya que carece de comparación para aquellos sin experiencia previa.

La comprensión del sexto sentido se logra mediante la meditación *interna* y el desarrollo de la mente. Se considera el puente entre la mente finita del individuo y la Inteligencia Infinita, *una fusión de lo mental y lo espiritual*. Es visto como el punto en el que la mente humana se conecta con la Mente Universal.

Una vez que hayas interiorizado los principios delineados en este libro, estarás preparado para aceptar una afirmación que, de otro modo, parecería increíble:

Con el auxilio del sexto sentido, serás alertado ante los peligros inminentes con suficiente antelación para evitarlos, y serás notificado de las oportunidades a tiempo para aprovecharlas plenamente.

A medida que desarrollas tu sexto sentido, un "ángel guardián" se pondrá a tu disposición, dispuesto a obedecer tus órdenes y a abrirte las puertas del Templo de la Sabiduría en todo momento.

Si esta afirmación es verdadera o no, solo lo descubrirás siguiendo las instrucciones detalladas en las páginas de este libro o mediante algún método similar de procedimiento.

El autor no profesa ni defiende la idea de los "milagros", pues entiende suficientemente la Naturaleza como para comprender que esta *nunca se aparta de sus leyes establecidas*. Algunas de estas leyes son tan misteriosas que pueden parecer producir lo que se consideraría un "milagro". El sexto sentido se aproxima tanto a ser un milagro como cualquier otra cosa que se haya experimentado, y solo parece así porque el método por el cual opera este principio no se comprende completamente.

Lo que sí sabe el autor es que existe un poder, una Causa Primera, o una Inteligencia, que impregna cada átomo de materia y abarca cada unidad de energía perceptible por el ser humano. Esta Inteligencia Infinita transforma las semillas en robustos robles, dirige el flujo del agua cuesta abajo obedeciendo la ley de la gravedad, hace que la noche sigue al día y el invierno al verano, manteniendo cada uno su lugar y relación adecuados con el otro. Mediante los principios de esta filosofía, esta Inteligencia puede ser inducida a ayudar a convertir los DESEOS en una forma concreta o material. El autor posee este conocimiento porque ha experimentado con él... ¡y lo ha EXPERIMENTADO con éxito!

A medida que avanzas paso a paso a lo largo de los capítulos previos, te encuentras ahora ante el último principio. Si has dominado cada uno de los principios anteriores, estás preparado para abrazar, *sin escepticismo*, las asombrosas afirmaciones presentadas aquí. Si aún no has dominado los principios anteriores, necesitas hacerlo antes de poder discernir con certeza si las afirmaciones de este capítulo son hechos o ficción.

Mientras yo estaba atravesando la etapa del "culto al héroe", me hallé imitando a aquellos a quienes más admiraba. Descubrí que al emular a mis ídolos, también adoptaba una gran dosis de FE en mí mismo, lo cual me llevaba al éxito.

Aunque he dejado atrás en parte la adoración a héroes, aún conservo ciertos vestigios de este hábito. Mi experiencia me ha enseñado que, después de la grandeza misma, la mejor opción es emular a los grandes en pensamiento y acción.

Mucho antes de escribir una sola línea para su publicación o intentar pronunciar un discurso en público, me dediqué a reformar mi propio carácter, tratando de imitar a nueve hombres cuyas vidas y obras me impresionaban profundamente. Estos hombres eran Emerson, Paine, Edison, Darwin, Lincoln, Burbank, Napoleón, Ford y Carnegie.

Durante años, cada noche celebraba una reunión imaginaria con este grupo, al que llamaba mis "Consejeros Invisibles".

El procedimiento era sencillo: justo antes de dormir, cerraba los ojos y visualizaba a este grupo de hombres sentados conmigo alrededor de una mesa. No solo tenía la oportunidad de estar entre aquellos a quienes consideraba grandes, sino que también lideraba el grupo como su Presidente.

Yo tenía un OBJETIVO MUY CLARO al participar en estas reuniones nocturnas: reconstruir mi propio carácter para reflejar una combinación de los caracteres de mis consejeros imaginarios. Desde una edad temprana, comprendí que debía superar el entorno de ignorancia y superstición en el que había nacido, y por ello me propuse realizar un renacimiento personal a través del método que aquí describo.

Construcción Del Carácter A Través De La Autosugestión

Como estudiante comprometido de psicología, comprendía profundamente que los hombres forjaban su destino a través de sus PENSAMIENTOS Y DESEOS PREDOMINANTES. Reconocía que cada impulso arraigado buscaba una expresión externa para materializarse. En mi comprensión, la autosugestión era un poderoso arquitecto del carácter, el principio fundamental que moldeaba nuestra identidad.

Con esta sabiduría sobre el funcionamiento de la mente, me armé con las herramientas necesarias para reconfigurar mi propio ser. En mis diálogos imaginarios con un Consejo personal, convocaba a los miembros de mi Gabinete interno, solicitando específicamente el conocimiento que deseaba que cada uno aportara, dirigiéndome a ellos en voz alta y clara:

"Estimado Sr. Emerson, anhelo sumergirme en la fascinante comprensión de la naturaleza que caracterizó su vida. Imploro que imprima en mi subconsciente las virtudes que le permitieron discernir las leyes naturales y adaptarse a ellas con maestría. Le solicito gentilmente su asistencia para alcanzar y aprovechar cualquier fuente de conocimiento disponible con este propósito.

"Distinguido Sr. Burbank, le ruego compartir conmigo el conocimiento que le facultó para armonizar las leyes naturales de manera tan prodigiosa, transformando el cactus en un manjar comestible y generando un crecimiento exuberante donde antes reinaba la escasez. Conceda acceso a la sabiduría que le permitió embellecer las flores con una paleta de colores más rica y armónica, porque solo usted ha sido capaz de lograr bellezas más allá de lo inimaginable.

"Napoleón, anhelo adquirir de ti, por admiración, esa extraordinaria habilidad que poseías para inspirar a los hombres y despertar en ellos un espíritu de acción más enérgico y decidido. También deseo adquirir el espíritu de FE perdurable que te permitió convertir la derrota en victoria y superar obstáculos insuperables. ¡Emperador del Destino, Rey del Azar, Hombre del Destino, te rindo homenaje!

"Sr. Paine, deseo adquirir de usted la libertad de pensamiento y el valor y la claridad para expresar convicciones, cualidades que tanto lo distinguieron.

"Sr. Darwin, aspiro a adquirir de usted la maravillosa paciencia y la capacidad de estudiar las causas y efectos sin sesgos ni prejuicios, como tan ejemplarmente demostró en el campo de las ciencias naturales.

"Sr. Lincoln, deseo incorporar a mi propio carácter su agudo sentido de la justicia, su incansable espíritu de paciencia, su sentido del humor, su comprensión humana y su tolerancia, que fueron sus características distintivas.

"Sr. Carnegie, ya estoy en deuda con usted por haber elegido un camino para mi vida que me ha proporcionado gran felicidad y paz mental. Anhelo adquirir un conocimiento profundo de los principios del *esfuerzo organizado* que usted empleó tan eficazmente en la construcción de una gran empresa industrial.

"Sr. Ford, quiero expresar mi profundo agradecimiento por su invaluable contribución a mi labor. Su ejemplo de persistencia, determinación, aplomo y confianza en sí mismo ha sido una fuente de inspiración para mí. Aspiro a adquirir su espíritu tenaz que le ha permitido superar la adversidad, organizar y simplificar el esfuerzo humano, con el objetivo de seguir sus pasos y ayudar a otros en el proceso.

"Sr. Edison, su colaboración personal durante mi investigación sobre los factores que determinan el éxito y el fracaso ha sido inestimable. Busco incorporar su maravilloso espíritu de FE, que le ha llevado a descubrir tantos secretos de la naturaleza, así como su incansable esfuerzo que ha convertido la derrota en victoria en numerosas ocasiones".

Mi enfoque para dirigirme a los miembros de mi Gabinete imaginario variaba según los rasgos de carácter que deseaba cultivar en mí mismo en ese momento. Después de estudiar detenidamente los registros de sus vidas durante meses, me sorprendió gratamente descubrir cómo esas figuras imaginarias parecían cobrar vida.

Cada uno de estos nueve hombres desarrolló características individuales notables. Por ejemplo, Lincoln adoptó el hábito de llegar siempre tarde, haciendo una entrada solemne. Al entrar, caminaba con paso pausado, las manos entrelazadas detrás de él, y ocasionalmente detenía su paso para apoyar brevemente la mano en mi hombro, siempre con una expresión de seriedad en su rostro. Rara vez lo vi sonreír; las preocupaciones de una nación dividida le pesaban.

Los demás miembros mostraban diferentes actitudes. Burbank y Paine a menudo se entregaban a ocurrencias que parecían escandalizar al resto del Gabinete. En una ocasión, Paine sugirió que yo diera una conferencia sobre "La Edad de la Razón" desde el púlpito de una iglesia que había visitado anteriormente, lo cual provocó risas entre los presentes, excepto Napoleón, cuya mueca de desaprobación silenció a todos. Para él, la iglesia era simplemente un instrumento del Estado, no algo para reformar, sino para utilizar en la movilización del pueblo.

En otra ocasión, Burbank llegó tarde, entusiasmado por un experimento para cultivar manzanas en cualquier tipo de árbol. Paine le recordó la historia bíblica de la manzana que causó la discordia entre Adán y Eva, mientras que Darwin bromeó sobre las serpientes pequeñas que podrían convertirse en grandes si se encontraban al recoger manzanas en el bosque. Emerson reflexionó: "Sin serpientes, no hay manzanas", a lo que Napoleón añadió: "¡Sin manzanas, no hay Estado!"

Lincoln se acostumbró a ser el último en levantarse de la mesa al final de cada reunión. En una ocasión, se inclinó sobre la mesa con los brazos cruzados, permaneciendo así durante varios minutos. No intenté interrumpirlo. Finalmente, alzó lentamente la cabeza, se puso de pie y se dirigió hacia la puerta. Antes de salir, se volvió, regresó hacia mí, colocó su mano en mi hombro y dijo: "Joven, necesitarás una gran dosis de coraje para mantener firme tu propósito en la vida. Pero recuerda, cuando te enfrentes a dificultades, el sentido común es el arma de la gente común. La adversidad te moldeará".

Una tarde, Edison llegó antes que todos los demás. Se aproximó y se sentó a mi izquierda, el lugar que Emerson solía ocupar. Con una voz cargada de expectación, anunció: "Están a punto de ser testigos del descubrimiento del secreto de la vida. Cuando llegue el momento, comprenderán que la vida es un vasto enjambre de energía, o entidades, cada una tan inteligente como los seres humanos *presumen* serlo. Estas unidades de vida se agrupan como colmenas de abejas, manteniéndose unidas hasta que la *discordia las desintegra*.

"Así como los seres humanos, estas unidades tienen opiniones divergentes y a menudo se enfrentan entre sí. Las reuniones que están llevando a cabo serán de gran utilidad. Atraerán a algunas de las mismas unidades de vida que sirvieron a los miembros de su Gabinete durante sus vidas. Estas unidades son eternas. ¡JAMÁS MUEREN! Tus propios pensamientos y deseos actúan como un imán, atrayendo unidades de vida del vasto océano de la existencia. Solo atraen a las unidades afines, aquellas que armonizan con la naturaleza de tus DESEOS".

Justo en ese momento, los demás miembros del Gabinete comenzaron a entrar en la sala. Edison se puso de pie y se dirigió lentamente hacia su asiento. En ese instante, Edison aún estaba vivo. La experiencia me impactó tanto que fui corriendo a contársela. Él sonrió ampliamente y dijo: "Tu visión fue más que un sueño". No dio más explicaciones.

Estos encuentros se volvieron tan vívidos que empecé a temer las repercusiones y los interrumpí durante varios meses. Las experiencias eran tan extrañas que temía perder de vista la realidad, convirtiendo las reuniones en meras *fantasías de mi imaginación*.

Alrededor de seis meses después de interrumpir las reuniones, una noche desperté, o eso pensé, y vi a Lincoln de pie junto a mi cama. Me habló: "Pronto el mundo necesitará tus servicios. Se avecina un período de caos que hará que hombres y mujeres pierdan la fe y caigan en el pánico. Continúa con tu trabajo y completa tu filosofía. Esa es tu misión en la vida. Si la descuidas, por cualquier razón, serás reducido a un estado primordial y tendrás que recorrer los ciclos por los que has pasado durante milenios".

A la mañana siguiente, no pude determinar si había sido un sueño o si había estado despierto, y desde entonces nunca lo he sabido con certeza. Lo que sí sé es que, si fue un sueño, fue tan vívido que reanudé las reuniones la noche siguiente.

En nuestra siguiente reunión, los miembros de mi Gabinete entraron juntos en la sala y ocuparon sus lugares habituales en la Mesa del Consejo, mientras Lincoln alzaba una copa y declaraba: "Caballeros, brindemos por un amigo que ha vuelto al redil". Desde entonces, he añadido nuevos miembros a mi Gabinete, hasta llegar a más de cincuenta, entre ellos Cristo, San Pablo, Galileo, Copérnico, Aristóteles, Platón, Sócrates, Homero, Voltaire, Bruno, Spinoza, Drummond, Kant, Schopenhauer, Newton, Confucio, Elbert Hubbard, Brann, Ingersol, Wilson y William James.

Esta es mi primera incursión en este tema delicado. Hasta ahora, me he mantenido en silencio al respecto, consciente de que mi experiencia poco convencional podría ser malinterpretada dada mi actitud reservada hacia estos asuntos. Sin embargo, ahora me siento lo suficientemente seguro como para plasmar mi vivencia en estas páginas impresas, pues el juicio ajeno me preocupa menos con el paso de los años. Una de las bendiciones de la madurez es que nos otorga la valentía necesaria para ser genuinos, sin importar las opiniones de quienes no comprenden.

Quiero dejar en claro que, aunque considero que mis encuentros con mi gabinete son meramente imaginarios, tengo la convicción de que han sido una fuente de enriquecimiento personal. Aunque los miembros de mi gabinete existen únicamente en mi mente y nuestras reuniones son fruto de mi imaginación, estas experiencias me han llevado por caminos de aventura, han avivado mi aprecio por la grandeza, han fomentado mi creatividad y han fortalecido mi capacidad para expresar mis pensamientos con honestidad.

En lo profundo de la complejidad celular del cerebro reside un órgano receptivo a las vibraciones del pensamiento, comúnmente denominado "corazonadas". Aunque la ciencia aún no ha desentrañado su ubicación exacta, este enigma carece de relevancia. Lo verdaderamente notable es que los seres humanos reciben conocimientos precisos de fuentes que trascienden los sentidos físicos convencionales. Este conocimiento, en su mayoría, se despierta en momentos de estimulación excepcional. En situaciones de emergencia que despiertan las emociones y aceleran el ritmo cardíaco, el sexto sentido se activa y entra en acción. Quienes hayan enfrentado el peligro al volante saben que, en tales momentos críticos, el sexto sentido a menudo interviene, contribuyendo en un instante fugaz a evitar desastres inminentes.

Estas observaciones son preámbulo a una afirmación que deseo hacer: durante mis encuentros con los "Consejeros Invisibles", mi mente se vuelve receptiva a ideas, pensamientos y conocimientos que llegan a mí a través del sexto sentido. Debo atribuir completamente a mis "Consejeros Invisibles" el mérito de las ideas, hechos o conocimientos que he recibido por inspiración.

En numerosas ocasiones, cuando me he enfrentado a situaciones de emergencia, algunas de ellas poniendo en peligro mi vida, he sido guiado de manera milagrosa para superar estas dificultades gracias a la influencia de mis "Consejeros Invisibles".

Inicialmente, mi objetivo al convocar reuniones con seres imaginarios era impresionar mi mente subconsciente a través del principio de la Autosugestión, con la intención de adquirir ciertas cualidades deseadas. Sin embargo, con el tiempo, esta práctica ha evolucionado hacia algo completamente distinto. Ahora acudo a mis consejeros imaginarios en busca de orientación frente a cualquier problema difícil que enfrento, ya sea personal o profesional. Los resultados suelen ser sorprendentes, aunque no dependo exclusivamente de esta forma de asesoramiento.

Es evidente que este tema puede resultar ajeno para muchos. El Sexto Sentido es un concepto que puede ser de gran interés y utilidad para aquellos cuyas aspiraciones incluyen la acumulación de riqueza, aunque puede pasar desapercibido para aquellos cuyos objetivos son más modestos.

Personajes influyentes como Henry Ford entendieron y aprovecharon el sexto sentido en su vida y negocios. Sus vastas operaciones financieras requerían una comprensión profunda de este principio. Del mismo modo, el difunto Thomas A. Edison utilizó el sexto sentido en el desarrollo de inventos, especialmente aquellos que implicaban territorios inexplorados donde no existía experiencia previa para guiarlo, como fue el caso con la máquina parlante y el quinetoscopio.

La mayoría de los grandes líderes de la historia, desde Napoleón y Bismarck hasta Juana de Arco, Cristo, Buda, Confucio y Mahoma, parecían poseer y emplear de manera constante lo que podríamos llamar el "sexto sentido". Su grandeza radicaba en gran medida en su comprensión y aplicación de este principio fundamental.

El sexto sentido no es algo que se pueda activar o desactivar a voluntad. Su dominio se adquiere gradualmente, mediante la práctica de los otros principios que se exponen en este libro. Es raro que alguien desarrolle un conocimiento práctico de este sentido antes de los cuarenta años; más comúnmente, este conocimiento no llega hasta pasados los cincuenta. Esto se debe a que las fuerzas espirituales, tan vinculadas al sexto sentido, necesitan años de meditación, autoevaluación y reflexión profunda para madurar y volverse aprovechables.

No importa quién seas ni cuál sea tu motivo para leer este libro, puedes beneficiarte de su contenido incluso sin comprender a fondo el principio que se describe en este capítulo. Esto es especialmente válido si tu principal objetivo es acumular riqueza u otros bienes materiales.

Se ha incorporado el capítulo sobre el sexto sentido a esta obra con un propósito claro: ofrecer una filosofía integral que permita a los individuos alcanzar sus metas de manera infalible. El punto de partida de todo logro es el DESEO, y su culminación reside en un tipo de CONOCIMIENTO que abarca la comprensión de uno mismo, de los demás, de las leyes naturales y, sobre todo, de la FELICIDAD. Esta comprensión plena se alcanza mediante la familiarización con el principio del sexto sentido y su aplicación. Por tanto, resultaba imprescindible incluir este principio en la obra para beneficio de aquellos que buscan más que riquezas materiales.

Tras sumergirte en el capítulo, seguramente has experimentado un exquisito estímulo intelectual. ¡Maravilloso! Te invito a retomarlo en un mes y notarás cómo tu mente se eleva aún más. Repite este ejercicio ocasionalmente, sin preocuparte por la cantidad de conocimiento que adquieras en cada lectura. Con el tiempo, adquirirás una habilidad que te permitirá desterrar el desaliento, vencer el miedo, superar la procrastinación y liberar tu imaginación. Entonces habrás sentido la influencia de ese "algo" misterioso que ha impulsado a líderes, pensadores, artistas, músicos, escritores y estadistas verdaderamente excepcionales. Estarás listo para transformar tus DESEOS en realidad física o financiera con la misma facilidad con la que te recuestas, ignorando cualquier señal de adversidad.

FE O MIEDO

Los capítulos previos han detallado el desarrollo de la FE a través de la Autosugestión, el Deseo y el Subconsciente. Ahora, el siguiente capítulo presenta instrucciones meticulosas para conquistar el MIEDO.

Aquí se ofrece un análisis exhaustivo de los seis miedos que subyacen a todo desánimo, timidez, postergación, indiferencia, indecisión y falta de ambición, confianza en uno mismo, iniciativa, autocontrol y entusiasmo.

Al estudiar estos seis enemigos, es crucial examinarse minuciosamente, ya que podrían residir únicamente en el rincón más profundo de nuestra mente subconsciente, donde su presencia resulta difícil de detectar.

Cuando te enfrentes a los "Seis Fantasmas del Miedo", ten presente que son meras creaciones de la mente. No obstante, no subestimes su poder, pues los fantasmas, engendrados por la imaginación desbocada, han infligido gran daño a la psique humana a lo largo de la historia. Su peligro radica en que pueden ser tan perniciosos como si fueran seres corpóreos vagando por la tierra.

El Fantasma del Miedo a la Pobreza, que se apoderó de las mentes de millones en 1929, ejemplifica la realidad palpable que puede adquirir un miedo colectivo, desencadenando la peor depresión empresarial que haya conocido este país. Aún hoy, este fantasma continúa acechando a algunos de nosotros.

Capítulo 15: Cómo Burlar A Los Seis Fantasmas Del Miedo

Haz Un Inventario De Ti Mismo, Mientras Lees Este Capítulo Final, Y Averigua Cuántos De Los "Fantasmas" Se Interponen En Tu Camino

ANTES de que puedas poner en práctica con éxito cualquier aspecto de esta filosofía, es crucial que prepares tu mente para recibirla. Esta preparación no es difícil, pero requiere estudio, análisis y comprensión de tres enemigos que debes eliminar: la INDECISIÓN, la DUDA y el MIEDO.

El Sexto Sentido nunca funcionará mientras estos tres negativos, o cualquiera de ellos, persistan en tu mente. Estos enemigos están interconectados; donde uno se encuentra, los otros dos no están lejos.

La INDECISIÓN es la semilla del MIEDO. Este concepto es crucial de recordar mientras avanzas. La indecisión se convierte en duda, y ambas se amalgaman para formar el miedo. Este proceso de amalgamación suele ser gradual, lo que hace que estos tres enemigos sean especialmente peligrosos. *Crecen y se fortalecen sin ser notados.*

El resto de este capítulo explora un objetivo que debe alcanzarse antes de que la filosofía completa pueda aplicarse. También examina una condición que, aunque ha llevado a la pobreza a muchas personas, revela una verdad fundamental que todos, ya sea que persigan la riqueza material o un estado mental de mayor valía, deben comprender.

El propósito de este capítulo es dirigir la atención hacia la causa y la cura de los seis miedos básicos. Antes de poder enfrentar a un enemigo, debemos conocer su nombre, sus hábitos y su escondite. Mientras lees, examínate con cuidado y determina si alguno de los seis miedos comunes te ha atrapado.

No te dejes engañar por la astucia de estos enemigos sutiles. A veces, permanecen ocultos en el subconsciente, donde son difíciles de localizar y aún más difíciles de erradicar.

Los Seis Miedos Básicos

Los temores fundamentales son seis, y es probable que cada individuo experimente algún grado de ellos en algún momento de su vida. La fortuna sonríe a aquellos que no los enfrentan todos en su totalidad.

Enumerados en orden de frecuencia de ocurrencia, son:

El miedo a la POBREZA ⎤
El miedo a la CRÍTICA ⎬ en el fondo de la mayoría de las preocupaciones
El miedo a la ENFERMEDAD ⎦
El miedo a PERDER EL AMOR DE ALGUIEN
El miedo a la VEJEZ
El miedo a la MUERTE

Todos los demás miedos pueden ser categorizados bajo estos seis títulos principales. La prevalencia de estos temores parece seguir un ciclo, casi como una maldición que afecta al mundo en etapas definidas. Durante casi seis años, durante la depresión, nos enfrentamos al TEMOR DE LA POBREZA. Durante la guerra mundial, la preocupación predominante fue el TEMOR A LA MUERTE. Inmediatamente después de la guerra, la atención se centró en el TEMOR A LA ENFERMEDAD, como lo demuestra la epidemia de enfermedades que se extendió por todo el mundo en aquel entonces.

Los miedos son simplemente estados mentales, y cada individuo tiene la capacidad de controlar y dirigir su propio estado mental. Los médicos, por ejemplo, están menos expuestos al ataque de enfermedades que el público en general, en gran parte debido a QUE NO TIENEN MIEDO A LA ENFERMEDAD. Se ha observado que los médicos, sin temor ni vacilación, han estado en contacto diario con cientos de personas que padecían enfermedades contagiosas como la viruela, sin contagiarse ellos mismos. Su inmunidad contra la enfermedad se basaba en gran medida, si no exclusivamente, en su falta absoluta de MIEDO.

El hombre no puede crear nada que no haya concebido primero como un impulso de pensamiento. Esta afirmación es seguida por otra de mayor importancia: LOS IMPULSOS DE PENSAMIENTO DEL HOMBRE COMIENZAN INMEDIATAMENTE A TRANSFORMARSE EN SU EQUIVALENTE FÍSICO, YA SEA DE FORMA VOLUNTARIA O INVOLUNTARIA. Los impulsos de pensamiento que son captados casualmente a través del éter (pensamientos que han sido liberados por otras mentes) pueden determinar el destino financiero, empresarial, profesional o social de una persona con la misma certeza que los impulsos de pensamiento que uno genera con intención y diseño.

Aquí establecemos las bases para abordar un tema de gran relevancia para quienes se cuestionan por qué ciertas personas parecen estar bendecidas con "suerte" mientras otras, con igual o mayor talento, educación, experiencia y capacidad intelectual, parecen destinadas a enfrentar la adversidad. Este fenómeno puede explicarse al reconocer que *cada individuo posee el poder de controlar plenamente su propia mente.* Con este control, es posible abrir la mente a influencias de pensamientos constructivos que inspiran a otros, o cerrar las puertas a cualquier influencia no deseada y elegir conscientemente qué pensamientos se permiten.

La naturaleza ha concedido al ser humano un dominio absoluto sobre una sola facultad: el pensamiento. Esta realidad, combinada con el hecho de que toda creación humana inicia como un pensamiento, nos aproxima al principio fundamental para vencer el miedo.

Si aceptamos que TODO PENSAMIENTO TIENE UNA TENDENCIA INHERENTE A MATERIALIZARSE EN SU EQUIVALENTE FÍSICO (una verdad innegable), entonces es lógico concluir que los pensamientos de temor y escasez no pueden dar frutos en forma de prosperidad financiera y valor.

Después del colapso de Wall Street en 1929, la sociedad estadounidense comenzó a obsesionarse con la idea de la pobreza. Lentamente pero inexorablemente, este pensamiento colectivo se materializó en lo que conocemos como la "Gran Depresión". Este desenlace era casi inevitable, en concordancia con las leyes naturales.

El Miedo A La Pobreza

La brecha entre la POBREZA y la RIQUEZA es insalvable. Los senderos que conducen a cada uno de estos destinos divergen radicalmente. Si se ansían las riquezas, se debe rechazar cualquier sendero que conduzca a la pobreza. Aquí, la palabra "riquezas" abarca no solo la prosperidad financiera, sino también la espiritual, mental y material. El punto de partida hacia la riqueza es el DESEO. En el primer capítulo, se ofrecieron pautas detalladas sobre cómo emplear adecuadamente este deseo. Ahora, en este capítulo sobre el MIEDO, se proporcionan instrucciones completas para preparar la mente y hacer un uso práctico del DESEO.

Este es el momento de desafiarte a ti mismo, un momento que determinará cuánto has interiorizado esta filosofía. Aquí puedes erigirte como profeta y prever con precisión tu destino futuro. Si, tras leer este capítulo, estás dispuesto a aceptar la pobreza, entonces también estás decidido a recibirla. Esta decisión es inevitable.

Si buscas riquezas, debes definir cómo y cuánto necesitas para sentirte satisfecho. Conoces el camino hacia la riqueza; se te ha brindado un mapa que, si lo sigues, te mantendrá en la senda correcta. Si ignoras el inicio o te detienes antes de alcanzar la meta, la responsabilidad recae únicamente en TI. Esta carga es tuya. Ninguna excusa te eximirá de asumir la responsabilidad si fracasas ahora o si rehúsas exigir riquezas de la vida, pues la aceptación solo requiere una cosa, y es algo que puedes controlar: un ESTADO DE ÁNIMO. Un estado mental se construye, no se compra.

El miedo a la pobreza no es más que un estado mental, aunque suficiente para socavar cualquier posibilidad de éxito. Durante la depresión, esta verdad se hizo dolorosamente patente.

Este miedo paraliza la razón, anula la imaginación, socava la confianza en uno mismo, desanima el entusiasmo, obstaculiza la iniciativa, provoca la incertidumbre del propósito, fomenta la dilación, aniquila el autocontrol y desvanece el encanto personal. Además, afecta la precisión del pensamiento, desvía la concentración, debilita la persistencia, anula la fuerza de voluntad, suprime la ambición, nubla la memoria, desanima la amistad y da paso al desastre en innumerables formas. Conduce al insomnio, a la miseria y a la infelicidad, a pesar de vivir en un mundo de abundancia, donde nada impide la realización de nuestros deseos, salvo la carencia de un propósito definido.

El Miedo a la Pobreza es, indiscutiblemente, el más pernicioso de los seis miedos básicos. Encabeza la lista por ser el más difícil de dominar.

Revelar la verdad sobre el origen de este temor requiere una dosis considerable de valentía, y aún más valentía se precisa para aceptarla una vez que ha sido descubierta. El miedo a la pobreza arraiga en la tendencia ancestral del ser humano A EXPLOTAR ECONÓMICAMENTE A SUS SEMEJANTES. Mientras que la mayoría de los animales inferiores se guían por el instinto, limitando sus acciones a la depredación física, el ser humano, dotado de una intuición superior y capacidad de razonamiento, encuentra su satisfacción en explotar FINANCIERAMENTE a otros. Este afán de codicia ha engendrado un sinfín de leyes destinadas a protegerlo de sus congéneres.

En todas las eras conocidas de la historia, la actual parece ser aquella que resalta por la desenfrenada obsesión del ser humano por la riqueza. Uno es considerado menos que polvo si no puede exhibir una cuenta bancaria abultada; pero aquellos que ostentan riqueza, SIN IMPORTAR CÓMO LA HAYAN ADQUIRIDO, son tratados como "reyes" o "magnates", por encima de la ley, con influencia política y dominio empresarial, recibiendo reverencias a su paso.

Nada aflige y humilla al ser humano tanto como la POBREZA. Solo aquellos que la han experimentado comprenden su verdadero alcance.

No sorprende entonces que la pobreza sea temida. A través de una larga historia de experiencias colectivas, el ser humano ha aprendido con certeza que no puede confiar en algunos cuando se trata de dinero y posesiones materiales. Esta es una acusación contundente, pero lamentablemente VERDADERA.

La mayoría de los matrimonios son motivados por la riqueza que una de las partes, o ambas, posee. Por lo tanto, no es de extrañar que los tribunales de divorcio estén siempre abarrotados.

El deseo humano de adquirir riquezas es tan ardiente que se recurre a cualquier método posible, ya sea legal o no, para obtenerlas.

El proceso de autoevaluación puede poner al descubierto debilidades que a menudo preferimos ignorar. Esta práctica reflexiva es fundamental para aquellos que aspiran a más que la mediocridad y la escasez en la vida. Es importante recordar que, al someterte a este escrutinio detallado, te conviertes simultáneamente en juez y jurado, fiscal y defensor, demandante y demandado; estás siendo juzgado. Encara los hechos de manera directa. Formula preguntas específicas y exige respuestas francas. Al concluir este interrogatorio, habrás adquirido un mayor conocimiento sobre ti mismo. Si sientes que no puedes ser imparcial en este autoexamen, considera pedirle a alguien cercano que actúe como juez mientras te cuestionas. El objetivo es buscar la verdad, sin importar las consecuencias, *incluso si eso implica enfrentar temporalmente la vergüenza.*

La mayoría de las personas, al ser cuestionadas sobre sus mayores temores, responderían: "No temo nada". Sin embargo, esta respuesta sería incorrecta, ya que pocos reconocen que están enlazados, incapacitados y golpeados espiritual y físicamente por algún tipo de miedo. La emoción del miedo está tan arraigada y es tan sutil que uno puede llevarla consigo a lo largo de la vida sin nunca reconocer su presencia. Solo a través de un análisis valiente se revelará la existencia de este enemigo universal. Cuando emprendas dicho análisis, indaga profundamente en tu propio carácter. Aquí te presento una lista de los síntomas que debes buscar:

Síntomas Del Miedo A La Pobreza

INDIFERENCIA: La indiferencia se manifiesta comúnmente a través de la falta de ambición, la disposición a tolerar la pobreza y la aceptación de cualquier compensación que la vida pueda ofrecer sin protestar. Se refleja en la pereza mental y física, así como en la falta de iniciativa, imaginación, entusiasmo y autocontrol.

INDECISIÓN: La indecisión es el hábito de permitir que otros piensen por uno mismo, de permanecer indeciso sin tomar partido.

DUDA: La duda se expresa generalmente mediante coartadas y excusas destinadas a encubrir, explicar o disculparse por los propios fracasos. A veces se manifiesta en forma de envidia hacia aquellos que tienen éxito, o criticándolos.

PREOCUPACIÓN: La preocupación suele expresarse en forma de reproches a los demás, tendencia a gastar más de lo que se gana, descuido de la apariencia personal y ceño fruncido. Se manifiesta también en la intemperancia en el consumo de bebidas alcohólicas, a veces mediante el uso de narcóticos, y se refleja en el nerviosismo, la falta de aplomo, la timidez y la falta de confianza en uno mismo.

EXCESO DE PRECAUCIÓN: El exceso de precaución se manifiesta en la tendencia a enfocarse en los aspectos negativos de cada situación, dedicando tiempo y energía a contemplar posibles fracasos en lugar de buscar activamente vías hacia el éxito. Es el conocimiento detallado de todos los posibles caminos hacia el desastre, pero la renuencia a desarrollar estrategias para evitarlo. Este hábito conlleva postergar el inicio de la implementación de ideas y planes bajo la excusa de esperar el "momento oportuno", hasta que esta espera se convierte en una rutina arraigada. Además, implica una tendencia a recordar los fracasos y pasar por alto los éxitos ajenos, como si se centrara en el agujero del *donut* y no en el *donut* mismo. Este enfoque pesimista puede generar malestares físicos y mentales, como indigestión, mala eliminación, autointoxicación, mal aliento y una actitud negativa generalizada.

PROCRASTINACIÓN: La procrastinación es el hábito de dejar para mañana lo que debería haberse hecho el año pasado. Implica dedicar bastante tiempo a crear coartadas y excusas para justificar no haber realizado el trabajo. Este síntoma está estrechamente relacionado con el exceso de precaución, la duda y la preocupación.

Rechazar la responsabilidad cuando hay alternativas. Optar por la negociación en lugar de la confrontación. Afrontar las dificultades con resignación en lugar de convertirlas en escalones hacia el progreso. Contentarse con migajas en lugar de reclamar prosperidad, abundancia, bienestar y felicidad.

PREPARARSE PARA EL FRACASO Y PENSAR EN ESTRATEGIAS DE RECUPERACIÓN EN LUGAR DE CORTAR TODO VÍNCULO Y CERRAR LAS PUERTAS AL RETORNO. Falta de confianza en uno mismo, ausencia de metas definidas, falta de autocontrol, iniciativa, entusiasmo, ambición, ahorro y capacidad de discernimiento. ACEPTAR LA POBREZA EN LUGAR DE BUSCAR LA RIQUEZA. Relacionarse con aquellos que conforman con la escasez en lugar de rodearse de quienes aspiran y alcanzan la prosperidad.

¡El Dinero Habla!

Algunos preguntarán: "¿Por qué has escrito un libro sobre el dinero? ¿Por qué medir la riqueza sólo en dólares?" Algunos creerán, y con razón, que hay otras formas de riqueza más deseables que el dinero. Sí, hay riquezas que no pueden medirse en términos de dólares, pero hay millones de personas que dirán: "Dame todo el dinero que necesito y encontraré todo lo demás que quiero".

La razón principal por la que escribí este libro sobre cómo conseguir dinero es el hecho de que el mundo ha pasado hace poco por una experiencia que dejó a millones de hombres y mujeres paralizados por el MIEDO A LA POBREZA. Westbrook Pegler, en el New York World-Telegram, describió muy bien lo que este tipo de miedo provoca en uno:

"El dinero no es más que conchas de almeja o discos de metal o trozos de papel, y hay tesoros del corazón y del alma que el dinero no puede comprar, pero la mayoría de la gente, al estar arruinada, es incapaz de tener esto presente y sostener su espíritu. Cuando un hombre está arruinado y en la calle, incapaz de conseguir trabajo alguno, algo le ocurre a su espíritu que puede observarse en la caída de sus hombros, la colocación de su sombrero, su forma de andar y su mirada. No puede evitar un sentimiento de inferioridad entre las personas que tienen un empleo fijo, aunque sabe que no son sus iguales en carácter, inteligencia o capacidad.

"Estas personas, incluso sus amigos, tienen un sentimiento de superioridad hacia él, considerándolo, quizás inconscientemente, como inferior. Puede pedir prestado durante un tiempo, pero nunca lo suficiente para mantener su vida habitual, y no puede continuar endeudándose indefinidamente. Sin embargo, pedir prestado en sí mismo, cuando es simplemente para sobrevivir, es una experiencia deprimente, y el dinero carece del poder de revitalizar su ánimo como lo hace el dinero ganado con esfuerzo. Por supuesto, esto no se aplica a los vagabundos o a los inútiles crónicos, sino solo a aquellos hombres con aspiraciones normales y respeto por sí mismos.

"LAS MUJERES OCULTAN SU DESESPERACIÓN

"Cuando consideramos a los desamparados, rara vez pensamos en las mujeres. Son pocas las que se encuentran en las filas de los necesitados, raramente se les ve mendigando en las calles y no se destacan en las multitudes con los mismos signos evidentes que identifican a los hombres arruinados. Por supuesto, no me refiero a las mujeres desesperadas que deambulan por las calles de la ciudad, siendo el opuesto absoluto de los vagabundos masculinos consolidados. Me refiero a mujeres razonablemente jóvenes, decentes e inteligentes. Deben de existir muchas, pero su desesperación no es evidente. Quizás optan por el suicidio.

"Cuando un hombre se encuentra en la ruina, el tiempo se extiende ante él como un vasto océano de reflexiones. Se embarca en largas travesías, desplazándose kilómetros en busca de oportunidades laborales, solo para encontrarse con posiciones ya ocupadas o con propuestas que ofrecen apenas una comisión por la venta de productos insignificantes, que ni siquiera el más compasivo se molestaría en adquirir. Al rechazar estas ofertas, se ve nuevamente en las calles, sin otro destino que vagar sin rumbo fijo. Así, avanza sin rumbo definido, observando los destellos de lujo en los escaparates de tiendas que nunca podrá frecuentar, sintiéndose desplazado y cediendo el paso a aquellos que muestran un genuino interés por esos objetos inalcanzables. Se sumerge en la atmósfera de estaciones de ferrocarril o se refugia en la biblioteca, buscando alivio para sus fatigadas piernas y un respiro de calor humano, aunque sabe que eso no lo acercará a encontrar empleo. Aunque su vestimenta pueda ser un vestigio de días pasados, cuando aún tenía un trabajo estable, su desafortunada situación no pasa desapercibida. Su desorientación se manifiesta, revelando su precaria situación aún antes de que sus ropas lo hagan.

"EL DINERO HACE LA DIFERENCIA.

"Él observa a miles de personas, ya sean contables, administrativos, químicos o conductores, inmersos en sus labores mientras los envidia desde lo más profundo de su ser. Ellos disfrutan de su independencia, su autoestima y su dignidad, mientras que él simplemente no logra convencerse de que también es un individuo valioso, a pesar de debatirlo y llegar a una conclusión favorable hora tras hora.

"Es el dinero precisamente lo que marca esta disparidad en su percepción. Con un poco de dinero, recuperaría su verdadero ser.

"Algunos empleadores se aprovechan escandalosamente de aquellos que están en la miseria. Las agencias publican pequeñas tarjetas de colores ofreciendo salarios miserables a hombres arruinados: 12 dólares semanales, 15 dólares semanales. Un trabajo que ofrece 18 dólares semanales es considerado un verdadero tesoro, y aquellos que pueden ofrecer 25 dólares semanales no necesitan recurrir a una tarjeta de color para anunciar su oferta laboral. Tengo un recorte de un anuncio de empleo de un periódico local que solicita un empleado, un diligente y pulcro escribiente, para recibir pedidos telefónicos en una tienda de bocadillos de 11 de la mañana a 2 de la tarde por 8 dólares al mes; no 8 dólares a la semana, sino 8 dólares al mes. Además, el anuncio especifica: "Religión del Estado". ¿Puedes imaginar la descarada audacia de alguien que busca un escribiente diligente y pulcro por 11 centavos la hora mientras indaga sobre la religión de la víctima? Pero eso es lo que se ofrece a aquellos que están desfavorecidos".

El Miedo A La Crítica

El origen de este temor arraigado en la naturaleza humana es un enigma del que nadie puede ofrecer una respuesta definitiva. Sin embargo, su presencia es innegable, manifestándose en formas diversas y profundamente arraigadas. Algunos especulan que este miedo se gestó en la incipiente era de la política profesional, mientras que otros sugieren que su raíz se halla en la preocupación por las apariencias, incluso desde tiempos en que las mujeres comenzaron a atender a los dictados de la moda.

Este servidor, desprovisto de dotes proféticas o humorísticas, inclina su perspectiva hacia la atribución de este miedo primordial a la crítica a un aspecto inherente de la psique humana. Este impulso no solo incita al individuo a adquirir posesiones a expensas de sus congéneres, sino también a justificar sus acciones mediante la DESACREDITACIÓN del carácter de estos últimos. Es un fenómeno ampliamente reconocido el hecho de que el ladrón tiende a criticar al individuo al que roba, y que los políticos no buscan destacar sus virtudes y capacidades, sino más bien difamar a sus oponentes en la búsqueda de un cargo.

El temor a la crítica se manifiesta de diversas maneras, muchas de las cuales resultan triviales e insignificantes. Los calvos, por ejemplo, a menudo lo son debido al temor a ser criticados. La pérdida de cabello resulta de la presión ejercida por las bandas ajustadas de los sombreros, que restringen la circulación sanguínea en la raíz del pelo. Los hombres, en su afán de conformidad, llevan sombreros no por necesidad, sino por MIEDO al juicio de otros. Las mujeres rara vez sufren de calvicie o pérdida de cabello porque eligen sombreros que, además de adornar, se ajustan cómodamente sin ejercer presión.

Sin embargo, sería un error suponer que las mujeres están exentas de este temor. Aquellas que se jactan de ser superiores en este aspecto frente a los hombres deberían atreverse a pasear por la calle con un sombrero de la década de 1890.

Los astutos fabricantes de moda han sabido capitalizar este miedo inherente a la crítica que aflige a la humanidad. Cada temporada, los estilos de vestimenta experimentan cambios impulsados no por el consumidor, sino por el fabricante. ¿Qué impulsa estos cambios tan frecuentes? La respuesta es clara: la necesidad de vender más prendas de vestir.

Del mismo modo, los fabricantes de automóviles, salvo contadas y sensatas excepciones, modifican los diseños de sus modelos cada temporada. Nadie desea conducir un automóvil que no esté a la última moda, incluso si un modelo anterior es superior en prestaciones.

Hemos delineado cómo las personas se comportan bajo la influencia del temor a la crítica, evidenciado en las pequeñas y mezquinas facetas de la vida cotidiana. Ahora, examinemos cómo este miedo moldea el comportamiento humano en cuestiones de mayor envergadura en las relaciones interpersonales. Consideremos a cualquier individuo que haya alcanzado la "madurez mental" (aproximadamente entre los 35 y los 40 años), y si pudiéramos escudriñar los pensamientos más íntimos de su mente, encontraríamos una marcada incredulidad hacia las enseñanzas dogmáticas y teológicas que predominaban décadas atrás.

Sin embargo, es raro encontrar a alguien con la valentía de expresar abiertamente su incredulidad en este tema. La mayoría, cuando se ven presionados, optan por mentir antes que admitir que no suscriben las narrativas asociadas con ciertas formas de religión que alguna vez mantuvieron a la gente cautiva antes de la era de los descubrimientos científicos y la educación.

¿Por qué, incluso en esta era de iluminación, la persona promedio evita negar su creencia en las fábulas que alguna vez fueron la piedra angular de muchas religiones? La respuesta radica en el temor a la crítica. A lo largo de la historia, hombres y mujeres han sido castigados por expresar su incredulidad en las supersticiones. No sorprende entonces que hayamos heredado un temor profundo a la crítica. Hubo un tiempo, no hace mucho, en el que la crítica acarreaba severos castigos, y aún lo hace en algunos lugares del mundo.

El miedo a la crítica le roba al individuo su iniciativa, sofoca su imaginación, limita su singularidad y mina su confianza en sí mismo, causándole daño de múltiples formas. Con frecuencia, los padres infligen daño irreparable a sus hijos mediante críticas constantes. Recuerdo la madre de un amigo de la infancia que solía azotarlo casi a diario, acompañando cada golpe con la afirmación ominosa de que terminaría en la cárcel antes de cumplir los veinte años. A los diecisiete, fue enviado a un reformatorio.

La crítica es un servicio del que todos parecen tener en exceso, distribuyéndolo generosamente, ya sea necesario o no. A menudo, los familiares más cercanos son los peores infractores. Debería considerarse un delito, de hecho, uno de la peor índole, que un padre siembre complejos de inferioridad en la mente de un hijo mediante críticas innecesarias. Los empleadores que comprenden la naturaleza humana obtienen lo mejor de sus empleados no a través de la crítica, sino mediante sugerencias constructivas.

Los padres pueden lograr los mismos resultados con sus hijos. La crítica solo siembra miedo en el corazón humano, o resentimiento, pero nunca construirá amor ni afecto.

Síntomas Del Miedo A La Crítica

El temor descrito es tan común como el miedo a la pobreza, y sus consecuencias son igualmente devastadoras para el desarrollo personal. Este miedo socava la iniciativa y suprime el uso de la imaginación, manifestándose a través de diversos síntomas:

AUTOCONCIENCIA: Se manifiesta en nerviosismo, timidez en la interacción social, torpeza en los movimientos, y desvío de la mirada.

FALTA DE APLOMO: Se evidencia en la falta de control vocal, nerviosismo en presencia de otros, postura corporal insegura y mala memoria.

PERSONALIDAD: Se refleja en la indecisión, carencia de carisma personal y dificultad para expresar opiniones firmes. La tendencia a evadir problemas en lugar de afrontarlos directamente es común, así como el acuerdo superficial con los demás sin una evaluación crítica de sus ideas.

COMPLEJO DE INFERIORIDAD: Se manifiesta a través de la autoaprobación excesiva, a menudo como una máscara para ocultar sentimientos de inferioridad. Este complejo puede llevar a utilizar un lenguaje grandilocuente sin comprender realmente su significado, imitar a otros en la forma de vestir y comportarse, y alardear de logros ficticios, creando una ilusión de superioridad superficial.

EXTRAVAGANCIA: Surge del deseo de mantener una apariencia de estatus social, llevando a gastar más allá de los propios medios financieros.

FALTA DE INICIATIVA: Se manifiesta en la renuncia a aprovechar oportunidades, el miedo a expresar ideas propias, la falta de confianza en uno mismo, respuestas evasivas ante las autoridades, indecisión en el habla y en la acción, y la tendencia a engañar tanto con palabras como con acciones.

FALTA DE AMBICIÓN: Se distingue por la tendencia a la pereza mental y física, la indecisión, la influencia fácilmente manipulable, el hábito de criticar a los demás a sus espaldas mientras los halaga en su presencia, la pasividad ante la derrota, la renuncia ante la oposición, la desconfianza infundada, la falta de tacto en la comunicación y la incapacidad para reconocer los propios errores y asumir la responsabilidad por ellos.

El Miedo A La Enfermedad

El temor mencionado puede derivar tanto de factores genéticos como sociales. Está íntimamente ligado, en su origen, a las causas del miedo a envejecer y al temor a la muerte, ya que nos acerca peligrosamente a las fronteras de los "reinos desconocidos" que el ser humano enfrenta, alimentados por relatos inquietantes. Además, es ampliamente aceptado que ciertas personas poco éticas, inmersas en la industria de la "venta de bienestar", han contribuido considerablemente a mantener viva la ansiedad por la salud precaria.

El ser humano, en general, teme a la enfermedad debido a las impactantes imágenes que su mente ha concebido sobre las posibles consecuencias mortales. Además, le inquieta el costo económico que podría conllevar.

Según un médico reconocido, aproximadamente el 75% de los pacientes que buscan atención médica sufren de hipocondría (enfermedad imaginaria). Se ha demostrado de manera convincente que el miedo a la enfermedad, incluso cuando no hay motivo alguno para temerla, a menudo desencadena síntomas físicos de la misma.

La mente humana es, sin duda, una fuerza poderosa y extraordinaria, capaz de construir o destruir.

Aprovechando esta vulnerabilidad común del miedo a la enfermedad, los vendedores de medicamentos patentados han amasado grandes fortunas. Esta explotación llegó a ser tan común hace unas dos décadas que la revista *Colliers' Weekly* lanzó una campaña amarga contra algunos de los peores infractores en el negocio de los medicamentos patentados.

Durante la epidemia de gripe que azotó durante la Primera Guerra Mundial, el alcalde de Nueva York implementó medidas drásticas para contener el pánico y los daños ocasionados por el miedo inherente a la enfermedad. Convocó a los periodistas y les expresó: "Caballeros, considero vital solicitarles que moderen la publicación de *titulares alarmantes* respecto a la epidemia de gripe. De no colaborar conmigo, nos enfrentaremos a una situación incontrolable". Los periódicos dejaron de difundir noticias sobre la gripe y, en el lapso de un mes, la epidemia fue exitosamente contenida.

Mediante una serie de experimentos realizados hace años, se demostró que la sugestión puede llevar a las personas a enfermarse. Llevamos a cabo un experimento donde tres conocidos visitaron a las "víctimas" y cada uno de ellos les formuló la pregunta: "¿Qué te sucede? Te ves terriblemente enfermo". La primera pregunta solía generar una sonrisa y una respuesta indiferente del tipo "Oh, nada, estoy bien" por parte de la víctima. A la segunda pregunta, la respuesta usualmente era: "No estoy seguro, pero me siento mal". Con el tercer interrogador, la víctima solía admitir francamente que se sentía realmente mal.

Si tienes dudas sobre si esto hará sentir incómodo a alguien que conoces, puedes probarlo, pero no lleves el experimento demasiado lejos. Existe una secta religiosa cuyos miembros se vengan de sus enemigos mediante el método del "maleficio", lo que ellos llaman "hechizar" a la víctima.

Existen pruebas contundentes de que, en ocasiones, la enfermedad se inicia como un impulso de pensamiento negativo. Este impulso puede propagarse de una mente a otra por sugestión, o bien ser engendrado por un individuo en su propio pensamiento.

Un hombre, dotado de una sabiduría más profunda de la que este incidente podría insinuar, expresó una vez: "Cuando alguien me pregunta cómo me siento, siempre siento el deseo de golpearlo".

Los médicos prescriben cambios a nuevos entornos climáticos para mejorar la salud de los pacientes, reconociendo la importancia de un cambio en la mentalidad. La semilla del temor a la enfermedad reside en la mente de cada individuo, floreciendo y arraigándose bajo la influencia de la preocupación, el miedo, la desesperanza y las desilusiones tanto en el ámbito amoroso como en el empresarial. La reciente depresión económica ha mantenido a los profesionales médicos en alerta, conscientes de que cualquier forma de pensamiento negativo puede desencadenar problemas de salud.

Las decepciones en el amor y los negocios son destacadas como las principales causas del miedo a enfermarse. Un joven, afectado por un desamor, terminó hospitalizado, luchando por su vida durante meses. Ante esta situación crítica, se buscó la ayuda de un especialista en terapia sugestiva, quien, en un enfoque poco convencional, designó a una nueva enfermera, una *joven encantadora*, para cuidarlo. Siguiendo un acuerdo previo con el médico, esta enfermera comenzó una relación amorosa con el paciente desde el primer día de trabajo. Después de tres semanas, el paciente fue dado de alta, aunque aún enfrentaba desafíos, pero con un mal completamente diferente: ¡SE HABÍA ENAMORADO DE NUEVO! Aunque el tratamiento fue engañoso, eventualmente el paciente y la enfermera se casaron. En el momento de escribir esto, ambos gozan de excelente salud.

Síntomas Del Miedo A La Enfermedad

Los síntomas de este miedo casi universal se manifiestan de diversas formas:

AUTOSUGESTIÓN: El hábito de buscar y anticipar síntomas de enfermedades, alimentando la autosugestión negativa. Incluso llegando a "disfrutar" de enfermedades imaginarias y discutirlas como si fueran reales. La tendencia a probar todas las últimas "modas" y tendencias terapéuticas recomendadas por otros, sin evaluar su verdadero valor. Compartir con otros historias de operaciones, accidentes y otras formas de enfermedad. Experimentar con diferentes dietas, rutinas de ejercicio y programas para perder peso sin la guía adecuada de un profesional. Confiar en remedios caseros, medicamentos de marca y tratamientos alternativos sin una base médica sólida.

HIPOCONDRÍA: Se caracteriza por concentrar la mente en la enfermedad y esperar su aparición, lo que puede desencadenar ataques de nervios. Esta condición no se cura con medicamentos, ya que está relacionada con el pensamiento negativo. Se dice que la hipocondría puede ser tan perjudicial como la enfermedad real y que muchos casos de "nervios" provienen de preocupaciones por enfermedades imaginarias.

EJERCICIO: El miedo a la enfermedad a menudo lleva a evitar el ejercicio adecuado, lo que puede provocar sobrepeso y evitar disfrutar de actividades al aire libre.

SUSCEPTIBILIDAD: El miedo a la enfermedad debilita la resistencia del cuerpo, volviéndolo más susceptible a enfermedades.

El temor a enfrentar problemas de salud generalmente se asocia con el miedo a la pobreza, especialmente en el caso de los hipocondríacos. Estos individuos se preocupan constantemente por la posibilidad de incurrir en gastos médicos, hospitalarios, entre otros. Dedican gran parte de su tiempo a prepararse para enfermedades, discuten sobre la muerte, y ahorran dinero para cubrir gastos relacionados con el funeral y el entierro.

AUTOCUIDADO: Algunas personas recurren a simular enfermedades imaginarias para recibir atención y evitar responsabilidades. Esto puede ser utilizado como una excusa para evitar el trabajo o para justificar la falta de ambición.

INTEMPERANCIA: Se refiere al uso de alcohol o drogas para aliviar síntomas como dolores de cabeza en lugar de abordar la causa subyacente.

Además, la obsesión por leer sobre enfermedades y medicamentos patentados también puede contribuir a este miedo a la enfermedad.

El Miedo A Perder El Amor De Alguien

La fuente original de este miedo inherente es fácil de entender: surge del antiguo hábito polígamo del hombre de arrebatarle la pareja a otro y de su tendencia a tomar libertades con ella cuando podía.

Los celos y otras formas similares de ansiedad temprana se originan en el temor ancestral del hombre a perder el amor de alguien, siendo este el miedo más angustiante de todos. Este miedo causa estragos en el cuerpo y la mente, a menudo llevando a la locura permanente.

El temor a perder el amor de alguien tiene raíces antiguas, posiblemente desde la Edad de Piedra, cuando los hombres tomaban a las mujeres por la fuerza. Aunque hoy en día, el robo ha evolucionado: en lugar de fuerza bruta, se emplea persuasión, ofreciendo lujos como ropa elegante, automóviles y otros incentivos más efectivos que la violencia física. Aunque los impulsos humanos siguen siendo los mismos que en tiempos remotos, su expresión ha cambiado con el tiempo.

Un análisis detenido revela que las mujeres son más propensas a este miedo que los hombres. Esto se debe a que las mujeres han aprendido, por experiencia, que los hombres tienden a la poligamia y que no son del todo confiables cuando están expuestos a la competencia.

Síntomas Del Miedo A La Pérdida Del Amor De Alguien

Los signos característicos de este temor se manifiestan de diversas formas:

ENVIDIA Y CELOS: Se evidencia en la tendencia a desconfiar de amigos y seres queridos sin una base razonable o suficiente. Los celos, a menudo, pueden derivar en comportamientos violentos sin una causa justificada. También se observa en la propensión a acusar a la pareja de infidelidad sin fundamentos sólidos, y en una sospecha generalizada hacia todos, acompañada de una absoluta falta de confianza en cualquiera.

BÚSQUEDA DE CHIVOS EXPIATORIOS: Este hábito se manifiesta al culpar a amigos, familiares, socios y seres queridos ante el menor indicio de provocación o incluso sin motivo alguno.

ADICCIÓN AL JUEGO: Se refiere al patrón de apostar, robar, engañar y asumir riesgos de cualquier índole con el objetivo de proveer dinero a los seres queridos, bajo la creencia errónea de que el amor se puede adquirir con bienes materiales. Esta tendencia se manifiesta también en gastar por encima de las posibilidades económicas propias o contraer deudas para hacer regalos ostentosos a los seres queridos, buscando obtener una imagen favorable. Este comportamiento suele venir acompañado de insomnio, nerviosismo, falta de persistencia, debilidad de voluntad, falta de autocontrol, falta de confianza en uno mismo y mal humor.

El Miedo A La Vejez

El temor a la vejez tiene principalmente dos raíces. En primer lugar, está el temor a la POBREZA que se asocia con el envejecimiento. En segundo lugar, y más significativamente, proviene de enseñanzas pasadas, crueles y engañosas, que se han arraigado profundamente en nuestra conciencia, llenándola de imágenes aterradoras de "fuego y azufre" y otros conceptos diseñados para mantenernos esclavizados por el miedo.

El miedo a envejecer se basa en dos motivos principales. Por un lado, existe la desconfianza hacia los demás, que nos hace temer que nos despojen de nuestras posesiones mundanas. Por otro lado, están las imágenes terroríficas del más allá que han sido inculcadas en nuestra mente desde la infancia, a través de la herencia social.

La posibilidad de enfrentar problemas de salud, que aumenta con la edad, también contribuye a este temor generalizado. Además, la disminución de la atracción sexual es un factor incómodo para muchos.

Sin embargo, la principal causa de este temor es la perspectiva de caer en la pobreza. La palabra "pobreza" en sí misma evoca un sentimiento de angustia en aquellos que consideran la posibilidad de pasar sus últimos años en la miseria.

Otro motivo de preocupación es la pérdida de libertad e independencia que puede acompañar al envejecimiento. La idea de perder la libertad física y económica contribuye significativamente al miedo a envejecer.

Síntomas Del Miedo A La Vejez

Los síntomas más comunes de este miedo se manifiestan de la siguiente manera:

La tendencia a desacelerar y desarrollar un complejo de inferioridad alrededor de los cuarenta años, creyendo erróneamente que uno está *"resbalando"* debido a la edad. En realidad, los años más fructíferos en términos mentales y espirituales suelen ser entre los cuarenta y los sesenta años.

El hábito de hablar de uno mismo de manera despectiva como "viejo" simplemente por haber alcanzado los cuarenta o cincuenta años, en lugar de expresar gratitud por haber llegado a la edad de la sabiduría y la comprensión.

El hábito de minar la iniciativa, la imaginación y la confianza en uno mismo al creerse erróneamente demasiado mayor para ejercer estas cualidades. Asimismo, está el hábito de personas de cuarenta años de vestirse para aparentar ser mucho más jóvenes y de adoptar gestos propios de la juventud, lo cual puede provocar la burla tanto de amigos como de extraños.

El Miedo A La Muerte

Para muchos, el temor a la muerte se erige como el más despiadado de todos los miedos primordiales. La razón subyacente es clara: las punzantes sensaciones de terror ligadas al concepto de la muerte, en su mayoría, pueden ser atribuidas directamente al fervor religioso. Aquellos considerados "paganos" muestran menos aprehensión ante el final que aquellos que se consideran más "civilizados". A lo largo de incontables milenios, la humanidad ha estado atormentada por las preguntas sin respuesta: ¿De dónde venimos? ¿Hacia dónde nos dirigimos?

En tiempos oscuros del pasado, los más astutos y mañosos no tardaron en ofrecer respuestas a estas incógnitas, A CAMBIO DE UN PRECIO. Observa ahora la principal fuente de origen del MIEDO A LA MUERTE.

"Adéntrate en mi doctrina, abraza mi fe, acepta mis dogmas, y recibirás un boleto que te asegurará la entrada directa al paraíso tras tu deceso", vocifera un líder sectario. "Pero si te mantienes fuera de mi influencia", prosigue el mismo líder, "entonces que el diablo te arrastre y te condene a arder por toda la eternidad".

La ETERNIDAD es un concepto inabarcable. El FUEGO, una fuerza aterradora. La noción del castigo eterno, infligido por llamas, no solo infunde miedo a la muerte, sino que en muchos casos perturba la cordura. Desvanece el disfrute por la vida y torna la felicidad en algo inalcanzable.

Durante mi investigación, examiné un libro titulado "Catálogo de los dioses", que enumeraba los *30.000 dioses* adorados por la humanidad. ¡Considera eso! Treinta mil deidades, representadas por cualquier cosa, desde un cangrejo de río hasta un ser humano. No sorprende que los seres humanos hayan sido aterrados por la proximidad de la muerte.

Aunque los líderes religiosos no puedan proveer un pasaje al paraíso ni, por carecer de tal poder, enviar a los desafortunados al infierno, la sola posibilidad de esta última condena parece tan terrorífica que la mera idea se apodera de la imaginación de manera tan vívida que paraliza la razón y fomenta el temor a la muerte.

NADIE REALMENTE CONOCE, ni ha conocido jamás, cómo son el cielo o el infierno, ni siquiera si existen de verdad. Esta falta de conocimiento positivo abre la puerta a la manipulación por parte de charlatanes, quienes aprovechan para controlar mentes con trucos y engaños piadosos.

El miedo a la MUERTE no es tan generalizado en la actualidad como lo fue en épocas donde la educación formal era limitada. Los avances científicos han iluminado el mundo con la verdad, liberando rápidamente a las personas de este temor atroz. Los jóvenes que acuden a las instituciones educativas ya no se impresionan fácilmente con conceptos como el "fuego" y el "azufre". Gracias al estudio de disciplinas como la biología, la astronomía y la geología, se han disipado los miedos arraigados en la oscuridad del pasado, que una vez nublaron la mente humana y socavaron la razón.

Los hospitales psiquiátricos están repletos de individuos que han perdido la razón debido al TEMOR A LA MUERTE.

Sin embargo, este miedo es fútil. La muerte llegará, sin importar lo que pensemos al respecto. Debemos aceptarla como una parte natural de la vida y desechar ese pensamiento.

Debe ser una necesidad, de lo contrario no llegaría a todos. Quizás no sea tan terrible como nos lo pintan. Según la física elemental, el mundo está compuesto únicamente de ENERGÍA y MATERIA, y ninguna de estas puede ser creada o destruida. Si la vida es energía, entonces no puede ser aniquilada. La muerte es simplemente una transición.

Si la muerte no es solo un cambio, entonces lo que sigue después de ella es simplemente un sueño largo, eterno y apacible, y no hay nada que temer en eso. De esta manera, podemos eliminar para siempre el miedo a la muerte.

Síntomas Del Miedo A La Muerte

Los síntomas generales de este temor incluyen:

PENSAR constantemente sobre la muerte en lugar de disfrutar de la vida, usualmente debido a la carencia de metas o de una ocupación satisfactoria. Aunque es más común en los ancianos, también puede afectar a personas más jóvenes. Una de las soluciones más efectivas para este temor es TENER UN FUERTE DESEO DE LOGRAR METAS, respaldado por brindar un servicio útil a los demás. Las personas ocupadas raramente piensan en la muerte, ya que encuentran la vida demasiado emocionante para preocuparse por el fin. A veces, el temor a la muerte está estrechamente vinculado al miedo a la pobreza, ya que la muerte de uno podría dejar a sus seres queridos en una situación económica precaria. Además, la enfermedad y la consiguiente debilitación física del cuerpo pueden provocar este temor. Las causas más comunes del miedo a la muerte incluyen: mala salud, pobreza, falta de una ocupación satisfactoria, desilusiones amorosas, trastornos mentales y fanatismo religioso.

La preocupación, como estado mental arraigado en el miedo, se manifiesta de manera gradual pero persistente, actuando de forma insidiosa y sutil. Avanza paso a paso hasta paralizar la facultad de razonar, minar la confianza en uno mismo y sofocar la iniciativa. Este estado, alimentado por la indecisión, puede controlarse.

El Señor Preocupación

La preocupación, un estado mental arraigado en el miedo, se manifiesta gradualmente y de manera persistente. Es astuta y sutil, avanzando paso a paso hasta paralizar la facultad de razonamiento y socavar la confianza en uno mismo y la iniciativa. Originada por la indecisión, la preocupación representa un estado mental controlable.

Una mente agitada queda desprotegida. La indecisión la engendra. La mayoría carece de la voluntad necesaria para tomar decisiones con prontitud y sostenerlas, incluso en circunstancias empresariales normales. En tiempos de turbulencia económica, como los vividos recientemente, esta falta de decisión se ve agravada por la indecisión colectiva, generando un estado de "parálisis generalizada".

Durante la depresión, el mundo se vio infectado por la *"Mieditis"* y la *"Ansieditis"*, dos enfermedades mentales desatadas tras el caos en Wall Street en 1929. El único antídoto conocido para estos males es el hábito de tomar DECISIONES rápidas y firmes, una medicina que cada individuo debe administrarse a sí mismo.

Los seis miedos fundamentales se manifiestan como preocupación a través de la indecisión. Libérate de una vez por todas del miedo a la muerte al decidir aceptarla como un hecho inevitable. Supera el miedo a la pobreza adoptando la actitud de manejar cualquier riqueza que puedas acumular SIN PREOCUPARTE. Enfrenta el miedo a la crítica al decidir NO PREOCUPARTE por las opiniones y acciones de los demás. Abraza la vejez no como una desventaja, sino como una bendición que trae consigo sabiduría, autocontrol y comprensión que solo se adquieren con los años.

Absuelve tu mente del miedo a la enfermedad al decidir ignorar los síntomas. Domina el temor a perder el amor de alguien al estar dispuesto a sobrevivir sin él, si es necesario.

Elimina el hábito de preocuparte, en todas sus formas, al tomar la decisión general de que nada en la vida merece el precio de la preocupación. Esta elección traerá consigo confianza, paz mental y claridad de pensamiento, lo cual conduce a la felicidad.

Un individuo dominado por el miedo no solo limita sus propias oportunidades de acción inteligente, sino que también transmite estas vibraciones negativas a quienes lo rodean, afectando sus propias oportunidades.

Incluso los animales como los perros o los caballos pueden percibir cuando su dueño carece de confianza. De hecho, estos animales pueden detectar el miedo que emana de su dueño y ajustar su comportamiento en consecuencia. A un nivel aún más básico de inteligencia en el reino animal, encontramos esta misma capacidad de percibir el miedo. Por ejemplo, una abeja puede sentir de inmediato el miedo presente en la mente de una persona y, por razones aún desconocidas, tenderá a picar a la persona cuya mente esté transmitiendo vibraciones de miedo, en comparación con aquella que no esté proyectando ningún miedo.

Las vibraciones del miedo se transmiten entre mentes con la misma velocidad y certeza que el sonido de una voz humana viaja desde una estación emisora hasta el receptor de una radio, todo esto A TRAVÉS DEL MISMO MEDIO.

La telepatía mental es una realidad. Los pensamientos pueden ser transmitidos de una mente a otra de manera voluntaria, independientemente de si la persona que los emite es consciente de ello o no, y de si la persona que recibe los pensamientos reconoce este fenómeno o no.

La persona que verbaliza pensamientos negativos o destructivos está destinada a experimentar las consecuencias de esas palabras en forma de un contragolpe destructivo. La liberación de tales pensamientos, incluso sin expresarlos verbalmente, también desencadena un contragolpe en más de un sentido. En primer lugar, es crucial recordar que quien emite pensamientos destructivos sufre un daño al perder su capacidad de imaginar creativamente. En segundo lugar, la presencia de emociones destructivas en la mente genera una personalidad negativa que aleja a los demás y a menudo los convierte en antagonistas. La tercera fuente de daño radica en que estos impulsos de pensamiento, además de afectar a los demás, SE ARRAIGAN EN EL SUBCONSCIENTE DEL EMISOR y se convierten en parte de su carácter.

Un pensamiento no desaparece simplemente al ser liberado. Cuando se suelta un pensamiento, se expande en todas direcciones, pero también se instala de manera permanente en la *mente subconsciente del emisor*.

Tu objetivo en la vida es, presumiblemente, alcanzar el éxito. Para lograrlo, debes encontrar paz mental, asegurarte las necesidades materiales y, sobre todo, encontrar la FELICIDAD. Todo esto comienza con impulsos de pensamiento.

Tienes el control absoluto sobre tu propia mente, lo que significa que puedes nutrirla con cualquier pensamiento que elijas. Esta facultad es un privilegio que conlleva la responsabilidad de emplearlo de manera positiva. Eres el arquitecto de tu destino en este mundo, con el poder de dirigir tus propios pensamientos. Puedes influir, guiar y, en última instancia, dominar tu entorno, dando forma a tu vida según tus deseos. O bien, puedes descuidar este poder, permitiendo que tu existencia sea moldeada por las circunstancias, dejándote llevar por las corrientes de la vida como una hoja a la deriva en el mar.

El Taller Del Diablo

El Séptimo Mal Básico

Además de los Seis Miedos Fundamentales, hay otra razón que afecta a las personas. Actúa como un terreno fértil donde las semillas del fracaso prosperan fácilmente. Es tan sutil que a menudo pasa desapercibida. Esta aflicción no se puede catalogar exactamente como miedo. ESTÁ ARRAIGADA MÁS PROFUNDAMENTE Y ES MÁS LETAL QUE LOS SEIS MIEDOS. Por falta de un término mejor, llamémoslo SUSCEPTIBILIDAD A LAS INFLUENCIAS NEGATIVAS.

Los hombres que acumulan grandes riquezas siempre se protegen de este mal. Los menos afortunados rara vez lo hacen. Aquellos que tienen éxito en cualquier campo deben preparar su mente para resistirlo. Si estás leyendo este material con el fin de acumular riqueza, debes examinarte cuidadosamente para determinar si eres susceptible a las influencias negativas. Si descuidas este autoanálisis, perderás el derecho de alcanzar tus objetivos.

Prepárate para realizar un análisis exhaustivo. Después de revisar las preguntas diseñadas para este autoanálisis, comprométete a brindar respuestas precisas y honestas. Aborda esta tarea con la misma meticulosidad con la que enfrentarías a cualquier otro adversario que supieras que te espera en una emboscada. Trata tus propias deficiencias con la misma seriedad que tratarías a un enemigo físico.

Protegerte contra los saqueadores en el camino es relativamente sencillo, ya que la ley proporciona una colaboración organizada en tu beneficio. Sin embargo, el "séptimo mal básico" es más difícil de controlar, ya que ataca cuando no eres consciente de su presencia, tanto mientras duermes como despiertas. Además, su arma es intangible, ya que consiste únicamente en un ESTADO MENTAL. Este mal es especialmente peligroso porque puede manifestarse de diversas maneras, adaptándose a las diferentes experiencias humanas. A veces se introduce en la mente a través de las palabras bien intencionadas de familiares y amigos. Otras veces, se arraiga desde dentro, alimentado por nuestra propia actitud mental. Aunque no mate instantáneamente como el veneno, es igual de mortal en sus efectos a largo plazo.

¿Cómo Protegerte Contra Influencias Negativas?

Para protegerte de influencias negativas, tanto las que provienen de ti mismo como las generadas por personas negativas a tu alrededor, es crucial reconocer y emplear tu FUERZA DE VOLUNTAD de manera constante. Debes hacerlo hasta que logres construir un muro de inmunidad que te proteja de estas influencias en tu propia mente.

Es importante aceptar que, por naturaleza, tanto tú como cualquier otro ser humano somos propensos a la pereza, la indiferencia y a ser influenciados por sugerencias que se alinean con nuestras debilidades.

Asimismo, debes reconocer que eres susceptible a seis miedos básicos y establecer hábitos para contrarrestarlos.

Además, es esencial comprender que las influencias negativas a menudo actúan a través de la mente subconsciente, lo que las hace difíciles de detectar. Por ello, debes mantener tu mente cerrada a todas las personas que te desanimen o te provoquen sentimientos de desánimo.

Organiza tu botiquín, desecha todos los frascos de medicamentos y deja de alimentar resfriados, molestias, dolores y enfermedades ficticias.

Busca activamente la compañía de personas que te inspiren a PENSAR POR TI MISMO Y A ACTUAR EN CONSECUENCIA.

No te quedes ESPERANDO problemas, ya que tienden a no decepcionarte.

Indudablemente, una de las debilidades más comunes entre los seres humanos es la tendencia a permitir que sus mentes sean influenciadas negativamente por otros. Esta debilidad es aún más perjudicial porque la mayoría no reconoce su presencia, y muchos de los que la reconocen, descuidan o se niegan a corregirla hasta que se convierte en un hábito arraigado en su vida diaria.

Para aquellos que buscan una visión más clara de sí mismos, se ha elaborado la siguiente lista de preguntas. Lee cada una y responde en voz alta para escuchar tu propia voz. Esto te ayudará a ser más honesto contigo mismo.

Preguntas de Autoanálisis

1. ¿Te sientes mal con frecuencia y, de ser así, qué lo provoca?
2. ¿Eres propenso a señalar defectos en los demás ante la menor provocación?
3. ¿Cometes errores con regularidad en tu trabajo y, de ser así, cuál es la razón?
4. ¿Tienes tendencia a ser sarcástico u ofensivo en tus conversaciones?
5. ¿Evitas conscientemente relacionarte con ciertas personas, y si es así, por qué?
6. ¿Experimentas indigestión con frecuencia y, de ser así, qué la causa?
7. ¿Sientes que la vida carece de propósito y el futuro parece sombrío?
8. ¿En cuanto a tu ocupación, ¿te sientes satisfecho con ella?
9. ¿Te encuentras a menudo auto compadeciéndote, y si es así, por qué?
10. ¿Sientes envidia hacia aquellos que están por encima de ti?
11. ¿Pasas más tiempo pensando en el ÉXITO o en el FRACASO?
12. ¿Ganas o pierdes confianza en ti mismo a medida que envejeces?
13. ¿Consideras que cada error te brinda una lección valiosa?
14. ¿Dejas que los problemas de familiares o conocidos te afecten? ¿Por qué?
15. ¿A veces te sientes distraído y otras veces muy triste?
16. ¿Quién te inspira más y por qué?
17. ¿Permites que influencias negativas te afecten cuando podrías evitarlas?
18. ¿Descuidas tu apariencia personal? ¿Cuándo y por qué?
19. ¿Te mantienes ocupado para evitar enfrentar tus problemas?
20. ¿Te consideras débil si permites que otros piensen por ti?
21. ¿Descuidas tu bienestar hasta que te sientes irritable?

22. ¿Has descuidado tu bienestar interno hasta que la autointoxicación te vuelve irritable y de mal humor?
23. ¿Cuántas perturbaciones evitables te molestan y por qué las toleras?
24. ¿Recurres al alcohol, narcóticos o cigarrillos para calmar tus nervios en lugar de ejercer tu fuerza de voluntad?
25. ¿Alguien te "fastidia"? Si es así, ¿por qué motivo?
26. ¿Tienes un PROPÓSITO PRINCIPAL DEFINIDO? De ser así, ¿cuál es y qué plan has trazado para alcanzarlo?
27. ¿Sufres de alguno de los Seis Miedos Básicos? Si es así, ¿cuáles?
28. ¿Tienes un método para protegerte de la influencia negativa de los demás?
29. ¿Utilizas deliberadamente la autosugestión para mantener una mentalidad positiva?
30. ¿Valoras más tus posesiones materiales o el privilegio de controlar tus propios pensamientos?
31. ¿Te dejas influenciar fácilmente por otros en contra de tu propio juicio?
32. ¿Has añadido algo de valor a tu conocimiento o estado mental hoy?
33. ¿Enfrentas directamente las circunstancias que te hacen infeliz o las evitas?
34. ¿Analizas todos los errores y fracasos e intentas sacar provecho de ellos, o adoptas la actitud de que ése no es tu deber?
35. ¿Puedes nombrar tres de tus debilidades más perjudiciales? ¿Qué haces para corregirlas?
36. ¿Animas a otras personas a que te traigan sus preocupaciones para que las compadezcas?
37. ¿Eliges, entre tus experiencias cotidianas, lecciones o influencias que te ayuden en tu avance personal?
38. ¿Tu presencia ejerce, por regla general, una influencia negativa sobre otras personas?
39. ¿Qué hábitos de otras personas te molestan más?
40. ¿Te formas tus propias opiniones o te dejas influir por otras personas?
41. ¿Has aprendido a crear un estado mental con el que puedas escudarte contra todas las influencias desalentadoras?
42. ¿Tu trabajo te inspira fe y esperanza?
43. ¿Eres consciente de poseer fuerzas espirituales de suficiente poder como para permitirte mantener tu mente libre de toda forma de MIEDO?
44. ¿Te ayuda tu religión a mantener positiva tu propia mente?
45. ¿Sientes que es tu deber compartir las preocupaciones de los demás? Si es así, ¿por qué?
46. Si crees en el dicho *"Dios los cría y ellos se juntan"* ¿qué has aprendido de ti mismo estudiando a los amigos que atraes?

47. ¿Qué relación, si la hay, ves entre las personas con las que te relacionas más estrechamente y la infelicidad que puedas experimentar?
48. ¿Es posible que alguna persona a la que consideras un amigo sea, en realidad, tu peor enemigo debido a su influencia negativa en tu mente?
49. ¿Con qué reglas juzgas quién te es útil y quién te perjudica?
50. ¿Tus parejas íntimas son mentalmente superiores o inferiores a ti?
51. ¿Cuánto tiempo de cada 24 horas dedicas a:
    a) Trabajar
    b) Dormir
    c) Jugar y relajarte
    d) Adquirir conocimientos útiles
    e) Despilfarrarlo
52. ¿Quién de tus conocidos:
    a) te anima más
    b) te advierte más
    c) te desanima más
    d) es el que más te ayuda de diferentes maneras
53. ¿Cuál es tu mayor preocupación? ¿Por qué la toleras?
54. Cuando otros te ofrecen consejos gratuitos y no solicitados, ¿los aceptas sin cuestionarlos o analizas sus motivos?
55. ¿Qué es lo que más DESEAS por encima de todo? ¿Tienes intención de conseguirlo? ¿Estás dispuesto a subordinar todos los demás deseos por éste? ¿Cuánto tiempo diario dedicas a adquirirlo?
56. ¿Cambias a menudo de opinión? Si es así, ¿por qué?
57. ¿Sueles terminar todo lo que empiezas?
58. ¿Te impresionan fácilmente los títulos empresariales o profesionales, los títulos universitarios o la riqueza de otras personas?
59. ¿Te dejas influir fácilmente por lo que otras personas piensan o dicen de ti?
60. ¿Atiendes a la gente por su estatus social o económico?
61. ¿Quién crees que es la mejor persona con vida? ¿En qué aspecto es esa persona superior a ti?
62. ¿Cuánto tiempo has dedicado a estudiar y responder a estas preguntas? (Se necesita al menos un día para analizar y responder a toda la lista).

Si has respondido sinceramente a estas preguntas, has ganado un conocimiento profundo de ti mismo, algo que la mayoría de la gente nunca alcanza. Te sugiero estudiar estas preguntas con atención, y revisarlas semanalmente durante varios meses. Te sorprenderá la cantidad de sabiduría adicional que obtendrás simplemente respondiéndolas con sinceridad. Si te encuentras indeciso respecto a algunas respuestas, busca el consejo de aquellos que te conocen bien, especialmente aquellos que no tienen ningún motivo para endulzarte la realidad, y trata de verte a través de sus ojos. La perspectiva que obtendrás será invaluable.

Solo tienes un CONTROL ABSOLUTO sobre una cosa: tus pensamientos. Este hecho es el más significativo e inspirador que el hombre pueda conocer, ya que refleja la naturaleza divina del ser humano. Esta prerrogativa divina es el único medio por el cual puedes moldear tu propio destino. Si no controlas tu propia mente, es seguro que no controlarás nada más.

Si hay algo que debas descuidar, que sean tus posesiones materiales, *pues tu mente es tu mayor tesoro espiritual.* Cuídala y úsala con el cuidado que merece la Realeza Divina. Se te ha otorgado una FUERZA DE VOLUNTAD para este propósito.

Desafortunadamente, no existe protección legal contra aquellos que, intencional o inadvertidamente, envenenan las mentes de otros con sugerencias negativas. Esta forma de destrucción debería ser penalizada severamente, ya que puede y a menudo destruye las oportunidades de adquirir bienes materiales protegidos por la ley. Hombres con mentes negativas intentaron convencer a Thomas A. Edison de que no podría inventar una máquina que grabara y reprodujera la voz humana, argumentando que nunca antes se había hecho algo similar. Edison no les creyó. Él sabía que la mente podía MATERIALIZAR CUALQUIER COSA QUE PUDIERA CONCEBIR Y CREER, y ese conocimiento lo elevó por encima del común de la gente.

Hombres con mentes negativas también le dijeron a F. W. Woolworth que fracasaría intentando dirigir una tienda con superdescuentos. Él tampoco les creyó. Sabía que podía lograr cualquier cosa dentro de lo razonable, si respaldaba sus planes con fe. Al ejercer su derecho de apartar de su mente las sugerencias negativas de otros, amasó una fortuna de más de cien millones de dólares.

Los incrédulos le dijeron a George Washington que sería imposible vencer a las fuerzas británicas, pero él, aferrado a su FE en un resultado favorable, desafió las probabilidades. Este libro fue publicado bajo la protección de las Barras y las Estrellas, mientras que el nombre de Lord Cornwallis ha caído en el olvido.

Cuando Henry Ford puso a prueba su primer automóvil rudimentario en las calles de Detroit, los escépticos se burlaron con desdén. Algunos argumentaron que nunca sería práctico, otros que nadie estaría dispuesto a pagar por semejante invención. Sin embargo, Ford declaró: "LLENARÉ EL MUNDO CON AUTOMÓVILES CONFIABLES", ¡Y ASÍ LO HIZO! Su confianza en su propio juicio le ha llevado a acumular una fortuna que varias generaciones de sus descendientes no podrían gastar en su totalidad. Vale la pena destacar que la diferencia fundamental entre Ford y la mayoría de los cien mil hombres que trabajan para él radica en esto: FORD TIENE EL DOMINIO SOBRE SU MENTE, MIENTRAS QUE LOS DEMÁS TIENEN MENTES QUE NO INTENTAN CONTROLAR.

Henry Ford se menciona repetidamente como un ejemplo extraordinario de lo que puede lograr un individuo con determinación y control sobre su propia mente. Su trayectoria desmiente el pretexto común de "nunca tuve oportunidad". Ford tampoco tuvo una oportunidad preestablecida, PERO ÉL CREÓ LA SUYA Y LA RESPALDÓ CON UNA PERSISTENCIA QUE LO LLEVÓ A UNA RIQUEZA INMENSURABLE.

El control mental surge de la autodisciplina y los hábitos. Es una cuestión de dominar tu mente o ser dominado por ella, sin espacio para compromisos intermedios. Uno de los métodos más efectivos para ejercer este control es mantener la mente ocupada con un propósito claro y respaldado por un plan concreto. Si observamos la trayectoria de cualquier persona que haya alcanzado un éxito notable, veremos que tiene un dominio sobre su mente y la dirige hacia la consecución de objetivos específicos. Sin este control, el éxito se vuelve inalcanzable.

"Cincuenta Y Siete" Pretextos Famosos
Dichos Por El Señor "SÍ"

La gente que no logra tener éxito comparte un rasgo distintivo. Conocen *todas las razones de su fracaso* y cuentan con lo que consideran justificaciones irrefutables para explicar su falta de éxito.

Algunas de estas justificaciones son ingeniosas, y unas pocas están respaldadas por hechos. Sin embargo, las justificaciones no pueden comprarte éxito. Al final, el mundo solo quiere saber una cosa: ¿HAS ALCANZADO EL ÉXITO?

Un experto en análisis de personalidades ha compilado una lista de las justificaciones más comunes. A medida que leas la lista, examínate cuidadosamente y determina cuántas de esas justificaciones, si alguna, aplican a ti. Además, ten en cuenta que la filosofía presentada en este libro invalida cada una de estas justificaciones.

SI no tuviera mujer y familia...
SI tuviera dinero...
SI pudiera conseguir un trabajo...
SI tuviera tiempo...
SI otras personas me comprendieran...
SI pudiera volver a vivir mi vida...
SI me hubieran dado una oportunidad...
SI otras personas no "me tuvieran manía"...
SI sólo fuera más joven...
SI hubiera nacido rico...
SI tuviera el talento que tienen algunas personas...
SI hubiera aprovechado las oportunidades del pasado...
SI no tuviera que mantener la casa y cuidar de los niños...
SI el jefe me apreciara...
SI mi familia me comprendiera...
SI sólo pudiera empezar...
SI tuviera la personalidad de algunas personas...
SI se conocieran mis talentos...
SI pudiera salir de mis deudas...
SI supiera cómo...
SI no tuviera tantas preocupaciones...

SI la gente no fuera tan tonta...

SI tuviera suficiente "influencia"...
SI tuviera una buena educación...
SI tuviera buena salud...
SI los tiempos fueran mejores...
SI las condiciones a mi alrededor fueran diferentes...
SI no temiera lo que "ELLOS" dirían...
SI ahora tuviera una oportunidad...
SI no ocurriera nada que me detuviera...
SI sólo pudiera hacer lo que quiero...
SI pudiera conocer a "la gente adecuada"...
SI me hubiera atrevido a hacerme valer...

SI la gente no me pusiera de los nervios...

SI pudiera ahorrar algo de dinero...

SI tuviera a alguien que me ayudara...
SI viviera en una gran ciudad...
SI sólo fuera libre...
SI no estuviera tan gordo...

SI pudiera conseguir un "respiro"...
SI no hubiera fracasado...
SI todo el mundo no se opusiera a mí...
SI pudiera casarme con la persona adecuada...

SI mi familia no fuera tan extravagante...

SI estuviera seguro de mí mismo...	SI la suerte no estuviera en mi contra...
SI no hubiera nacido bajo la estrella equivocada...	SI no fuera cierto que "lo que ha de ser, será"...
SI no hubiera tenido que trabajar tanto...	SI no hubiera perdido mi dinero...
SI viviera en un barrio diferente...	SI no tuviera un "pasado"...
SI sólo tuviera un negocio propio...	SI los demás me escucharan...

SI tuviera la valentía de enfrentarme a mí mismo tal como soy verdaderamente, *identificaría mis desafíos y trabajaría en ellos.* Así, tendría la oportunidad de aprender de mis errores y beneficiarme de la experiencia de los demás. Reconozco que hay aspectos que necesito MEJORAR, y si HUBIERA DEDICADO más tiempo a analizar mis debilidades en lugar de buscar excusas para ocultarlas, probablemente estaría en una posición diferente ahora.

La tendencia a buscar excusas para explicar los fracasos es común en nuestra sociedad. Este hábito es tan antiguo como la humanidad misma, y es *perjudicial para lograr el éxito*.

¿Por qué nos aferramos a nuestras excusas? La respuesta es evidente: ¡las defendemos porque LAS CREAMOS! Cada excusa es el fruto de nuestra propia imaginación, y es natural para nosotros proteger lo que hemos creado.

El hábito de buscar excusas está arraigado profundamente en nosotros. Romper con este hábito es difícil, especialmente cuando nos proporciona una justificación para nuestras acciones. Platón entendía esta verdad cuando afirmaba que la mayor victoria era vencerse a uno mismo, y que la derrota más vergonzosa era ser dominado por uno mismo.

Otro pensador compartió una perspectiva similar al expresar: "Me sorprendió enormemente descubrir que gran parte de la fealdad que veía en los demás no era más que un reflejo de mi propia naturaleza".

Elbert Hubbard reflexionó: "Siempre me ha intrigado por qué la gente invierte tanto tiempo en autoengañarse deliberadamente, creando excusas para encubrir sus debilidades. Si se empleara de otra manera, ese mismo tiempo sería suficiente para superar esas debilidades, y entonces no se necesitarían las excusas".

Para concluir, recuerda: "La vida es como un tablero de ajedrez, y el oponente que tienes enfrente es el TIEMPO. Si titubeas antes de moverte o si no lo haces con prontitud, tus piezas serán eliminadas del tablero por el TIEMPO. Estás jugando contra un adversario que no tolera la INDECISIÓN".

Antes, podrías haber encontrado una excusa lógica para no haber exigido a la vida que cumpliera con tus demandas, pero ahora esa justificación está desactualizada. Posees la Llave Maestra que abre las puertas a las abundantes riquezas de la vida.

Esta Llave Maestra es intangible, pero poderosa. Consiste en crear en tu mente un DESEO ARDIENTE por una forma específica de riqueza. No hay penalización por usar esta llave, pero hay un precio que pagar si no lo haces: el FRACASO. Sin embargo, hay una recompensa magnífica para quienes sí la utilizan: la satisfacción que llega a aquellos que *conquistan su propio ser y obligan a la vida a cumplir lo que se le demande.*

Esta recompensa vale la pena tu esfuerzo. ¿Estás listo para comenzar y convencerte?

Emerson dijo: "Si estamos destinados a encontrarnos, nos encontraremos". Permíteme, para concluir, tomar prestada su idea y decir: "Si estamos destinados a estar conectados, entonces nos hemos encontrado a través de estas páginas".